소셜헬스와 코로나19 이후의 우리 사회

이 저서는 대한민국 교육부와 한국연구재단의 지원을 받아 수행된 연구입니다. (NRF-2018S1A3A2075114).

소셜헬스와 코로나19 이후의 우리 사회

POST COVID-19

머리말

2020년 1월 우리는 갑자기 닥쳐온 코로나19라는 신종 바이러스의 공포를 접하였고, 그 공포는 순식간에 전국에서, 전 세계에서 공유되었습니다. 코로나19의 전 세계적인 대유행은 일차적으로는 인간의 신체적 건강과 생존에 대한 위협이지만, 그 영향은 신체적 건강뿐 아니라 우리 인류의 정신적 건강, 의료 시스템 전반, 비즈니스 모델, 사회적 신뢰 관계, 교육 시스템, 복지 시스템, 환경 등 사회 전 분야에 미쳤습니다. 전혀 예측할 수 없었던 갑작스러운 위기 앞에 우리 사회가 가지고 있던 기존의 문제점들이 폭발적으로 나타났으며, 한편으로는 인간과 사회가 위기를 극복할 수 있는 가능성들을 목격하기도 했습니다. 이는 바이러스가 소셜헬스(social health), 즉 개인과 사회가 건강하고 행복하며 안녕감이 증가된 상태를 심각하게 위협하는 존재임인 동시에 그러한 소셜헬스의 증진 요인들을 극단적으로 제시하고 미래의 소셜헬스를 도모할 수 있도록 하는 계기임을 보여주는 것입니다. 따라서 이 책의 저자들은 코로나19 이후의 우리 사회를 소셜헬스라는 측면을 통해 분석해 보았습니다.

이 책의 저자들은 연세대학교 소셜오믹스 연구센터의 참여 연구진입니다. 소셜오믹스 연구센터는 한국연구재단으로부터 2018년 사회과학연구(SSK) 지원사업 대형 연구센터로 선정되어, “소셜헬스 분석 및 증진 방안연구: AI와 사회과학 연구방법론의 통합적 접근”이라는 과제를 통해 소셜헬스에 관련된 연구들을 다양한 전공 분야에서 수행하고 있습니다. 연구진들은 문헌정보학, 심리학, 사회학, 언론정보학, 정치학 등 다양한 배경을 갖고 있으며, 상호 교류를 통한 융합적 접근법과 최근 각광받는 AI, 빅데이터 등을 적극 활용하여 소셜헬스를 연구하고 있습니다. 이처럼 다양한 학문적 배경과 연구 관심사, 그리고 방법론을 활용할 수 있는 연구팀의 장점을 살려 이 책에서는 다음과 같이 다양한 주제를 다루어 보았습니다.

먼저 1장에서는 소셜오믹스 연구센터 편집부가 코로나19를 소셜헬스와 연관지어 연구해야 하는 필요성과 배경에 대해 설명하였습니다. 2장에서는 저와 이수빈 연구원, 김성덕 연구원, 이주희 연구원, 고영수 연구원이 코로나19 시대의 우울 경향을 빅데이터를 통해 측정하는 소셜헬스 지수 개발에 대해 저술하였습니다. 3, 4장에서는 코로나19 시대와 건강한 가족 관계 중 부부 관계에 대해서는 천정은 석사, 안은지 석사, 박해영 석사가, 아동 발달에 대해서는 송현주 교수, 이정윤 박사, 차민정 박사가 분석했습니다. 5, 6장은 코로나19 시대의 건강한 사회적 관계에 대해 논하는데, 김학진 교수가 차별과 혐오의 뇌과학에 관해 연구하였고 박찬웅 교수는 팬데믹과 한국 사회의 신뢰 지형 변화를 논하였습니다. 7, 8, 9, 10장은 코로나19 시대와 건강한 커뮤니티 환경에 관한 연구들로, 신동인 박사와 곽기영 교수는 포스트 코로나 시대의 소셜미디어 상의 사회적 자본에 대하여, 그리고 이철주 교수, 이준환 교수, 김윤진 박사과정 연구원, 최은철 석사과정 연구원, 이규호 박사과정 연구원, 황유진 박사과정 연구원은 코로나19 시대 허위정보 문제에 관하여 연구했습니다. 또한 김희웅 교수와 김효중 석사는 소셜헬스 증진을 위한 AI · 빅데이터 교육 프로그램 현황을 탐색하고 코로나19 시대에 적합한 교육 프로그램을 제안했으며, 김민정 박사는 코로나19를 계기로 주목받게 된 인간 건강과 환경의 상호 취약성과 장기적 대책을 논의했습니다. 마지막 11장에서는 편집부가 이러한 연구결과들을 종합적으로 정리하고, 코로나19가 개인과 사회에 미친 영향들, 그리고 포스트 코로나 시대에 소셜헬스를 더욱 증진시킬 수 있는 방안들을 모색해보았습니다.

이 책은 사회 전 분야에 걸친 코로나19와 소셜헬스의 연관성을 독자들이 더욱 폭넓게, 그리고 깊게 이해하는 데 큰 도움을 줄 것으로 생각합니다. 코로나19가 우리의 생명과 건강, 그리고 사회적 건강을 모두 위협하는 존재였으나, 그러한 위협을 극복하는 과정을 통해 인류는 더욱 건강해지고 새로운 위기에 대응할 준비를 갖출 것입니다. 그러한 과정에 이 책이 좋은 방향성을 제시해주기를 바랍니다.

이 책의 기획과 출판을 지원해준 소셜오믹스 연구센터에 감사드리며, 바쁘신 중에도 흔쾌히 이 책의 필요성에 공감해주시고 저술에 참여해주신 여러 교수님과 연구원분들께도 깊은 감사를 표합니다. 그리고 좋은 연구들이 독자들을 만날 수 있도록 도와주신 연세대학교 출판문화원에도 감사드립니다.

2021년 6월

집필진을 대표하여, 송 민

차례

결론

표 차례

그림 차례

제 1 장

서론

소셜오믹스 연구센터 편집부
연세대학교 소셜오믹스 연구센터(e-mail: socialomics@yonsei.ac.kr)

1. 코로나19 시대의 사회적 건강

건강한 사회란 무엇일까? 경제적으로 풍요로워진 우리 사회에서 건강이란 단순히 질병이 없는 상태만을 의미하지 않을 것이다. 우리 사회의 건강 수준을 측정한다면, 흔히 연구자들은 국민들의 평균수명을 살펴보거나, 중증질환의 발병률 및 사망률, 또는 의료기술의 발달이나 국가의 위생 보건서비스 제공 수준과 같은 전통적인 임상의료 및 보건사회 영역에 기반한 지표들을 떠올리기 쉽다. 그러나 현대사회에서 건강한 사회의 의미는 이와 같은 '생물학적으로 건강한 상태'에 국한되지 않는다. 그보다 구성원들이 행복하고 삶의 풍요로움을 누리며, 공동체에 위기가 나타나도 이 변화에 능동적이고 유연하게 대처함으로써 사회적 삶의 지속가능한 상태를 누릴 수 있도록 해주는 집단적 내구성까지 포함해야 할 것이다. 따라서 건강연구는 기존의 관점에서처럼 생물학적 완결성이나 질병의 유무와 같은 개인중심적인 접근이나 임상의학 중심의 생의학적 영역에 머물지 않고, 개인과 사회의 상호적 관계 속에 건강한 사회적 삶의 조건들을 배양하기 위한 요인들이 무엇인가 하는 거시적 시야를 회복함으로써 통합적 관점에서의 건강모형을 정립할 필요가 있을 것이다.

최근 이와 같은 전통적 건강 개념에 대한 근본적인 비판을 던진 대형 사건이 우리 인류역사에서 나타났다. 바로 지난 1년간 우리 사회를 비롯해 전 지구를 강타한 '코로나바이러스감염증-19COVID-19, 이하 '코로나19''의 전 지구적 팬데믹 현상이 그것이다. 2019년 12월 중국 후베이성 우한시에서 처음 그 존재가 공식 확인된 코로나19는 2020년 3월 11일 WHO의 '팬데믹전염병 대유행' 선언 이후 전 세계적으로 빠르게 감염추세가 확산되면서 2021년 3월 9일 현재 117,236,336명의 확진환자와 2,604,058명의 사망자를 야기하는 등[1] 인류에

1 출처: Johns Hopkins COVID-19 Dashboard by the Center for Systems Science and Engineering (CSSE) at Johns Hopkins University (JHU), https://www.arcgis.com/apps/opsdashboard/index.html#/bda7594740fd40299423467b48e9ecf6(2021.03.09. 인출)

게 막대한 피해를 야기하고 있다. 코로나19 팬데믹은 '코로나바이러스'를 매개로 한 생물학적 질병이므로, 방역지침과 백신의 개발과 같은 의료과학기술의 지식과 대응을 필요로 한다. 그러나 코로나19는 동시에 가장 사회적인 질병이다. 코로나19로 인해 파생된 문제는 단지 물리적 차원에 그치지 않고 사회경제적 영역과 일상생활의 전반에 걸쳐 확대되고 있다. 또한 코로나19가 가진 사람과 사람을 매개로 전달되는 '전염병'의 특성상, 그동안 현대사회가 구축해왔던 전 지구적 상호의존성이 증대된 제도와 기술, 관행, 사회적 관계의 발달은 코로나19의 위험을 특정 집단, 또는 특정 국가에 국한된 문제가 아니라 전 지구적인 보편화된 위험으로 이끌어내기도 한다. 이른바, 사회학자 울리히 벡Ulrich Beck, 2019[1986]이 그의 저서 『위험사회Risk Society』에서, "빈곤은 위계적이지만 스모그는 민주적이다울리히 벡, 2019[1986]: 77"라고 언급한 것처럼, 코로나19의 위험은 모두에게 평등한, 현대사회의 위험이라고 볼 수 있다.

전 지구적으로 코로나19에 따른 피해가 속출하는 가운데, 우리나라 역시 코로나19 사태가 장기화되면서 신체적, 사회경제적, 일상적으로 여러가지 문제점이 속출하고 있다. 가장 직접적으로는 코로나19 감염으로 인한 사망자와 확진자의 수가 꾸준히 누적되고 있다. 2021년 3월 9일 현재, 국내 코로나19 누적 확진자 수는 93,263명, 사망자 수는 1,645명이며, 사망자의 연령별 비율은 60대가 187명11.37%, 70대가 456명27.72%, 80대가 927명56.35%으로 그 상당수가 60대 이상의 고령층으로 나타났다[2]. 또한 코로나19로 인해 나타난 경제적 타격 역시 심각한 문제로 볼 수 있다. 장기화된 경기불황으로 경제성장이 둔화되고 있으며, 강화된 사회적 거리두기 조치로 인해 특히 자영업과 대인서비스업계에 막대한 피해가 야기되고 있다. 또한 비정규직, 프리랜서, 일용직 등 취약노동자 집단을 중심으로 대규모 실직이나 소득불안정이 나타나고 있으며, 이에 따라 재난지원금을 시작으로 한 기본소득제 논쟁과

---

2 출처: 코로나바이러스감염증-19(COVID-19) 정부 공식 홈페이지, http://ncov.mohw.go.kr/bdBoardList_Real.do?brdId=1&brdGubun=11(2021.03.09. 인출)

같이 현대 복지국가의 변화를 야기하는 새로운 사회적 위험 관리체계의 등장이 예고되고 있다. 한편, 코로나19는 일상생활과 사적 영역의 부문에서도 다양한 문제들을 야기하고 있다. 사회적 거리두기의 강화에 따라 대인관계의 단절과 일상생활의 제한이 장기화되면서 대인관계에서의 상실감이 증가하고 있으며, 실직의 위험이나 취업기회의 상실, 그리고 가정 내 돌봄부담이 증가함에 따라 사람들의 불화와 스트레스의 표출이 늘어나고 있다. 이는 '코로나 블루Corona Blue'라고 불리는 사회구성원들의 정신적 불안감 및 우울감의 증가 현상으로 대표된다. 마지막으로, 사회구조와 제도적 환경의 위험요인 역시 코로나19의 사회적 부작용을 가중시키고 있다. 예컨대, 코로나19에 관련된 허위정보(가짜뉴스)가 온라인 공간에 무분별하게 확산되면서 구성원들의 불안감을 가중시키고 효과적인 전염병 예방을 위한 정책대응을 어렵게 하고 있으며, 이로 인해 사회신뢰가 저하되면서 구성원들의 연대감에 균열을 야기할 위험성이 제기되고 있다. 이처럼 코로나19는 다양한 영역에 걸쳐 우리 사회에 심오한 영향을 미치고 있다. 따라서 코로나19 팬데믹 시대는 새로운 형태의 사회적 변화를 야기한다고 볼 수 있다.

여기서 또 하나의 질문이 제기된다. 코로나19에 의한 전염병 위험은 평등할까? 언뜻 보면 질병에 걸릴 위험은 생물학적으로 누구에게나 평등할 것처럼 느껴진다. 그러나 실제로는 코로나19가 우리 사회에 불평등한 결과를 야기한다고 볼 수 있다. 코로나19 팬데믹으로 인한 신체적, 정신적, 사회경제적 영향력은 저소득층, 불안정고용 노동자, 청년, 노인, 아동, 여성, 이주민, 중증질환자와 같은 사회적 소수자와 취약계층에게 더 크고 심오하게 다가오고 있다. 실제로 통계청이 발표한 '2020년 4분기 가계동향조사 결과'를 인용한 한 일간지에 따르면, 2020년 4분기에 소득 상위 20%의 근로소득은 소폭 증가한 반면 소득 하위 20%의 근로소득은 큰 폭의 감소가 나타나면서 코로나19 이후로 우리 사회의 소득양극화 현상이 한층 더 심화되고 있었다경향비즈[3].

3 출처: 경향비즈. 2021.02.18. 가계 근로 사업소득 3분기 연속 감소…분배 지표도 악화. 박상영

코로나19 시대에 나타난 불평등 심화 양상은 코로나19 문제가 단순히 신체적 건강과 질병의 차원이 아니라, 공동체의 복리감과 사회통합의 증진이라는 목표 하에서 분석되어야 할 필요성을 제기한다. 이런 의미에서 코로나19 사태는 건강연구에 있어 사회적 건강, 곧 소셜헬스social health 연구의 의의를 재평가하게 해준다고 볼 수 있다.

WHOWorld Health Organization는 건강을 신체적 건강, 정신적 건강, 사회적 건강의 차원으로 나누고 있다WHO, 2014, p.1. 이 가운데 사회적 건강이란, '건강함'의 상태를 결정하는 사회적 차원의 속성들을 의미한다. 사회적 건강은 하나의 합의된 정의가 존재하지 않지만, 선행연구들의 결과를 종합해볼 때 미시적으로는 타인과의 건강한 관계망의 형성과 독립적인 삶의 영위 및 환경 적응능력의 배양 등으로 개념화될 수 있고, 거시적으로는 사회구성원들의 결속력과 위기 대응력을 길러내는 사회통합 능력의 증진 등으로 요약될 수 있다Cho, Park. & Song, 2020, p.3. 이러한 정의를 토대로, 소셜헬스를 증진 또는 저해하는 결정요인은 크게 '개인개인의 육체적, 심리적, 관계적 건강 증가, 개인의 친사회성 증가 등,' '관계개인들 간의 관계망 및 사회적 자본의 형성, 건강한 정보교류 및 의사표현 증진 등,' '사회구조/제도사회적 수준에서의 사회도덕성 및 사회통합 증진, 커뮤니티 환경 개선, 사회갈등과 차별 해소 등'의 세 가지 차원으로 나누어 다차원적 분석을 수행할 수 있을 것이다소셜오믹스 연구센터, 2019, p.53. 소셜헬스 연구는 개인의 건강을 사회적 수준의 건강과 연계하여 해석한다는 점에서, 한 사회의 집합적 대응역량으로서 건강의 사회적 결정요인을 해석하고 사회문제를 해결하는 데 기여할 수 있다.

코로나19로 인해 빚어진 위험은 단순히 건강과 질병의 위험차원에서 다뤄지기보다, 이 질병이 사회에 어떤 영향을 미치고 변화를 야기했으며, 어떤 인간사회의 구조적 취약성과 특징이 이 질병이 더 큰 위기로 이어지게 했는지에 관한 근본적 성찰을 요구한다. 본 저서는 '소셜헬스social health'의 시각에서

기자. http://biz.khan.co.kr/khan_art_view.html?artid=202102181200001&code=920100(2021.03.08. 인출)

코로나19에 관련된 우리 사회의 다양한 이론적, 경험적 이슈들을 정리하고 학술적·정책적 시사점을 제시함으로써 건강한 사회의 재구성과 성찰적 회복을 모색하는 소셜헬스 연구의 분석모형을 구축하고자 한다. 이를 위해 개인, 관계, 사회구조 제도의 차원을 중심으로 건강한 사회를 구성하는 결정요인을 살펴보고, 코로나19 이후의 우리 사회에 제기될 수 있는 주요 쟁점들을 살펴보고자 한다. 본 저서는 팬데믹이 장기화되는 이 시점에서 코로나19가 우리 사회에 미친 파장을 검토해보고, 코로나19 이후의 우리 사회 모습이 어떻게 변화하고 있으며, 향후 코로나19로 인해 야기된 사회병리 현상들을 어떻게 해소할 것인지에 관하여 우리 사회의 회복력을 증진시키기 위한 방안들을 소셜헬스의 관점에서 모색하고자 한다. 이를 위해 본 저서의 연구진들은 개인, 가족, 관계, 사회제도 구조의 다양한 층위에 걸쳐 코로나19 시대의 소셜헬스 연구를 진행하였다.

먼저 본 저서는 코로나19 시대에 나타난 개인과 가족생활의 변화를 살펴본다. 팬데믹 이후 '사회적 거리두기'의 강화로 인해 '가정'이라는 사적 공간의 역할이 변화하고 있다. 재택근무가 강화되면서 일–가정 영역의 경계가 희미해지고, 가정 외 사회서비스로 충족되던 아동돌봄과 교육환경의 변화가 나타나면서, 일상생활의 다양한 영역 간 충돌로 인해 부부갈등이 증가하는 등 가족구성원의 긴장과 스트레스가 증가하고 있다. 따라서 코로나19 사태의 장기화에 따른 아동발달의 문제가 야기되고 있는데, 코로나19 사태가 아동의 사회정서적 발달에 어떤 영향을 미치는지 경험적 연구가 필요할 것이다.

다음으로, 코로나19 이후 사회적 관계의 변화를 살펴볼 수 있다. 관계적 차원에서는 사회적 관계 형성에서 발생할 수 있는 차별과 편견, 갈등의 원인을 이론적 관점에서 살펴볼 수 있다. 또한 사회적 고립감의 심화로 인해 사회전반에 우울경향이 증가하고 있으며, 코로나19 전염의 두려움과 코로나19 대응체제와 관련된 갈등에서 빚어진 구성원간 상호 불신으로 인해 사회신뢰도가 저하되면서 사회구성원들의 집단 간 차별과 혐오, 갈등이 강화되고 있다. 따라서 코로나19 시대에 우리 사회의 사회적 관계 맺음의 특징이 어떻게 변화하고 있는지 그 동향을 살펴볼 필요가 있을 것이다.

다음으로, 우리 사회의 커뮤니티와 제도적 환경에 대한 위험요인 역시 점검해볼 필요가 있다. 특히 코로나19 팬데믹 상황은 온라인 상의 의사표명과 정보교류에 있어서 새로운 사회적 문제를 야기한다. 소셜미디어는 코로나19에 대한 사회구성원의 집합적 반응과 대응양식에 있어 중요한 역할을 수행하지만, 동시에 코로나19 관련 가짜뉴스오정보의 확산이나 부정적 여론의 형성은 구성원들의 신뢰를 저하시키고 코로나19에 대한 효과적인 사회적 대응역량을 떨어뜨리는 데 일조하기도 한다. 따라서 온라인 공간의 여론형성과정을 살펴보고, 오정보 확산을 방지할 수 있는 대응방안 마련 역시 코로나19 시대에 주어진 중요한 과제일 것이다. 또한 장기적으로는 팬데믹은 ICT 기술에 대한 의존성을 높이고 산업구조의 변화 필요성을 야기하는데, 팬데믹 위기극복을 위한 지식정보 기반의 산업의 중요성이 증가되는 맥락에 맞추어 우리나라 AI 빅데이터 교육 프로그램의 현황 역시 점검해볼 필요가 있다. 한편, 가장 거시적 차원에서 살펴볼 때 코로나19는 기후변화라는 전 세계적인 환경위기의 문제와 맞물려 있다. 따라서 현대국가의 환경정책에 대한 근본적 성찰을 통해 전염병에 대한 장기적 대응책을 마련하는 것이 필요할 것이다. 이와 같은 논의를 종합하여, 본 저서는 코로나19 사태 이후의 우리 사회의 양상을 개인, 관계, 사회구조 제도 차원에서 "건강한 사회 속에 건강한 개인들을 배양"하고자하는 소셜헬스 연구의 분석 틀로써 코로나19로 빚어진 문제의 원인과 해결방안을 모색해보고자 한다.

본 연구는 건강연구 중에 그동안 연구가 활발히 수행되지 않았던 "사회적 건강"의 개념을 중심으로 코로나19 시대를 진단하고 과업을 점검한다는 점에서 의의를 가진다. 현재 국내외에서 코로나19 사태에 관한 많은 연구가 쏟아지고 있지만, 이들 중 대부분은 임상 보건의학이나 심리학 분야 등과 같이 개인중심의 건강 모형 속에서 코로나19를 분석하거나, 또는 코로나19로 인한 사회경제적 결과 예측과 같은 건강 외적인 관점에서 이를 분석한 연구가 주를 이루고 있었다. 이 연구는 한 개인의 건강은 사회적 차원의 건강과 연계되어 있다고 보고, 코로나19 문제를 우리 사회에서 나타난 가족 및 일상생활, 사회적 관계, 소셜미디어 환경, 제도적 차원 등 사회전반의 영역과 연계하여 건강문제를 분석함으로써 우리 사회의 사회적 수준의 대응역량을 점검한다는 점에서 타 연구와의 차별성이 있다.

이 저서는 다음과 같은 목적을 지닌다. 첫째, 현재 전 세계적으로 가장 심각한 문제인 코로나19를 소셜헬스의 관점에서 분석하고 함의를 제시함으로써, 코로나19 사태 이후 변화된 우리 사회의 모습을 진단하고 해결책을 모색하는 데 새로운 통찰력을 제시하고자 한다. 둘째, 소셜헬스 관련 연구자와 후학들을 위해 본 연구가 제시하는 사회적 건강의 이론적·경험적 모형을 어떻게 코로나19 문제와 접목하여 적용하고 해석할 수 있는지의 사례제시를 통해 후속 연구를 위한 가이드를 제시하고자 한다. 셋째, 코로나19 관련 연구성과를 구축함으로써 코로나19 사태가 종식된 이후 우리 사회에 남겨진 후유증을 회복하고, 또 다른 범세계적인 위기에 대응할 수 있는 내성을 배양하기 위한 정책적 시사점을 제공하고자 한다.

2. 저서의 구성

본 저서는 다음과 같은 방식으로 진행된다. 저서의 구성은 크게 (1) 코로나19 시대와 소셜헬스 측정하기, (2) 코로나19 시대와 건강한 가족 만들기, (3) 코로나19 시대와 건강한 사회적 관계 만들기, (4) 코로나19 시대와 건강한 커뮤니티 환경 만들기의 네 가지 대주제를 중심으로 이루어져 있으며, 각 장별 세부주제를 소개하면 아래와 같다.

먼저 1장에서는 코로나19 위기에 국면한 우리 사회에서 왜 소셜헬스의 관점의 연구가 중요한지 의의를 살펴보고, 본 저서의 집필의도와 전반적 내용 구성을 소개하였다.

2장에서는 코로나19 시대에서 우리 공동체의 건강 수준에 대한 현황 파악을 위해, 빅데이터 분석에 의한 소셜헬스의 측정방안을 논의하였다. 특히 코로나19로 인해 이른바 '코로나 블루'라 불리는 장기화된 우울경향이 나타나는 상황에 주목하고, 소셜미디어의 빅데이터 분석기법을 활용하여 우울경향의 정도를 지표화하여 그 추이와 변화를 살펴보았다. 이를 통해 우울 경향의 시기적 특성을 비교분석하여 사회구성원들의 집단적 스트레스 수준을 파악하고 사회적 건강 차원에서의 대응가능성을 모색하고자 하였다.

본 저서의 3, 4장에서는 '코로나19 시대와 건강한 가족 만들기'라는 주제로 가족생활과 돌봄, 사적 영역에서 소셜헬스 연구의 가능성을 제시하였다.

3장은 코로나19 시대에서 사회적 거리두기로 인해 가정생활의 영역이 확대됨에 따라 부부 내 불화가 급증하고 있는 현황을 고려하여, 부부관계의 갈등요인과 개선 방안이 무엇인지에 대한 이론적 탐색을 제시하였다. 4장은 코로나19 이후 교육과 돌봄의 기능이 가정 외부의 사회서비스로부터 부모의 역할로 이행되면서 가정 내 양육환경이 크게 변화하고 있는데, 이러한 변화된 양육환경에서 부모의 심리적 건강 및 아동의 사회정서적 발달과 행동적응, 그리고 아동의 미디어 활용 시간에 코로나19가 어떤 영향을 미쳤는지 경험적 분석을 시도하였다.

본 저서의 5, 6장에서는 '코로나19 시대와 건강한 사회적 관계 만들기'의 주제를 다루며, 사회적 관계 형성과 사회통합의 관점에서 소셜헬스 연구가 주는 함의를 분석하였다.

5장은 사회통합을 저해하는 사회적 갈등의 주요 촉발요인인 차별과 혐오가 인간이 가진 어떤 인지적, 뇌과학적 기제에 의해 발생하는지에 관한 주요 이론적 접근과 그동안의 연구성과를 살펴보았다. 6장은 건강한 사회적 관계의 구축을 위한 핵심 요인인 '신뢰' 문제에 주목하여, 코로나19 이후 한국 사회의 신뢰 지형이 어떻게 변화하였는지 경험적 자료를 통해 분석하여 포스트 코로나 시대에 사회적 신뢰가 우리 사회의 위기 극복에 주는 함의를 고찰하였다.

본 저서의 7, 8, 9, 10장에서는 '코로나19 시대와 건강한 커뮤니티 환경 만들기'의 주제로 코로나19 위기를 가중시키는 우리 사회의 환경적 특성을 살펴봄으로써 포스트 코로나19 시대를 대비한 미래지향적 정책대안을 모색하였다. 특히 ICT 기술발달과 디지털 혁명에 따른 지식사회의 도래에 주목하여, ICT 기술기반 환경 및 온라인 공간의 문제를 집중적으로 살펴보았다.

7장은 코로나19 시대에 소셜미디어 상의 여론이 어떻게 형성되는지 의견표명과 의사결정 과정에 주목하고, 어떤 방식의 의견표명이 코로나 팬데믹 상황에서 사회적 건강을 유지할 수 있게 하는지 분석하였다. 8장은 코로나19 위기 국면에서의 허위정보 생산과 확대 문제인포데믹에 대한 문제의식을 밝히고, 언론보도 팩트체크의 기사 확산과 가짜뉴스 탐지 전략과 대응방안을 모색하였다. 9장은 포스트 코로나19 시대에 인공지능과 데이터사이언스 관련 기술을 소셜헬스 관련 분야에 접목할 필요성을 제기하면서 AI 빅데이터 교육 프로그램의 현황을 탐색하고 효과적 교육방안을 모색하였다. 10장은 코로나19의 전 지구적 재난상황에 대하여 장기적으로 환경문제의 정책적 틀에서 대응할 필요성을 촉구하면서 인간건강과 환경문제의 상호영향력 속에서 코로나19를 어떻게 사고해야 하는지 모색하고자 했다.

마지막으로, 11장에서는 포스트 코로나19 시대에서 소셜헬스 연구가 가지는 의의를 살펴보고, 팬데믹이라는 전례없는 위기 속에서 우리 사회가 나아가야 할 길을 '사회적 건강'의 목표를 중심으로 성찰하는 시간을 마련하였다.

코로나19 시대와 소셜헬스 측정하기

POST COVID-19

제 2 장

빅데이터를 통한 소셜헬스 지수 개발

:우울 경향을 중심으로

송 민 | 연세대학교 문헌정보학과 교수
이수빈 | 연세대학교 문헌정보학과 박사과정
김성덕 | 연세대학교 문헌정보학과 석사과정
이주희 | 연세대학교 문헌정보학과 석사과정
고영수 | 연세대학교 문헌정보학과 석사과정

1. 우울 경향과 소셜헬스 지표화

| 1 | 우울 경향 현황

우울증이란 일과를 수행하거나 과거에 즐겨 하던 활동에 참여하기에 너무 슬프거나 무기력한 상태를 말한다. 죽음이나 상실과 같은 슬픈 상황이 발생한 후에 슬픔을 느끼는 것은 정상이지만, 우울증은 슬픔이 일시적이지 않고 적정한 기간을 넘어서까지 지속되는 경우이다. 우울증은 통상적으로 6개월간 지속되지만, 2년 이상 지속될 수도 있어 지속적인 관리가 필요한 증상이다MSDmanual, 2020.

'코로나 우울'은 '코로나19 확산으로 일상에 큰 변화가 닥치면서 생긴 우울감이나 무기력증'을 의미한다국립국어원, 2020. 코로나19의 장기화로 인해 사람들의 우울감이 증가되고 있는 추세이며 우울감의 원인인 불안감은 세부적으로 코로나19 바이러스에 노출되지 않을까 하는 감염에 대한 불안감, 직장인의 재택근무, 실적악화, 자영업자의 매출하락 등 경제적 타격으로 인한 불안감, 코로나19와 관련된 부정적 소식으로 인한, 무분별한 정보로 인한 불안감으로 나타나고 있다국립정신건강센터, 2020.

〈표 2-1〉에 나온 구체적인 숫자를 살펴보면 우울증으로 병원을 찾는 환자가 2015년 60만 명에서 2019년 80만 명으로 32% 증가했는데 2020년 상반기에만 전년 대비 49% 증가한 59만 명이 병원을 찾아 코로나19로 인한 우울증 환자가 급격하게 증가한 것으로 밝혀졌다국민건강보험공단, 2020.

표 2-1 국민건강보험공단 국정감사자료 우울증 진료실 인원 현황

구분		진료실 인원(만명)						15'-19' 평균 증가율	19'상 -20'상 증가율 (추정치)
		2015년	2016년	2017년	2018년	2019년	2020년 상반기		
계	계	60.4	64.3	68.2	75.3	79.8	59.3	8%	49%
	남	19.6	21.2	22.6	25.2	26.7	19.4	9%	45%
	여	40.8	43.1	45.6	50.0	53.1	39.9	8%	50%

한 연구 결과에 따르면 우울증을 겪고 있는 사람이 우울증이 없는 사람보다 4배 이상 자살 위험이 있어 코로나 우울이 증가함에 따른 자살 또한 크게 늘어날 것으로 예상된다Kim, G. E., Jo, M. W., & Shin, Y. W., 2020.

이는 〈그림 2-1〉에서 보여지는 우울 위험군, 자살에 대한 사고에서도 잘 나타난다. 2020년 3월에서 5월, 9월로 시간이 흐름에 따라 우울위험군은 22.1%로 2018년 3.79%보다 매우 높게 나오고 있으며 자살에 대한 사고는 13.8%로 2018년 4.7%에 비해서 매우 높은 수준이다국립정신건강센터, 2020.

이 수치는 국민 7명 중 1명이 자살을 생각하는 셈이어서 매우 위험한 상황임을 나타낸다.

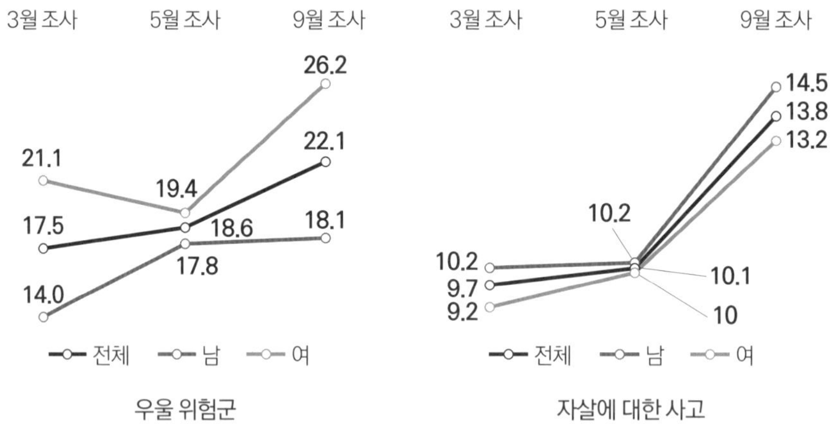

그림 2-1 국립정신건강센터. 코로나19 국민정신건강실태조사

| 2 | 우울 경향 지표화

앞서 살펴 보았듯이 여러 가지 원인으로 인해 한국 사회에는 우울 경향 정도가 만연해 있다. 우울 경향 정도가 개인적인 차원에서 비롯되었든지 아니면 사회 구조의 영향을 받아 우울 경향 정도가 생겨났든지 여러 가지 원인으로 인해서 한국 사회에는 우울 경향 정도가 다양한 조직 안에서 발생하고 있고 이는 곧 우리 사회의 모습에 다시 영향을 미치게 된다. 우울 경향을 넘어

서 우울증은 하나의 정신 질환으로 개인의 병명이 될 수 있는 것이며 개인의 정신 건강의 위험성을 의미하기도 한다. 사회가 이러한 개인의 정신 건강을 돌보는 것은 사회 구성원의 건강을 증진시킨다는 점에서 의의가 있고 개인의 정신 질환으로 인해 사회가 얻을 수 있는 피해와 불이익을 감소시킬 수 있다는 점에서도 의의가 있다.

우울 경향을 가진 개인의 정신 건강을 살펴봐야 한다는 점에서는 이견이 없을 정도로 대중들에게 많은 부분 인식이 되어 있다. 그렇지만 본인이나 주변 사람들이 우울 경향 또는 우울증을 갖고 있는지를 파악하는 것이 쉽지 않고 정신 질환자에 대한 부정적인 인식으로 인해 본인이 가지고 있는 우울 경향 정도를 드러내는 것도 쉽지 않다. 우리가 객관적으로 우울 경향 정도를 확인하기 위한 방법으로는 병원에서 우울증을 진단받은 환자의 수나 자가 진단으로 우울 경향 정도를 파악하는 방법이 있다. 이에 더해서 또 하나의 방법으로 대중들이 많이 이용하는 소셜미디어에 나타난 글을 보고 우울 정도를 파악할 수 있을 것이다. 소셜 미디어는 대중들이 본인의 기분, 감정이나 경험 등을 솔직하게 적어 놓는다는 점에서 소셜 미디어에 나타난 글을 파악하는 것은 의미가 있는 일이다.

어떠한 방법을 통해 한국 사회의 우울 경향 정도를 파악한다고 하면 그 뒤에는 이를 객관적으로 증명해줄 하나의 수치가 필요하다. 이는 우울 경향 정도를 지표로 나타낼 수 있는 지표화가 이루어져야 함을 의미한다. 지표화를 통해 대중들은 사회에 나타나 있는 우울 경향 정도를 직관적으로 판단할 수 있고 더불어 정책 기관이나 정부에서는 지표를 보고 어떠한 예방책이나 방지대책을 내세울 수 있을 것이다.

이처럼 여러 가지 원인으로 한국 사회에 만연해 있는 우울 경향 정도를 사회의 문제로 생각하고 사회적 건강의 증진을 위해 이를 살펴보는 것은 의미가 있다. 소셜헬스의 관점에서 개인의 안녕을 사회 전반적인 차원에서 고려할 필요성이 있으므로 우리는 우울 경향 정도를 객관적으로 확인할 수 있는 측정치가 필요한 것이다. 이에 본 연구팀은 우울 경향 정도를 수치로 확인할 수 있는 지표화를 위한 연구 진행을 하였다.

2. 소셜 미디어 데이터에 나타난 사회 전반의 우울 경향 지수의 추이 분석

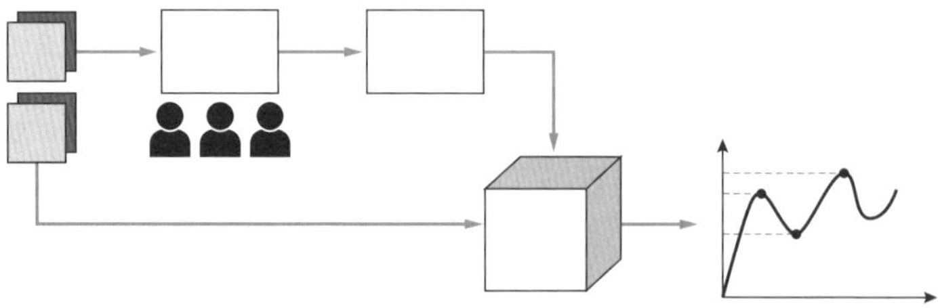

그림 2-2 연구 흐름도

프로젝트 전체 설계는 상단의 그림과 같다. 이는 기본적으로 학습 단계와 예측 단계로 구분할 수 있다. 먼저 학습 단계는 다중클래스 예측 모델을 훈련하는 과정에 해당한다. 도합 4개의 데이터 소스로부터 우울증 관련 문헌들을 수집하고, 해당 데이터를 전처리한다. 그리고 전처리한 데이터를 토대로 모델을 학습하는 과정으로 이루어진다. 다음으로 예측 단계는 학습 단계에서 생성한 모델을 통해 사회 전반의 우울 경향 정도를 예측, 파악하는 과정이다. 해당 단계에선 일별로 새로운 문헌을 수집하고 전처리한다. 그리고 학습한 모델에 전처리한 데이터를 입력하여 각 문헌에 대하여 우울 경향 정도에 따라 다중클래스로 예측하고, 이를 지수화하여 사회 전반의 우울 경향 추이를 시계열적으로 시각화 한다.

| 1 | 데이터 수집

데이터 수집은 네이버 지식iN, 네이버 블로그, 하이닥, 트위터 4가지의 소셜 미디어에서 2017년 1월부터 2019년 12월까지의 데이터를 대상으로 진행하였다. 키워드는 '우울증'으로 하여 데이터를 수집하였고 수집된 데이터 수는 〈표 2-2〉와 같다.

표 2-2 데이터 수집

데이터 소스	수집 개수
네이버 지식iN	224,172개
네이버 블로그	158,739개
하이닥	1,075개
트위터	58,873개
합계	442,859개

네이버 지식iN과 하이닥은 이용자가 질문사항을 올려놓으면 전문가들이 대답을 해주는 방식으로 운영되는 웹사이트이다. 두 개의 데이터 소스가 다른 점은 하이닥의 경우 네이버 지식iN보다는 좀 더 의학적 질문을 올린다는 점이다. 두 개의 데이터 소스 모두 '우울증'을 키워드로 수집할 때 이용자들이 자신의 질병 증상을 구체적으로 적어놓으며 궁금한 의학 지식을 질문한다는 점에서 유용한 데이터 소스라고 판단하였다. 네이버 블로그는 한국 사회에서 많이 이용하는 소셜 미디어 중 하나이기 때문에 대중성이 있다고 판단하여 데이터 수집을 하였다. 트위터는 전 세계적으로 대중들이 많이 이용하고 있는 소셜 미디어이고 글자 수를 140자로 제한하여 글을 적을 수 있기 때문에 그만큼 실시간을 반영하는 데이터 수집이 가능할 것으로 보아서 선정하였다.

| 2 | 코퍼스 어노테이션

수집한 데이터를 기반으로 데이터 어노테이션을 진행하였다. 어노테이션은 수집한 데이터에서 우울 경향 증상이 있는 것을 표시해 클래스별로 분류하는 작업을 의미한다. 클래스를 분류하는 기준으로는 미국정신의학협회에서 발행한 정신 질환 매뉴얼인 DSM-5를 근거로 하였다. 분류된 클래스별 데이터 개수는 〈표 2-3〉와 같다.

표 2-3 클래스 분류 개수

Class	설명	개수
0	우울 증상과 관련 없는 문헌 (광고글, 뉴스 기사 등)	1922개
1	우울 의심 문헌 (DSM-5 증상 1개)	1101개
2	우울 의심 문헌 (DSM-5 증상 2개)	1109개
3	우울 경향 문헌 (DSM-5 증상 3개 이상)	1104개
4	우울 키워드가 없는 문헌 및 비 우울 경향 문헌	1081개

코퍼스 어노테이션은 먼저 임의로 샘플링한 6,188개 데이터를 대상으로 진행하였다. 8명의 연구자들이 진행하였으며 1차로 각자 어노테이션을 진행한 뒤 교차검증을 하였다. 교차 검증에서 의견이 맞지 않는 데이터는 의학 전문가의 자문을 받아 최종 판단을 하였다.

| 3 | 모델 학습

이후에는 주석 작업을 통해 구축한 말뭉치를 훈련데이터로 활용하여 우울 경향 정도 탐지 모델을 학습시킨다. 모델 학습 알고리즘으로는 최신 딥러닝 기반 언어모델인 BERT Devlin et al., 2018 계열을 사용하였다. BERT는 트랜스포머 Vaswani et al., 2017의 인코더를 쌓아 양방향으로 학습하는 구조의 언어 모델로서 다양한 자연어 처리 영역에서 널리 활용되고 있다. 레이블이 달려있지 않은 대규모의 데이터를 통해 사전학습pre-training하고, 이후 비교적 소규모의 텍스트 데이터를 훈련데이터로 활용하여 특정 자연어 처리 과업을 위해 파인튜닝fine-tunning하는 단계를 거치게 된다. 파인튜닝 과정은 사전학습 단계에서 범용적 목적을 위해 학습된 모델 가중치 파라미터를 수행하려는 특정 과업에 최적화하기 위한 단계라 할 수 있다.

BERT 모델의 경우 영어 이외의 다른 언어에 적용하기 위해 다국어 버전인

multilingual이 제공된다. 그러나 해당 모델은 약 100여개의 다양한 언어데이터를 학습하는 탓에, 우리 한국어의 언어적 자질과 특성에 최적화된 성능을 기대하는 데 한계가 존재한다. 또한, 위키피디아와 같이 비교적 정제된 형태의 텍스트만을 학습에 사용하기 때문에, 문법 및 구문이 파괴되거나, 또 구어체나 신조어 등 변칙적인 어형이 빈번한 소셜미디어 텍스트의 특성을 포착하는 데 어려움이 존재할 수 있다. 이러한 점들을 고려하여, 본 프로젝트에선 한국어 뉴스 기사 댓글을 대상으로 사전학습한 KcBERTKorean comment BERT[1]를 사용하기로 최종 결정하였다. KcBERT 모델은 2019년부터 2020년 6월 사이에 작성된 약 15.4GB 크기의 뉴스 댓글 데이터를 바탕으로 학습되었으므로, 소셜미디어 텍스트데이터에 대해 자연어 처리 과업을 적용하고자 하는 본 목적에 부합한다고 판단하였다.

프로젝트에선 훈련데이터를 통해 사전 훈련된 KcBERT를 파인튜닝fine tuning하여 다중 클래스 예측 모델을 구축하였다. 구체적으로, 전체 훈련데이터를 학습, 검증 테스트를 위해 각각 60%, 20%, 20% 비율로 분류하였다. 에포크epoch는 2~10회, 배치사이즈batch size 8 · 16 · 32, 학습률learning rate은 2e−5 · 3e−5 · 5e−5 등 다양한 환경에서 하이퍼 파라미터 튜닝을 진행하였다. 일련의 과정을 통해 최고 정확도accuracy 80.19%라는 우수한 성능을 달성하였다.

| 4 | 모델 예측

구글트렌드 일별 급상승 "검색어" 상위 10개를 사용하여 트위터, 블로그로부터 일별 최대 2000 문헌을 수집한다. 수집한 문헌에 대해 앞선 단계에서 학습한 모델을 적용하여 여러 단계의 문헌으로 자동 분류하는 작업을 수행하였다. 즉, 우울 증상과 관련 없는 문헌, 비 우울 경향 문헌, 그리고 DSM−5 기준 진단요건에 해당하는 증상 개수에 따른 여러 단계의 우울 경향 문헌을 예측하였다.

1 https://github.com/Beomi/KcBERT

한편, 본 프로젝트는 예측한 문헌들을 토대로 일별, 월별 우울 경향 정도를 계산하기 위해 우울 경향 지표를 설계하였다. 구체적으로, 클래스마다 가중치를 달리 적용하여, 각 클래스의 총수에 해당 클래스의 가중치를 곱하는 과정을 전 클래스에 대해 수행하고, 이후 전체 문헌의 총수로 나누어 일별 우울 경향 지수를 산출하였다. 그리고 월별 우울 경향 지수는 해당 월에 해당하는 일별 우울 경향 지수의 평균값으로 계산하였다. 표 〈2-4〉에서 각 클래스에 적용된 가중치 값을 확인할 수 있다.

표 2-4 클래스별 가중치

Class	설명	가중치
0	우울 증상과 관련 없는 문헌	0.01
1	우울 의심 문헌 (DSM-5 1개)	0.5
2	우울 의심 문헌 (DSM-5 2개)	0.7
3	우울 의심 문헌 (DSM-5 3개 이상)	1.0
4	우울 키워드가 없는 문헌, 비 우울 경향 문헌	0.1

문헌검색은 매일 오전 전날의 데이터에 대해 수행되며, 상단의 지수 척도를 토대로 일별, 월별 우울 경향 지수를 그래프로 시각화하여 표현하고 있다. 일련의 과정은 매일 오전에 수행되며 서버를 통해 자동화하였다. 일별 우울 경향 그래프와 월별 우울 경향 그래프의 시각화 결과는 아래와 같다.

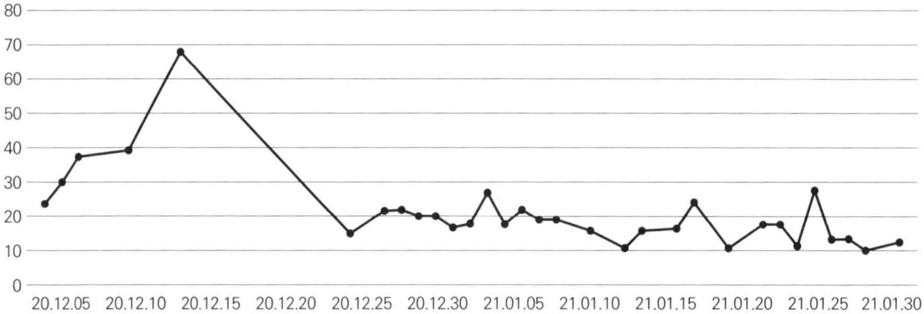

그림 2-3 2020년 12월 ~ 2021년 1월 일별 우울 경향 그래프

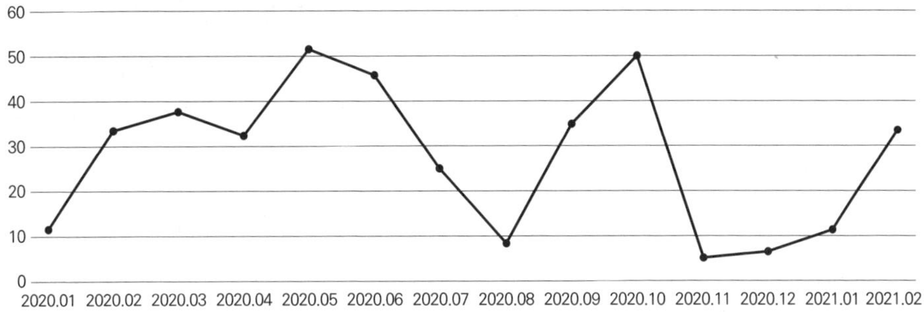

☆ **그림 2-4** 2020년도 월별 우울 경향 그래프

3. 우울 경향 지표와 코로나19에 주는 시사점

| 1 | 우울 경향 지표 특성

코로나19는 2019년 12월 최초로 중국 우한에서 발생했다. 코로나 발생이 시작되면서 12월 우울 경향지수는 44.42를 기록하여 전월 대비 23 증가된 수치를 보인다. 2020년 1월에는 세계보건기구WHO에서 폐렴의 원인을 '신종 코로나 바이러스'로 확인하여 공식 발표했다네이버 지식백과, 2021. 1월은 코로나19 바이러스가 전세계로 확산된 시기이기도 하다. 2020년 1월의 우울 경향지수는 48.05로 나타나 전월에 비해 3.63 증가된 수치를 보인다. 12월에 이어 1월에도 우울 경향지수가 증가세를 유지하였다.

2020년 2월 초에는 국내 코로나19 확진자 수가 감소 추세를 보였으며 2월 11일에서 2월 15일까지 5일 동안은 확진자가 나오지 않았다. 2020년 2월 우울 경향지수는 42.77을 기록해 전월에 비해 5.28 감소하였다. 확진자가 나오지 않다가 2월 18일 대구 지역의 확진자 수가 기하급수적으로 증가하였다. 2월 말부터 증가한 확진자 수에 걸맞게 2020년 3월 우울 경향지수는 62.48를 기록해 전월보다 19.71 증가한 지수를 보인다. 국내에서 정부는 3월 22일부터 4월 19일까지 강화된 사회적 거리두기를 실행한다. 2020년 4월 우울 경향

지수는 56.85를 나타내며 코로나19 바이러스가 처음 발생한 12월 우울 경향지수보다 12.43 높은 수치를 나타낸다. 정부는 2020년 4월 20일부터 5월 5일까지 거리두기 단계를 완화하여 사회적 거리두기를 실천했으며 5월의 우울 경향지수는 감소세를 나타내어 35.91를 기록한다. 이후 우울 경향지수는 6월에 19.5를 나타내어 또 한번 감소세를 이어가지만 7월에 45.09을 기록하여 여전히 높은 우울 경향지수를 기록하며 코로나19가 발생하기 이전인 2019년 11월의 우울 경향지수보다 높은 수치로 나타났다. 확진자 수가 급증한 8월에는 우울 경향지수가 60.31을 기록해 우울 경향지수 또한 급증하는 결과를 나타냈다.

우울 경향지수를 코로나19가 발생한 12월을 기점으로 살펴봤을 때 우울 경향지수는 코로나19 발생과 더불어 증가 추세를 보였으며 코로나19가 발생한 12월부터 7월까지 전반적으로 높은 우울 경향지수를 보인다. 코로나19 확진자 수가 증가하거나 정부에서 사회적 거리두기를 시행할 때마다 이를 반영이라도 하듯이 우울 경향지수도 증가 추세를 보인다.

코로나19는 2019년 12월 최초로 중국 우한에서 발생한 감염병으로 전세계적으로 영향을 미친 바이러스 질병이다. 코로나19 바이러스는 2021년 1월 현재 총 99,192,695명의 확진자 수를 기록하고 있으며 사망자 수는 2,129,412명이고 국내 발생현황은 확진자 수가 75,875명이고 사망자 수는 1,371명이다질병관리청, 2021. 코로나19의 감염을 최소화하기 위해 한국 사회는 2020년 3월 22일부터 사회 공동 시설을 이용하거나 일상 생활을 할 때 사람 간의 거리를 두어서 바이러스 감염을 예방하는 사회적 거리두기 정책을 시행했다. 사회적 거리두기는 2020년 3월 22일부터 4월 19일까지 강화된 사회적 거리두기가 시행되다가 4월 20일부터 5월 5일까지는 조금은 단계를 하향 조정한 사회적 거리두기를 실천하였다. 5월 6일부터는 더욱 완화된 형태의 사회적 거리두기인 생활 속 거리두기가 시행되었고 이 방식이 꾸준히 시행되다가 최근 코로나19 확진자 수가 급증한 8월 19일부터 강화된 형태의 사회적 거리두기 2단계를 시행하고 있다. 사회적 거리두기는 2020년 11월 7일부터 3단계 사회적 거리두기 형태에서 더욱 세분화된 5단계로 전환하였다. 세분화된 사회적 거리두기 단계에 따라 2020년 12월 8일부터는 수도권 지역에서는 2.5단계를 비수도권 지역은 2단계를 시행하고 있다.

월별 우울 경향지수를 살펴보면 코로나19가 발생한 시점부터 확진자 수가 증가되고 감소되는 것에 따라 이에 비례하여 수치가 달라졌고 특히 정부에서 시행하는 사회적 거리두기의 단계 조정에 따라 우울 경향지수의 정도도 차이가 있음을 알 수 있다. 처음 코로나19가 발생한 12월과 사회적 거리두기가 강력하게 시행된 4월 높은 수치를 보였고 지속된 사회적 거리두기와 함께 월별 우울 경향지수도 꾸준히 증가하다가 8월들어, 급증한 확진자 수처럼 월별 우울 경향지수도 높게 치솟는다. 대중들의 실시간적인 감성을 담아내고 있는 소셜 미디어에서 나타난 우울 경향지수가 코로나19의 확산세 및 감소세나 사회적 거리두기 단계에 따라 달라지는 것을 확인할 수 있다.

| 2 | 코로나19로 인한 우울 경향

중국 우한에서 발생한 폐렴은 신종 코로나 바이러스인 '2019-nCoV'가 원인으로 알려져 있으며 코로나 바이러스는 사람이나 동물에서 호흡기 질환을 일으키는 바이러스로 감기를 일으키는 원인 바이러스 중 하나이다서울아산병원, 2021. 현재까지 정립된 백신이나 치료가 없고 2~3일에서 최대 2주 정도 잠복기를 거쳐서 37.5도 이상의 고열, 기침, 인후통을 동반한 증상 등이 발생한다서울아산병원, 2021. 폐 손상에 따른 호흡부전으로 심하면 사망에 이를 수도 있다서울아산병원, 2021. 코로나19는 해결될 기미가 보이는 대신 미국과 유럽에서는 2차 펜데믹으로 도시를 봉쇄하기도 하고, 백신이나 치료제도 뚜렷한 안전성과 성과를 보이지 못하고 있다.

이처럼 전염성과 위험도가 높고 정확한 경과, 사망률, 합병증을 알기 어려운 관계로 코로나19는 사회에 많은 변화를 야기하였다. 재택근무, 온라인 개학 등으로 야외활동이 감소하고 집안에서 보내는 일상이 늘어난 것이다. 대면 약속 취소 등 비대면 시대로 인한 외로움, 언제 어떻게, 어쩌면 가까운 지인에게 코로나19에 감염될지 모른다는 불안감, 직접적으로 영향을 받는 자영업자 및 일용직 노동자 등을 포함한 모든 국민들이 경기 침체로 인해 겪는 경제적인 타격, 외부 활동 자제로 인한 피로감 등으로 우울함이나 스트레스를 호소하는 사람이 많아져 코로나 우울 현상이 확산되는 현실이다.

이는 코로나19로 인한 우울감이나 무기력증을 코로나+우울blue로 합성해서 코로나블루라는 신조어를 만들어 부르는 상황으로 또렷이 확인된다의협신문, 2021. 또 다른 예시로는 참가자 11만 명을 대상으로 코로나 봉쇄 전후의 정신건강 차이를 분석한 독일의 2020년 5월 나코연구를나코 보건연구, 2021 들 수 있다. 연구에서는 20~40대 사이에서 스트레스를 많이 받고, 코로나 확산이 심한 지역이 더 스트레스를 많이 받으며 양성이든 음성이든 진단검사를 받는 것 자체가 큰 스트레스를 주며 전체적으로 우울감과 스트레스가 늘어난 것을 밝혀내었다오마이뉴스, 2021.

서울시 COVID 19 심리지원단은 코로나19의 장기화로 힘든 시간을 보내는 시민들을 위해 다양한 활동을 지원하는데, 이들의 심리상담 예시에서도 코로나19 우울감은 다양하게 나타난다서울시 행정상담 전문기관 120다산콜센터 블로그, 2021. 코로나19로 인한 경제적 어려움으로 코로나에 분노하거나, 코로나19와 관련된 지역이나 활동과 연관이 있는 사람들에 대해 혐오를 보이고, 코로나19에 감염되지는 않았는지 증상을 호소하며 감염 불안을 보이고 사회적 거리 두기를 하며 침체된 기분에 더불어 장기화에 대한 걱정으로 뭘 해도 소용없다는 마음을 토로하는 사람도 많다.

“10명 중 4명 ‘코로나 블루’…2020년 한국인의 우울”이라는 제목의 기사 인터뷰를 참조하면, 대리운전 기사의 경제적 어려움, 공채 자체가 드문 이유로 취업걱정을 하는 취준생, 같은 반이어도 친구의 얼굴을 알지 못하는 초등학생, 비대면 시험으로 인한 공정성 문제 등이 우울감의 구체적인 배경이 된다.경향신문, 2021.

이와 같은 상황에서 우울증 진단과 그에 따른 적절한 조치는 매우 중요하다. 우울감을 호소하면 전문가의 도움을 받도록 하는 것이 필요하나 각자 경험하는 마음의 고통이 이상하다는 생각으로 안정감과 불안감을 표현하지 못하는 경우가 많은 현실이다. 이때 우울 진단의 중요성과 코로나 사태의 심각성에 주목하여 우리는 소셜미디어 데이터에 대해 텍스트마이닝 기법을 적용함으로써 코로나 사태 전후 한국 사회의 우울경향지수를 측정하고자 하였다. 소셜미디어 분석은 근래 다양한 이유로 주목받고 있는 기법이다. 소셜미디어가 지닌 접근 용이성은 이용자들이 스스로 느끼는 감정이나 관심을 편하게 표현하도록 하는 효과가 존재한다. 또한, 당사자의 기억에 의존하는 자가 척도와 달리, 소셜미디어상의 이용자는 일상에서 느끼는 감정을 실시간으로 서술할 수 있으므로 기억편향에 비교적 덜 취약하다는 강점을 지닌다. 무엇보다, 코로나19와 같이 일상생활 반경이 극도로 제한되는 상황에서도 온라인 기반으로 이루어지는 소셜미디어는 그 이용의 제약이 상대적으로 적다고 할 수 있으므로, 현 시국을 분석하는 데 실로 유용할 것이다.

우리의 분석 결과, 우울경향은 2020년 3월에 62.48으로 정점을 찍고 서서히 잦아들다가 다시 8월에 60.31을 보이고 잦아들다가 다시 12월에 44.42의 우울경향을 보였다. 이는 2020년 1월 20일 국내에서 처음으로 코로나19 환자가 발생한 후 2월에 대구를 중점으로 코로나19가 대유행하고, 8월에 서울을 중점으로 2차 대유행이 발생하였으며, 12월에 수도권을 중점으로 많게는 하루 1천여 명이 확진되는 3차 대유행이 나타난 것과 밀접하게 연관이 있다고 해석된다. 코로나19 우울경향의 주 사례로서 비대면 생활, 운동시설, 사람들이 모이는 카페, 음식점, 모임 등에 대한 정부의 규제 강도가 높아지고 감염도가 증가될수록 사람들의 우울경향도 높아지는 추세이다연세대학교 소셜오믹스 연구센터, 2021.

결론적으로 코로나19 전후로 소셜미디어상에 드러나는 대중들의 우울 정도를 측정하고, 나아가 우울 경향지수를 산출하려 한 본 연구의 목적이 타당하다고 생각된다. 또한 이 연구는 텍스트마이닝 분야에서 우울 경향 지수화를 시도한다는 점에서 의의가 존재하며, 코로나 사태를 통해 감염병과 사회 전반의 우울경향 간 관련성을 살펴볼 수 있는 계기로 작용할 것이다. 우울감을 방지하기 위해서 개개인이 전문가의 도움을 받고 인지하는 등의 노력도 중요하지만 코로나19가 더는 장기화되지 않고 빠르게 마무리될 수 있다는 확신과 희망을 심어주고 확산 방지를 위해 모두 함께 노력하는 것 역시 중요할 것이다.

코로나19 시대와 건강한 가족 만들기

POST COVID-19

제 3 장

코로나 시대의 부부 관계 개선

천정은 | 연세대학교 심리학과 석사 졸업
안은지 | 연세대학교 심리학과 석사 졸업
박해영 | 연세대학교 심리학과 석사 졸업

코로나19의 확산과 함께 인간의 기본적 욕구 중 하나인 안전의 욕구Maslow, 1958가 위협받고 있다. 어디를 가든 전염병의 위험이 도사리는 스트레스 상황에서, 사람들은 '집'이라는 공간에서 더욱 많은 시간을 보내며 위협받는 안전에 대한 욕구를 채우고자 배우자에게 기대고는 한다. 하지만 아이러니하게도, 가정에서 보내는 시간이 증가함으로 인하여 사람들은 배우자와 이전보다 더 잦은 갈등과 해소의 반복 등 일련의 과정들을 겪게 되었으며, 코로나19COVID 19와 이혼Divorce을 합친 합성어인 '코로나 이혼Covidivorce'이라는 신조어까지 등장할 정도로 코로나 이후의 부부 갈등이 범세계적으로 심각한 수준에 이르렀다. 일례로, 홍콩 사우스차이나모닝포스트SCMP의 보고에 따르면 2020년 초 중국 베이징의 이혼 건수가 그 전해의 1분기보다 47%가량 증가했으며연합뉴스, 2020, 프랑스 파리에서 전 국민 이동제한령이 선포된 이후 가정폭력 건수가 전년보다 36%가량 증가함을 보여주었다Lee, 2020. 우리나라의 경우, 2020년 4월의 이혼 건수가 3월보다 무려 27%가량이나 증가했고, 같은 해 6월 이혼 건수는 전년보다 1.1% 증가하였다통계청, 2020. 이와 같은 심각한 부부 관계의 갈등 문제를 해결하기 위해서는 부부 관계의 다각적인 검토가 필연적이라고 할 수 있다. 따라서, 이번 장에서는 지금까지 이루어진 심리학 연구들을 바탕으로 부부 관계에 대한 실증적 이해를 소개하고, 나아가 코로나19 시대에 건강한 부부 생활을 영위할 수 있는 방법들을 제시하고자 한다. 구체적으로 다음의 본문에서는 부부 관계에 대한 이해를 (1) 정서적, (2) 행동적, 그리고 (3) 동기적 세 부분의 측면으로 나누어 심층적으로 다루고자 한다.

1. 부부 관계 이해의 정서적 측면

| 1 | 정서적 경험과 조절의 중요성

부부 관계 내에서 사람들은 하루에도 수많은 감정을 경험한다. 때로는 배우자와의 대화에서 서운한 감정을 느끼기도 하며, 때로는 자녀들의 높은 학업성취로 인해 행복감을 느끼기도 한다. 이러한 부부 관계 내의 다양한 정서 경험은 개인의 행복도와 긴밀한 연관이 있을 뿐만 아니라, 부부 관계의 만족도에도 지대한 영향을 미친다. 수많은 정서 심리학자들은 감사, 사랑, 행복과 같은 긍정적인 정서의 경험이 개인의 삶을 윤택하게 만들고 관계 내에서 긍정적인 영향을 미친다는 것을 밝혔다Gordon, Arnette, & Smith, 2011; Shiota et al., 2004. 이뿐만 아니라, 이러한 긍정적인 정서들을 표현하여 배우자와 나누었을 때 그 효과가 더욱 증가하는 것으로 나타났다Gable et al., 2004. 이와 달리, 부정 정서의 경험은 개인 및 관계에 부정적인 영향을 줄 수 있음이 알려져 왔다. 즉, 분노와 같은 부정 정서의 경험은 개인의 행복도를 떨어뜨리는 등 부정적인 결과를 야기시킨다Chervonsky & Hunt, 2017.

하지만, 정서는 개인의 단순 경험 그 이상의 의미를 지닌다. 즉, 정서는 대인관계 내에서 기능적인 역할을 한다. 정서의 경험은 개인이 속한 관계가 잘 작동하고 있는지를 모니터링 할 수 있는 하나의 예측치를 제공할 뿐만 아니라, 그 경험을 바탕으로 사람들은 이후의 행동을 결정 내리곤 한다. 다시 말해, 결혼 관계에서 느껴지는 감정을 토대로 사람들은 부부 관계가 만족스러운가에 대해서 주관적 판단을 내리며, 이후 자신이 배우자에게 어떻게 행동할지에 대해 결정을 내린다는 것이다. 예를 들어, 관계에서 긍정적 정서를 많이 경험하는 사람들은 행복한 결혼 생활을 경험하는 것에서 더 나아가 상대에게 긍정적으로 행동할 가능성이 높아진다Campos et al., 2015; Levinger & Senn, 1967. 이와는 반대로, 관계에서 부정적 정서를 느끼는 것은 결혼 만족도를 낮출 뿐만 아니라, 이후의 상황에서 역시 부정적인 단어로 대화를 시작하도록 유발하는 도화선이 될 수 있다Carstensen, Gottman, & Levenson, 1995.

사람들은 본인이 어떠한 정서를 느끼는지 인식하는 것에서 더 나아가, 배우자가 어떠한 감정을 느끼고 있는지에 대해 역시 관심을 가진다. 이러한 관심은 상대가 느끼는 감정을 파악하여 그에 맞는 적절한 반응을 제시하기 위한 것이다. 가령, 배우자에 대해 불평을 쏟고 싶은 날이더라도 그가 직장에서 힘든 일을 겪고 온 날이라면 그 불평을 잠시 미뤄두거나 억제할 수 있다.

이처럼 상대의 정서적 경험에 관심을 두는 것은 이후에 수반될 행동에 영향을 줌으로써 건강한 부부 관계를 도모하는 것을 가능케 한다Carstensen, Gottman, & Levenson, 1995; Driver & Gottman, 2004. 따라서 본인과 배우자의 정서 경험을 상황에 따라 알맞게 표현하고 억제하는 것이 부부 관계의 이해와 갈등 해결에 있어 필요하다.

| 2 | 정서 조절의 구체적 전략

개인들은 정서를 수동적으로 경험하는 것에서만 그치지 않고, 더욱 건강한 부부 관계를 위해 이를 조절하고 통제한다. 개인이 느끼는 감정의 진실한 표출은 때로는 관계에 도움이 되기도 하지만 때로는 배우자의 마음에 상처를 입힐 수 있다. 예를 들어, 긍정적인 정서를 표현하는 것은 부부 관계의 만족도를 높이지만, 부정적인 정서의 표출은 부부 사이의 갈등을 더욱 고조시킨다Gordon, Arnette, & Smith, 2011; Rauer & Volling, 2005. 그렇기에 원만한 결혼 생활을 위해 적절한 상황에서의 감정 조절이 필요하다.

정서 조절의 중요성에 대한 강조는 다양한 연구들에 의해 이루어져 왔다Gross, 2002; Levenson et al., 2014. 학자마다 정서 조절을 정의하는 기준이 다양하지만, 대표적으로 Gross1998는 정서 조절의 전략을 정서 재평가Emotion Reappraisal와 정서 억제Emotion Suppression로 나누었다. 정서 재평가란, 적응적인 정서 조절 전략으로서 정서 반응에 선행하는 인지 전략을 의미한다. 즉, 정서를 유발하는 상황 자체를 긍정적인 방향으로 재해석하는 것이다. 예를 들어, 배우자가 회식이 끝나고 약속했던 시간보다 늦게 집에 들어온 상황을 가정해보자. 그때 배우자에게 바로 화를 내기보다는, 회식 자리에 무슨 중요한 일이 있어 늦게 들어올 수밖에 없었겠지 하며 상황을 다시 재해석하여 부정적인 감정을 최소화하는 것을 정서 재평가라고 할 수 있다. 이와 같은 정서 재평가는 적응적인 정서 조절 방식으로 여겨지며, 낮은 우울감, 높은 행복도, 높은 자존감 등 다양한 긍정적 요소들과 관련 깊은 것으로 나타났다Goldin et al., 2008; Gross & John, 2003.

반면, 정서 억제란 정서 반응에 후행하는 과정으로서 정서에 대한 반응을 억제하는 것을 의미한다. 앞서 가정했던 배우자가 집에 늦게 들어온 상황을 다시 상기시켜본다면, 이때 일어난 상황을 재해석하기보다 배우자에게 분노를 숨기고 겉으로 드러내지 않으려 노력하는 것을 정서 억제라고 할 수 있다. 선행연구들은 정서 억제가 비적응적인 정서 조절 전략 방식이며 부정적인 결과들을 초래한다고 말한다. 즉, 본인의 정서를 억제하는 것은 자신의 진실된 감정을 겉으로 드러내지 못하는 스트레스를 일으키기 때문에 주로 낮은 행복도, 높은 우울감과 관련되는 것으로 나타났다Gross & John, 2003; Nam, Kim & Tam, 2018. 하지만, 또 다른 연구자들은 정서 억제가 항상 비적응적인 것만은 아님을 밝히기도 하였다. 일례로, 한 연구에서 부부 사이의 정서 조절이 결혼 만족도에 미치는 영향을 3년간의 종단 연구를 통해 알아보았다Bloch, Haase, & Levenson, 2014. 연구 결과에 의하면 부정적인 정서의 경험을 최대한 빨리 통제하고 억제하는 것이 오히려 결혼 만족도를 높인다고 밝혔다. 이러한 연구결과는 부정적인 정서를 억제하는 것이 긍정적인 효과가 있을 가능성을 내포한다.

정서 억제의 효과는 문화적인 배경과도 긴밀한 연관이 있다. 정서 억제의 문화 차이를 연구한 연구자들은 서양인들에 비하여 동양인들이 정서 억제의 부정적인 영향을 덜 받는다는 것을 밝혀냈다Butler, Lee, & Gross, 2007; Soto et al., 2011. 이는 우리나라와 같은 집단주의 문화권에서는 타인과의 관계를 더욱 중요시하기 때문에 정서를 억제하는 행동을 어릴 때부터 학습하고 이에 익숙해져 있기 때문이라고 할 수 있다. Le와 Impett2013의 연구는 이러한 동양인의 문화적 관습을 잘 보여준다. 이 연구에서 참가자들은 상대방을 위해 자신이 포기했던 희생적인 일에 대해 매일 떠올렸고, 이때 발생한 정서의 억제는 관계 만족도를 높였다는 결과가 나타났다. 흥미로운 점은, 이러한 경향이 집단주의 문화권을 가진 사람들에게서 더욱 강하게 나타났다는 것이다. 이는 우리나라와 같이 동양적 문화 배경을 가진 나라에서는 배우자를 위해 부정적인 정서들을 참고 억제하는 것이 관계를 위해 도움이 될 수 있음을 시사한다.

위 연구들을 바탕으로, 우리는 상황에 따라 알맞은 정서 조절 전략을 사용하여 부부 관계 내의 행복도를 높일 수 있을 것이라 기대한다. 부부 관계 내에 갈등의 상황이 도래하였을 때에는, 적응적인 방식이라고 알려진 정서 재평가를 사용하여 그 상황을 긍정적으로 재해석하는 것을 시도하거나 그 상황에서 발견하지 못했던 새로운 측면들을 보는 것이 관계에 도움이 될 것이다. 또한, 한 번쯤 배우자를 위해 부정적인 정서의 표현을 참고 억제하는 것이 이후의 잠재적인 갈등을 잠식시키는 하나의 방법이 될 수 있다. 이처럼, 정서 조절은 행복한 부부 관계를 위해서 필연적이라고 할 수 있다.

| 3 | 상대 배우자 행동의 중요성

앞서 이야기한 바와 같이, 정서를 적절히 표현하고 억제하는 것이 부부 관계 내에서 도움이 되지만, 상대 배우자의 행동 역시 큰 의미를 지닌다. 즉, 본인의 배우자가 나의 정서 표현에 대하여 잘 이해를 하고 반응을 해준다고 생각될 때 정서 조절의 긍정적인 효과가 최대화될 수 있다. Gable과 동료들2004은 긍정 정서의 표현 효과가 배우자의 행동으로 인해 더욱 극대화될 수 있음을 밝혀냈다. 이 연구에서는 참가자들에게 개인이 일상에서 겪은 긍정적인 사건들과 감정을 배우자와 공유하도록 하였고, 그들의 행복감을 측정하였다. 연구 결과에 따르면, 긍정적인 사건 그 자체로부터 경험되어지는 행복감보다 그것을 배우자에게 표현하고 나눌 때의 행복감이 더욱 강한 것으로 나타났다. 흥미로운 점은 배우자가 그 사건에 대해 적극적으로 반응해줄 때 그 행복도가 더욱 큰 폭으로 증가하는 것이었다. 이는 배우자의 지지적이고 반응적인 행동의 중요성을 시사한다. 즉, 배우자와 정서적 경험을 함께 공유하는 것 자체에서 더 나아가 이에 대해 이해했음을 말로 표현하고 적극적으로 대화의 자세를 취할 때 부부 관계 만족도가 더욱 올라갈 수 있다.

배우자의 반응이 중요한 이유는 이것이 배우자가 그 관계에 얼마나 헌신적이며 관심이 있는가를 나타내는 지표가 될 수 있기 때문이다Reis, Clark, & Holmes, 2004; Segal & Fraley, 2016. 배우자의 적극적이고 지지적인 반응은 사람들로 하여금 배우자가 나의 감정을 이해하고 받아준다고 생각하도록 한다. 이뿐만 아니라, 본인이 관계에서 원하는 목표를 함께 이룰 수 있도록, 배우자가 함께 지원해주고 조력해주는 사람이라는 확신을 가질 수 있도록 한다. 반대로 이야기하면, 사람들은 배우자에게 자신의 감정을 이해받지 못할 것이라고 두려워하면 자신의 감정을 이야기하기를 꺼리게 되는 것이다Kelly & McKillop, 1996.

이에 더 나아가, 배우자의 지지적인 반응은 이후의 정서적인 표현을 더욱 증가시키는 선순환의 역할을 하는 것으로 알려졌다. 구체적으로, Runa와 동료들은2020 참가자들이 배우자가 본인의 정서적 표현을 이해하고 적절히 반응해준다고 느꼈을 때, 그 다음 날 더 많은 정서 표현을 배우자에게 한다는 것을 밝혔다. 즉, 배우자의 긍정적인 반응이 이후의 관계를 더욱 행복한 방향으로 이끄는 기폭제로 작용한 것이다. 이처럼 건강한 부부 관계는 서로에 대한 이해와 관심이 필수적이라고 할 수 있다.

2. 부부 관계 이해의 행동적 측면

친밀한 두 개인이 만나 함께 형성해가는 부부 관계에서 두 배우자 간의 행동적 교류는 결혼 생활의 가장 큰 부분을 차지한다고 해도 과언이 아닐 것이다. 넓은 관점에서 결혼 생활에 가장 중요하게 작용하는 두 가지 행동 영역은 배우자 간의 의사소통과 성관계인 것으로 여겨진다. 이에 대해 본문은 의사소통, 그리고 성관계가 결혼 생활에서 지니는 중요성을 소개하며, 이 두 행동 영역에서 부부 관계 개선을 도모할 수 있는 방법과 관련한 연구 결과들을 소개한다.

| 1 | 부부 관계 의사소통

가) 활발한 의사소통의 중요성

프랑스 소설가 Andre Maurois는 "행복한 결혼이란 늘 짧게만 느껴지는 긴

대화"라고 말한 바 있다. 이처럼 지금까지의 수많은 부부 관계 연구는 활발하고 적극적인 의사소통을 행복한 결혼 생활의 필수 요인으로 밝히고 있다 Navran, 1967. 특히 내면의 깊은 생각, 감정, 경험 등을 상대방이 지각할 수 있도록 솔직하게 표현하는 행동인 "자기 개방self-disclosure"에 관한 연구Derlega et al., 1993들에 따르면, 결혼 생활에서 배우자에게 적극적으로 자신을 개방하는 것은 본인과 배우자 모두에게 긍정적인 효과를 미치며 부부 관계 증진에 크게 기여하는 것으로 나타난다Hendrick, 1981; Laurenceau et al., 2005; MacNeil & Byers, 2009; Sprecher & Hendrick, 2004. 구체적으로, 활발한 자기 개방은 자신의 감정의 근원을 이해하고, 관계적 갈등을 완화하고, 상대의 정서적 지지를 유발함으로써 의사소통의 개선을 도모하는 등의 긍정적 효과를 지니며Kennedy-Moore & Watson, 2001, 결과적으로 배우자 간의 친밀도, 헌신도, 그리고 관계 만족도에 크게 기여하는 것으로 나타난다Hendrick, 1981; Laurenceau et al., 2005; Sprecher & Hendrick, 2004. 또한 "기쁨은 나누면 배가 된다"는 말이 있듯이 자신의 긍정적인 경험을 배우자에 알리고 소통하는 경향은 배우자 간의 친밀감, 신뢰도, 헌신도, 관계 만족도 등에 기여하는 것으로 나타난다Gable et al., 2004. 이와 반대로, 앞서 설명했듯이 자신의 감정에 대한 외부 표출을 억제하는 방략인 "정서 억제emotion suppression" 관련 연구는 배우자에 대한 정서 표현을 억제하는 성향이 본인과 배우자 모두에게 부정적 영향을 미치는 것으로 밝히고 있다Gross & John, 2003.

나) 갈등/충돌 상황의 의사소통

이처럼, 다수의 부부 연구 결과는 배우자가 서로 적극적으로 자신의 생각과 감정을 표현하며, 활발하게 소통에 임하는 것이 행복한 결혼 생활을 위한 중요한 방략인 것으로 제시하고 있다. 하지만 동시에 이러한 내용이 과연 배우자 간의 갈등 혹은 충돌 상황에도 적용될 수 있을지에 대한 의문이 제시될 수 있다. 결혼 생활에서 배우자 간의 의견 차이로 인한 갈등은 피할 수 없는 요인이다. 이 때, 문제를 가볍게 용인하거나 대립을 회피하는 행동 또한 결혼 생활의 충돌을 최소화하는 방법으로 흔히 여겨지곤 한다. 그렇다면, 과연 갈등과 충돌 상황에도 있는 그대로 자신의 의견을 피력하고 소통을 시도하는 것이 결혼에 도움이 될까? 지금까지의 관련 연구 결과들을 살펴볼 때 이에 대한 답은 "그렇다"인 것으로 나타난다.

다) 회피와 용서의 위험성

관계 내 갈등 상황에서 소통을 회피하거나 방어적인 태도를 취하는 행동 전략은 당장의 충돌을 줄일 수는 있으나, 장기적으로는 부부의 결혼 만족도를 낮추고 관계의 안정성을 해치는 것으로 밝혀졌다Gottman & Krokoff, 1989. 흥미롭게도 되려 서로 화를 표출하거나 의견 차이에 대해 피력하는 방법이 비록 단기적으로는 부부의 만족도를 낮출 수 있으나, 장기적으로는 결혼 만족도의 증진을 예측하는 것으로 밝혀졌다. 이와 비슷한 연구 결과로, 심각성이 높다고 판단되는 문제에 대해서는 비난, 요구, 거절 등의 소위 '부정적' 행동들이 장기적으로 더 안정적인 결혼 생활을 예측하는 것으로 밝혀졌다McNulty & Russell, 2010.

이와 비슷한 맥락에서, 최근 여러 사회심리 연구 결과는 부부 관계에서 '용서'가 지니는 위험을 논하고 있다. 기존 심리학 연구는 용서가 개인의 자기 존중감과 자기 개념 명확성을 낮추는 등의 위험성을 지닌다고 제시한다Luchies et al., 2010. 나아가, 결혼 관계에서 배우자의 문제 행동을 쉽게 용서하는 경향은 배우자의 문제 행동 빈도가 높을 때 되려 해결을 어렵게 할 수 있다는 연구 결과를 찾을 수 있다McNulty, 2008. 또한, McNulty2011의 연구는 배우자를 용서해주는 경향이 높을수록 결혼 생활 동안 배우자의 심리적, 신체적 공격성이 상대적으로 덜 줄어든다는 현상을 밝혔다. 즉, 결혼 생활에서 상대의 문제를 회피하고 상대를 쉽게 용서해주는 경향은 오히려 문제를 해결하는 데 방해가 되거나 본인과 배우자의 결혼 생활에 해를 끼칠 수 있는 것으로 나타난다.

라) 긍정적 소통: 반응성 & 스킨십

일반적인 상황뿐 아니라 갈등 상황에서도 적극적인 의사소통을 선택하는 것이 최선의 방법이라면, 구체적으로 어떻게 소통에 접근하는 것이 서로 간 갈등을 완화하고 관계를 개선하는 데 가장 큰 도움이 될까? 첫 번째로, 최근 수많은 연구는 상대의 말에 적극적인 반응을 보이고 이해에 대한 표시를 나타내는 것이 가장 중요한 요소라고 제시한다. 예로, 상대방에게 자신이 이해받고 있다는 인식은 갈등이 관계 만족도에 미치는 부정적 효과를 크게 완충해주며Gordon & Chen, 2016, 상대에게 보이는 높은 반응성은 스트레스 상황의 부정적 영향 또한 완화해주는 것으로 나타난다Farrell et al., 2016. 나아가, 높은 반응성은 상대의 불안과 부정 정서를 줄여주며, 수면의 질, 그리고 나아가서는 수명에까지 긍정적인 효과를 미칠 수 있는 것으로 밝혀졌다Selcuk et al., 2017; Stanton et al., 2019. 개인의 수면 및 건강 상태가 결혼 생활의 갈등을 크게 예측한다는 결과를 기반으로 볼 때Gordon & Chen, 2014, 서로에게 깊은 이해와 반응을 보이는 행동이 결혼 생활에 미치는 긍정적인 효과는 부부의 심리적, 신체적 건강, 그리고 갈등 해결, 관계 개선 등 여러 방면에서 나타나는 것으로 이해된다.

둘째로, 친밀한 관계에서 애정이 담긴 신체 접촉affective touch, 즉 스킨십 또한 개인의 심리적, 신체적, 관계적 건강에 크게 기여하며, 부부 관계의 갈등을 크게 완화할 수 있는 행동인 것으로 나타난다Jakubiak & Feeney, 2017. 최근 연구에 따르면 스킨십은 스트레스를 논의하는 관계 상황에서 개인들에게 긍정적인 심리적 자원을 제공하며Jakubiak & Feeney, 2019, 갈등 상황의 스트레스를 줄여주는 효과가 있는 것으로 밝혀졌다Jakubiak & Feeney, 2019. 또한, 스킨십은 불안 애착 유형 개인들이 느끼는 질투심을 일시적으로 낮춰주는 효과가 있는 등Kim et al., 2018, 관계에 방해가 되는 불안한 감정과 갈등으로 인한 스트레스를 완화시켜주는 효과적인 행동 방략인 것으로 밝혀졌다.

| 2 | 부부 관계 성생활

가) 활발한 성생활의 중요성

지금까지의 수많은 부부 관계 연구에 따르면, 부부 간 성생활은 결혼 만족도를 가장 크게 예측하는 요인이며Fields, 1983; Henderson-King & Veroff, 1994; Kumar, 1986; Trudel, 2002, 행복한 성생활은 부부 관계의 주된 토대를 마련해 주는 것으로 나타난다. 실제, 배우자 간 성관계 빈도가 높을수록 부부의 성적 만족도와 관계 만족도는 크게 증진되며Donnelly, 1993; McNulty, Wenner, & Fisher, 2016; Morokqff & Gillilland, 1993, 한번의 성관계는 그 순간의 만족을 넘어 대략 48시간 이후까지도 부부의 성적 만족도를 증진시켜주는 효과가 있는 것으로 나타난다Meltzer et al., 2017. 나아가, 배우자 간의 활발한 성생활은 결혼 생활의 부정적 요인들을 완충해 주는 효과 또한 나타난다. 그 예로, 성관계 빈도가 높은 부부는 부부의 신경증적 성격Russell & McNulty, 2011, 혹은 애착 불안정이Little, Russell, & McNulty, 2010 결혼에 미치는 부정적 효과를 완충해줄 수 있는 것으로 밝혀졌다. 또한, 만족스러운 성생활은 부부 간 원만하지 못한 의사소통으로 인한 부족함을 보완해주며Litzinger & Gordon, 2005, 다툼 이후 갖는 성관계 또한 부부의 관계 만족도에 일시적인 완충을 제공하는 것으로 밝혀졌다Meltzer et al., 2017. 이처럼 활발한 성생활은 부부 관계를 유지하고 증진시키며, 관계의 위험 요인들로부터 결혼 생활을 보호하는 데 큰 역할을 하는 것으로 나타난다.

나) 한국 부부 성생활의 현 시점

하지만 최근 여러 조사에 따르면 한국 부부의 성생활은 다소 저조한 양상을 보인다. 그 예로, 최근 글로벌 실태조사에 따르면 한국의 성생활 만족도 지표The Good Sex Index는 조사 대상 18개국 중 17위로 세계 최하위권인 것으로 나타난다Kim, 2018. 구체적으로 한국인들은 '성관계 빈도'에 대한 만족도가 가장 낮은 것으로 조사되었는데, 글로벌 제약사의 성생활 패턴 조사에 따르면 한국인의 평균 성관계 빈도는 조사 대상 13개 국가 중 가장 낮은 수치로, 1위 국가와 비교해 성관계 빈도가 절반에 불과한 것으로 조사되었다Kang, 2015. 나아가, 한국 성 과학 연구소의 한국 기혼 남녀를 대상으로 한 실태 조사에 따르면, 최근 1개월간 배우자와 성관계를 아예 갖지 않았거나 월 1차례라는 응답이 무려 35.1%나 되는 것으로 나타났으며, 이는 기혼 부부의 섹스리스 빈도가 30%에 육박하여 다른 국가와 비교해 매우 심각한 수준이라는 조사와 유사한 결과이다중앙선데이, 2012. 하지만 이때 유의할 점은, 한국의 성인 남녀는 대부분91.4% 성생활이 삶과 인간관계에 중요하다고 답하며, 과거 다국적 연구GSSAB, 2004에서도 한국인은 다른 나라 사람들보다 성생활을 더 중시하는 편에 속했다는 것이다. 상대적으로 성생활을 더 중요하게 인식함에도 불구하고 한국 기혼자들에게 세계 최하위 수준의 성관계 빈도와 만족도가 나타난다는 점은 한국 부부 성문제의 심각성을 대변한다.

다) 활발한 성생활을 위한 고려 요인

이러한 문제점이 인식됨에도 불구하고, 한국 부부의 저조한 성관계 만족도 및 빈도에 대해 원인과 개선 방향을 제시하기에는 다소 어려운 부분이 있다. 성생활은 관계와 개인의 상황에 따라 큰 편차가 있으며 보편적인 설명과 방안이 제시되기 어려울 수 있기 때문이다. 이에 대해 본문은 관련 연구 자료를 바탕으로 최대한 보편적으로 제시될 수 있는 몇 가지 질문과 그에 대한 대답을 제시하고자 한다.

첫 번째로, 부부 관계에서 평균적으로 '적절한' 성관계 빈도는 어떻게 될까? 이 질문에 대한 답으로 Muise와 동료들2016들은 성관계 빈도와 관계 만족도의 관계가 곡선적임을 밝혀내었다. 구체적으로, 일주일에 한 번, 혹은 한 달에 네 번가량의 성관계 빈도는 부부의 관계 만족도와 건강을 증진시켜주는 효과가 있지만, 그보다 잦은 횟수의 성관계는 관계와 건강에 지속적인 긍정 효과를 지니지 않는다는 결과를 밝혀내었다. 이러한 연구 결과는 부부가 원만한 합의를 통해 주기적으로 한 달에 네 번가량의 성관계를 갖는 것이 결혼 생활 증진에 가장 큰 도움이 된다는 것을 암시한다.

두 번째로, 부부 간 성생활에 대한 남녀 차이는 어떻게 나타날까? 이에 대해 지난 연구에서는 전체적인 성생활에 대한 만족도의 경우 성별에 따라 큰 차이가 나타나지 않으며Henderson-King & Veroff, 1994, 성별과 관계없이 남편과 부인 모두에게 있어 성적 만족도는 결혼에 큰 중요 요인인 것으로 조사된다Johannes

& Avis, 1997. 하지만, 성관계 빈도에 있어서는 남녀의 입장이 조금 다를 수 있는 것으로 나타난다. 예를 들어, 성적 만족도는 남녀 간 차이가 크게 나타나지 않는 데 반해Henderson-King & Veroff, 1994, 성관계 빈도에 대해서는 대체적으로 여자보다 남자의 만족도가 더 낮은 것으로 밝혀졌으며Dunn et al., 2000; Johannes & Avis, 1997, 이는 여자보다 남자의 성욕이 더 높다는 연구 결과를Baumeister et al., 2001 지지한다. 이와 비슷한 맥락에서, 결혼 만족도가 낮은 부부의 경우 여자는 스트레스를 받을수록 성관계를 더 적게 갖는 반면, 남자는 스트레스가 높을수록 성관계를 더 자주 갖는 것으로 나타난다Bodenmann et al., 2007.

즉 요약하자면, 부부의 결혼 생활에서 가장 적절하다고 밝혀진 성관계 빈도는 평균적으로 일주일에 일 회 정도이며, 동시에 성관계 횟수에 대한 남녀의 입장과 접근 방식이 다소 상이할 수 있는 가능성을 지난 연구 결과들은 제시하고 있다. 이러한 연구 결과들은 부부가 적극적으로 성생활에 대해 의논하고, 원만한 합의점을 찾음으로써 부부 사이의 활발한 성생활을 유지하는 것의 중요성을 제시한다. 실제 성관계에 대한 적극적인 의사소통Cupach & Comstock, 1990 및 자기 표현은MacNeil & Bryers, 2005 부부의 성적 만족도와 관계 만족도를 크게 증진시키는 것으로 밝혀졌으며, 이는 활발한 성생활의 중요성을 인지하고 이에 대한 논의와 교류를 진행하는 것이 부부 관계 증진을 위한 필수 요인임을 나타낸다.

3. 부부 관계 이해의 동기적 측면

그간 연구들은 좋은 부부 관계에 기여하는 여러 요인들을 밝혀냈다. 위에 언급한 바와 같이, 활발한 의사소통, 긍정 정서 표현, 정서 재평가 등은 부부 관계에 긍정적 역할을 한다. 서로 배려하고 감사하며, 상대방의 말에 귀 기울이고, 적극적인 자세로 대화하고자 하면 좋은 부부 관계를 유지할 수 있을 것이다. 하지만 현실 세계에서 사람들은 연구가 제시하는 방향과는 반대되는 행동들을 하고는 한다. 때로는 배우자에게 상처가 주는 말을 하며, 의사소통을 회피하고, 배우자의 말에 제대로 된 반응을 하지 못한다. 왜 우리는 어떤 것이 옳은 선택인 줄 알면서 그 선택을 하지 않는 것일까? 부부 관계의 보다 현실적인 이해를 도모하고자, 다른 선택을 하게끔 이끄는 다양한 동기에 대한 연구를 소개하고, 코로나 시대에 부부가 나아갈 방향을 제시하고자 한다.

| 1 | 자주권autonomy

누군가 시켜서 억지로 공부를 하는 것과 스스로 내적 동기를 가지고 공부를 하는 것에는 큰 차이가 있다. 즉 어떤 일이나 행위를 하는 데 있어 개인이 자율성을 가지고 무엇을 한다는 믿음, 즉 자주권이 중요한 역할을 한다. 그간 심리학 연구들은 자주권의 긍정적 영향력을 뒷받침했는데Dickinson, 1995; Pulfrey, Darnon, & Butera, 2013, 연인 관계 내에서도 개인이 독립된 개체로 자주권을 행사한다는 믿음은 여러 긍정적인 행동을 불러일으킨다는 것을 보여주었다. 예를 들어, 관계 내 높은 자주권을 가진 사람들은 상대방의 필요에 더 집중하며 상대방을 더 격려하고 지지한다Hadden, Rodriguez, Knee, & Porter, 2015. 또한 상대방에 대한 친밀감과 자주권이 동시에 높은 사람들은 관계 내에서 가장 건설적인 행동예: 부정적인 상황에서도 침착하게 대화하기을 하는 것으로 나타났다Kluwer, Karremans, Riedijk, & Knee, 2020. 이처럼, 관계 내에서 주체적인 개인으로 결정권을 행사하며 존재한다는 믿음은 사람들로 하여금 더욱 긍정적 행동을 할 동기를 준다. 반대로, 관계에서 개인이 점점 사라진다는 느낌은 관계를 계속해서 좋게 유지하고자 하는 동기를 떨어뜨린다. 따라서 개인이 자주권을 가지고 바로 서 있을 때, 연인과의 관계에서 긍정적인 행동을 할 힘을 얻을 수 있다. 즉 행복한 부부 관계를 위해서 개인의 마음의 소리에 귀를 기울이고 개인이 독립된 하나의 개체로 서 있을 필요성이 강조된다.

| 2 | 자기 확장self-expansion

사람들은 기본적으로 모험을 하고, 개인의 시야를 넓히고자 하는 성장 동기가 있다. 연인 관계에서도 상대방과 함께함으로 자신의 세계를 확장시키고자 하는 성장 동기Aron, Lewandowski Jr, Mashek, & Aron, 2013가 있는데, 이러한 동기의 충족은 관계 내 여러 긍정적 결과로 이어진다. 예를 들어, 연구들은 흥분을 불러일으키는 자기 확장적 활동을 함께 하도록 지시받은 부부가 그렇지 않은 부부에 비해 관계 만족도가 올라갔다는 것을 보여주었다Aron, Norman, Aron, McKenna, & Heyman, 2000; Reissman, Aron, & Bergen, 1993. 반대로, 자기 확장적 기회를 주지 않는 연인과의 관계에서는 다른 상대와 바람을 필 확률이 높아진다는 연구 결과들Aron et al., 2013; Lewandowski & Ackerman, 2006이 있다. 이러한 결과를 미루어 보면, 상대방과 함께 성장한다는 느낌을 받을 수 있는, 새로운 활동을 함께하는 것이 부부 관계에 긍정적인 역할을 할 것임을 알 수 있다. 매번 반복되는 지루한 활동의 굴레에서 벗어나, 새로운 취미 생활 및 활동을 함께 하는 것이 부부 관계에 활력을 넣어줄 수 있을 것이다.

하지만 동시에, 배우자가 자기 확장적 기회를 주지 않는다고 해서, 부부 관계가 꼭 부정적인 방향으로만 흘러가는 것은 아니다. 배우자가 자기 확장적 목표에 대해 지지적 행동을 보여주는 것만으로도 자기 확장에 대한 욕구를 충족시켜줄 수 있다. 예를 들어, 개인의 성장 지향적 목표를 성취하는 데 있어 배우자가 심리적으로 격려를 해주고 지지를 보내주면, 이는 성장 목표 성취에 긍정적 영향을 미치며, 궁극적으로 관계에도 긍정적 영향을 미친다Aron et al., 2013. 이러한 연구 결과는 배우자의 지지가 심리적 웰빙에 큰 역할을 한다는 결과Coan, Schaefer, & Davidson, 2006; Dehle, Larsen, & Landers, 2001들과도 일맥상통한다. 또한, 배우자의 심리적 지지뿐만 아니라 도구적 지지도 관계에 긍정적인 역할을 하는데Orehek & Forest, 2016, 여기서 도구적 지지란 개인의 목표 성취에 실질적으로 도움이 되는 실용적인 활동들을 포함한다. 예를 들어, 자격증 취득이라는 개인적 목표를 앞두고 배우자가 집안일을 조금 더 분담해주며 배려해준다면 그것은 개인의 목표를 성취하는 데 있어 다양한 도구적 유용성을 불러일으키며, 이는 결과적으로 관계에 긍정적 영향력을 미친다. 이는 배우자의 성장을 응원해주고 지지해주는 일이 한 개인의 성장뿐만 아니라 관계에 전반적으로 긍정적인 역할을 함을 암시한다.

| 3 | 지식epistemic

사람들의 또 다른 동기 중 하나는 이 세계를 이해하고 안정된 지식 체계를 형성하는 것이다. 이는 한 개인의 독단적인 지식 체계나 믿음으로 가능한 것이 아니라, 누군가와 그것에 대해 대화하고, 확인하고, 소통함으로써 가능한 것이다. 연인 관계는 개인의 인식이나 믿음에 대해 소통할 수 있는 가장 가까운 관계 중 하나로 개인의 지식 체계 형성에도 중요한 역할을 한다. 즉 연인과 대화하고, 개인의 인식을 확인받고, 업데이트하는 과정을 통해 연인과 공통된 세계를 형성하게 되는데, 이는 관계의 지속 여부에 큰 역할을 한다 Rossignac-Milon & Higgins, 2018. 예를 들어, 어떤 유머러스한 문장이 웃기다는 것을 연인이 도통 이해하지 못하거나, 심각해 보이는 뉴스 기사가 연인에게는 사소한 일처럼 느껴진다면, 개인이 가지고 있는 세계관을 확인받고 싶은 욕구는 충족되지 못할 것이다. 만약 이처럼 연인에게 개인의 느낌이나, 생각, 인식에 대해 확인받는 것이 계속해서 불가능하다면, 이 세계를 이해하고 살아가는 데 어려움을 느낄 것이다. 특히 위협 상황에서, 연인과 공통된 견해나 생각을 구축한 사람들은 해당 견해나 생각을 다시 확인받으려는 습성이 있다는 연구 결과Rossignac-Milon et al., 2020는 연인이 하나의 공통된 지식 체계를 형성해가는 파트너로서 서로에게 안정감을 준다는 것을 시사한다. 같은 영화를 보고 같은 포인트에서 감명을 받는다는 것, 혹은 같은 농담에 같은 표정을 지으며 서로를 바라볼 수 있다는 것의 중요성은 모호함으로 가득한 이 세계에 대한 의미 구축에 중요한 역할을 한다. 비록 견해나 감정 또는 느낌이 다를지라도, 이에 대해 끊임없이 대화하고 업데이트하며 하나의 공통된 세계를 구축해나가는 것은 부부 관계에 큰 역할을 할 것이다.

| 4 | 접근 동기와 회피 동기

긍정적 사건에 대한 접근 동기향상 초점 그리고 부정적 사건에 대한 회피 동기방어 초점; Higgins, 1997 중 어느 동기가 더 높은지에 따라 부부 관계에서 다른 경험을 하게 된다. 구체적으로는, 높은 향상 초점을 가진 사람들은 갈등 상황 중 상대방을 더 지지적으로 인식하는 반면 높은 방어 초점을 가진 이들은 갈등 상황에서 상대방을 더 거리감 있게 인식한다Winterheld & Simpson, 2011. 이는 관계 내 갈등 해결 시, 보다 나은 관계라는 긍정적 목표를 위해 접근적 동기를 활성화시키는 게 갈등 해결에 도움이 될 수 있음을 시사한다. 하지만 동시에, 전반적으로 높은 향상 초점을 가진 사람들이 연인이 아닌 다른 이성을 보다 긍정적으로 본다는 결과는Finkel, Molden, JohnSon, & Eastwick, 2009, 각기 다른 상황에서 접근적 동기와 회피적 동기를 적절하게 사용하는 것이 행복한 부부 관계의 중요한 숙제가 될 것임을 암시한다.

물론 올바른 동기란 없으며, 어떠한 동기도 관계에 대한 객관적인 시야를 보장해주지는 못한다. 오히려, 동기에 따라 우리는 연인에게 특출나지 않은 장점들을 보기도 하며Murray, 1999, 연인의 반응을 보다 좋게 인식하고는 한다Lemay & Clark, 2015. 하지만 이러한 편향된 인식 및 경험이 사실은 관계를 만족스럽게 유지시켜주는 비결이기도 하다. 따라서, 부부 관계의 중요성이 더욱 강조되는 현 코로나 시대에, 관계 내의 옳고 그름을 따지기보다, 어떠한 동기를 가지고 배우자와 함께 나아가고 싶은지 생각해보는 시간을 갖는 게 관계를 더욱 윤택하게 해주는 지름길이 될 수 있음을 심리학적 연구들은 암시한다.

제 4 장

코로나 시대의 아동 발달과 소셜헬스

이정윤 | 연세대학교 소셜오믹스 연구센터 전임연구원
차민정 | 연세대학교 소셜오믹스 연구센터 전임연구원
송현주 | 연세대학교 심리학과 교수

1. 서론

2021년 1월 현재 우리나라는 신종 코로나바이러스 감염증코로나19 첫 확진자 발생 후 1년여의 시간이 흐른 시점을 맞이하고 있다. 지난 1년 동안 코로나19로 인해 전 세계적으로 많은 사망자가 발생하였으며 국내에는 7만 명 이상의 확진자가 발생하였고 1천 명 이상의 인명이 희생되었다. 코로나19로 인해 많은 인명 피해뿐만 아니라 사회적으로 이때까지 경험하지 못했던 변화들이 축적되고 있다. 특히 가족 내 돌봄과 관계에 있어 변화가 두드러지게 나타났다. 코로나19의 장기화로 어린이집, 유치원, 학교 등과 같은 교육 및 보육 기관이 축소 운영되고 이는 부모에게 큰 양육 부담으로 다가오게 되었다. 이는 직장을 다니는 맞벌이 가구는 물론이고 외벌이 가구 모두에서 자녀 돌봄의 부담을 증가시켜최윤경, 2020 여러 가정에서 자녀를 양육하는 데 많은 어려움을 겪고 있다. 이러한 변화는 가족 구성원들의 심리적 적응에 악영향을 주어 사회적 부담으로까지 이어질 수밖에 없다.

특히 아동 및 청소년은 코로나19의 영향에 더욱 쉽게 영향을 받는 취약계층이라고 할 수 있다. 서울시가 실시한 조사에 따르면 9-24세 아동 및 청소년 중 59.8%가 코로나19로 인한 불안, 우울을 경험하며 심리적 적응에 어려움을 겪고 있는 것으로 나타났다전소영, 2020. 하지만 아쉽게도 이와 같은 간단한 설문조사 이외에 코로나19로 인해서 생겨난 사회적 변화가 자녀 양육에 어떠한 긍정적/부정적 영향을 가져다주었는지 심리적 변인 간의 관계를 심층적으로 살펴본 국내 연구는 아직 많이 이루어지지 않고 있는 실정이다. 이에 코로나19로 인한 양육 환경의 변화가 아동의 사회정서적 발달에 구체적으로 어떤 영향을 미치고 가족의 심리적 건강에 어떠한 결과를 가져다주는지에 대한 다각적 연구 시도가 필요한 시점이다.

| 1 | 코로나19 시대 양육 환경의 변화

코로나19로 인해 가장 먼저 크게 바뀐 자녀 양육의 모습은 바로 가정 보육

시간의 증대이다. 코로나19가 확산되는 동안 부모들은 팬데믹이 언제 끝날지 불분명한 상황 속에서 맞춤 보육과 교육 활동을 계획하는 등 전례 없이 큰 양육 부담을 안게 되었다. 이와 관련하여 Russell과 동료들2020은 미국 부모들을 대상으로 코로나19로 증가한 양육 부담과 부모의 심리적 스트레스와의 관계를 살펴보았다. 그 결과, 부모의 양육 부담은 불안, 우울과 같은 부정적인 심리적 적응 문제를 야기하는 것으로 나타났다. 이러한 양육 환경의 변화는 특히 여성에게 매우 큰 타격을 주었는데, 최근 미국에서 실시된 연구에 따르면 미성년자 자녀를 둔 부모는 코로나19의 발생으로 인해 많은 스트레스를 받는데, 아버지보다 어머니가 느끼는 스트레스가 거의 2배 가까이 높은 것으로 보고되었다Hamel & Salganicoff, 2020. 이러한 경향성은 맞벌이 여성을 대상으로 한 연구에서도 동일하게 확인이 되는데, 이탈리아의 맞벌이 가정을 대상으로 진행한 연구에 따르면 0–5세의 어린 자녀를 둔 직장 여성이 양육과 직장생활에서 부담이 훨씬 더 많이 증가한 것으로 보고되었다Boca, Oggero, Profeta, & Rossi, 2020. 즉, 이는 외벌이 혹은 맞벌이 가정에서 대부분 어머니가 주 양육자 역할을 맡고 있는 현실을 반영하며, 그 결과 여성이 코로나19로 인해 증가된 양육 부담의 상당 부분을 책임지고 있음을 시사한다.

| 2 | 코로나19 시대 아동의 적응 행동

위에서 살펴본 양육 환경의 변화로 인해 결국 최종적으로 피해를 보는 것은 바로 자녀들이라고 할 수 있다. 특히 아동은 부모에게 의존할 수밖에 없고 코로나19로 인한 스트레스에 대처할 수 있는 심리적인 자원이 상대적으로 부족하기 때문에 가족 구성원 내에서 가장 심리적으로 취약한 계층이라고 할 수 있다. 변화한 양육 환경과 부모의 스트레스가 아동의 적응 행동에 영향을 준다는 증거는 특히 국가적인 봉쇄령이 내려진 서구사회에서 잘 찾아볼 수 있다. 코로나19의 직격탄을 맞은 유럽에서는 의무적인 재택근무, 상점 영업 금지 등과 같은 강력한 봉쇄 조치를 실시하였고 아동들은 과거에 비해 교육 및 보육 기관을 이용하지 못하고 가정에서 보내는 시간이 증가하였다. 이와 관련해서 Romero와 동료들2020은 코로나19로 인한 스페인의 장기적인 봉쇄 상황에서 나타난 아동들의 심리적 정서 및 행동 적응이 부모 변인에 따라 달라지는지, 변인 간의 관련성에 대해서 연구하였다. 그 결과, 많은 아동들은 코로나 이전보다 품행 및 정서 문제를 보였고, 특히 부모가 코로나19로부터 받는 스트레스가 아동의 부정적 적응과 전반적으로 연관이 있는 것으로 나타났다. 경로분석 결과는 봉쇄령에 따른 스페인 부모들의 양육 고통이 증가했고 이는 효과적인 양육 행동을 하지 못하도록 하여 아동의 적응에 직간접적인 영향을 주었다는 것을 보여주었다. 즉, 코로나19로 인한 부모의 돌봄 부담이 실제 아동의 심리적 문제에 영향을 주었다는 것이다.

코로나19가 양육 방식에 가져온 다른 큰 변화 중 하나는 미디어 활용이다. 코로나 위기 동안 전 세계적으로 아동의 화면 노출 시간은 극적으로 증가했다. Moore와 동료들2020에 의하면 캐나다 아동들은 과거와 비교해서 코로나19 발생 이후에 TV 혹은 핸드폰을 통해서 미디어를 시청하는 시간이 확연히 증가했다. 이는 코로나19로 인해 외출이 제한됨에 따라 나타난 현상으로 보이며, 더 심각한 것은 미디어 시청 시간과 아동들의 신체적인 움직임 간 부적 관련성이 나타난다는 사실이다. 건강한 아동 발달은 충분한 신체 활동을 통해서 촉진되는데Carson, Chaput, Janssen, & Tremblay, 2017, 코로나19가 아동 및 청소년의 신체 활동과 야외 활동 시간 확보에 부정적인 영향을 준다는 것이 확인된 것이다.

| 3 | 예비 연구의 목적

이렇듯 많은 해외 연구들이 활발하게 코로나19가 가족의 심리적 건강에 미치는 영향을 탐구하는 것에 비해 국내에서는 코로나19 위기가 한국 가정의 양육 환경에 어떠한 변화를 가져다주는지 살펴보는 연구가 미비하다. 따라서 본 연구의 목적은 다음과 같다. 첫째, 코로나19로 인한 한국 부모의 양육 부담의 증가에 대해서 살펴보고 이로 인한 주 양육자의 심리적 건강의 변화가 어떠한지 확인하고자 한다. 둘째, 양육 환경의 변화와 부모의 심리적 건강상태가 자녀의 정서 및 행동 적응에 어떠한 관련성이 있는지 살펴보고자 한다. 셋째, 이 밖에도 본 연구에서는 한국에서의 코로나19 위기에서 양육 부담과 아동의 화면 노출 시간 간의 관계를 조사하였다. 또한 화면 노출 시간이 실제로 아동 행동 문제와 연관성이 있는지에 대한 분석을 통해 코로나 시대의 양육 방식에 대한 함의를 살펴보고자 하였다.

2. 코로나19 시대와 한국 아동의 발달에 대한 예비 연구

| 1 | 연구 참여자

본 연구에서는 설문조사 업체를 통해 첫째 자녀의 연령이 만4-12세에 속하는 부모님 101명을 모집하였다. 정부에서는 국내에서 코로나19의 3차 대유행이 시작된 2020년 12월 6일부터 2021년 1월 17일까지 여러 사업장의 운영을 제한하거나 중단하고 5인 이상의 사적 모임을 금지하는 등 강도 높은 사회적 거리두기를 시행하였는데, 본 연구의 자료 수집은 연구 참여자들이 이러한 유형의 사회적 거리두기를 경험한 2021년 1월 초에 이루어졌다. 연구 참여자들은 연구 참여에 동의한 경우에 한해 온라인 링크를 부여받아 설문조사에 응하였다. 본 연구에 참여한 아버지는 38명37.6%, 어머니는 62명62.4%이었고, 연령 범위는 만35-50세M=40.5, SD=3.55였다. 연구 참여자는 자신의 첫째 자녀를 기준으로 자녀에 대한 정보를 제공하였는데, 첫째 자녀의 연령 범위는 만4-12세M=8.29, SD=2.34였고 남아 55명54.5%, 여아 46명45.5%이었다. 연구 참여자 중 둘째 자녀가 있는 경우는 59명, 셋째 자녀가 있는 경우는 4명이었다.

| 2 | 측정 도구

가) 인구통계학적 변인

부모의 교육 수준, 소득 수준, 거주 지역, 자녀 양육에 육아 도우미나 가족

등 타인의 도움을 받는지 여부, 첫째 자녀가 다니는 교육 기관 유형에 대한 정보를 수집하였고, 코로나19와 관련한 변인으로는 코로나19로 인한 소득 감소, 실직, 재택근무 경험 및 자녀가 등원이나 등교를 하지 않고 집에서 머문 기간에 대해 질문하였다.

나) 불안

부모의 불안 수준을 측정하기 위해 Beck, Brown, Epstein과 Steer1988가 개발한 자기보고형 질문지를 Kwon1992이 한국판으로 타당화한 척도를 사용하였다. 총 21문항에 대해 지난 일주일 동안의 자신의 모습과 일치하는 정도를 4점 척도0점=전혀 그렇지 않다, 3점=거의 항상 그렇다 상에서 평정하도록 하였다. 문항 예로는 '가끔씩 심장이 두근거리고 빨리 뛴다', '신경이 과민되어 있다' 등이 있다. 본 연구에서 척도의 내적 일관성 신뢰도인 Cronbach's α 값은 .93이었다.

다) 우울

부모의 우울 수준을 측정하기 위해 Radloff1997가 개발한 척도를 바탕으로 전겸구 · 최상진 · 양병창2001이 개발한 통합적 한국어판 CES-D를 사용하였다. 우울과 관련된 행동, 신체, 인지 증상을 포함하는 20문항으로 구성되어 있으며 지난 일주일 동안의 자신의 모습을 가장 잘 표현하는 문항에 4점 리커트 상에서'극히 드물다' 0점, '거의 대부분' 3점 평정하도록 하였다. 점수가 높을수록 우울감이 높은 것으로 해석할 수 있다. 문항 예로는 '갑자기 울음이 나왔다', '하는 일마다 힘들게 느껴졌다' 등이 있다. 본 연구에서 척도의 내적 일관성 신뢰도인 Cronbach's α 값은 .94였다.

라) 코로나19 스트레스

코로나19 사태에서 비롯된 고통을 측정하기 위해 Romero와 동료들2020이 개발한 4문항 척도를 사용하였다. 개인적인 스트레스, 가정의 경제적 상황, 미래에 대한 두려움 등을 측정하는 문항으로 구성되어 있으며, 4점 리커트 상에서'전혀 그렇지 않다' 0점, '매우 그렇다' 3점 평정하도록 되어 있다. 문항 예로는 '코로나19로 인한 현재 상황은 스트레스를 유발한다' 등이 있다. 본 연구에서 척도의 내적 일관성 신뢰도인 Cronbach's α 값은 .70이었다.

마) 양육 고통

코로나19로 인한 새로운 양육 환경에서 부모가 겪을 수 있는 고통을 측정하기 위해 Romero와 동료들2020이 개발한 4문항 척도를 사용하였다. 늘어난 자유 시간을 관리하는 것, 학업을 지도하는 것 등과 관련된 문항들로 구성되어 있으며, 각 문항에 대해 5점 리커트 상에서('전혀 동의하지 않는다' 0점, '매우 동의한다' 4점) 평정하도록 되어 있다. 문항 예로는 '자녀를 공부 또는 숙제를 하게 하는 데 어려움이 있다', '자녀가 필요로 하는 충분한 관심을 기울이는 것이 어렵다' 등이 있다. 본 연구에서 척도의 내적 일관성 신뢰도인 Cronbach's α 값은 .85였다.

바) 양육 스타일

코로나19로 인한 구체적인 양육 방식을 측정하기 위해 Romero와 동료들2020이 개발한 15문항을 사용하였다. 전체 척도는 다음의 네 개 하위요인으로 구성되어 있다. 자녀가 팬데믹 상황에 대해 이해할 수 있도록 노력하고 코로나19와 관련하여 자유롭게 의사소통하는 초점적focused 양육 4문항, 자녀를 정서적으로 편안하게 하려고 애쓰는 위안적soothing 양육 3문항, 자녀의 일과를 규칙적으로 이끌고자 노력하는 체계적structured 양육 5문항, 코로나19에 대해서 자녀와 이야기하는 것을 피하거나 상황의 심각성을 숨기려는 회피적avoidant 양육 3문항으로, 각 문항에 대해 5점 리커트 상에서'전혀 동의하지 않는다' 0점, '매우 동의한다' 4점 평정하도록 되어 있다. 문항 예로는 초점적 양육의 경우 '나는 자녀가 코로나19에 대해 어떤 지식을 가지고 있는지 이해하고 있다', 위안적 양육의 경우 '필요하다면, 나는 자녀를 포함한 우리 가족, 그리고 가까운 사람들이 코로나19로부터 안전하다고 설명한다', 체계적 양육의 경우 '나는 자녀가 매일 운동할 수 있도록 노력한다', 회피적 양육의 경우 '나는 코로나19와 관련된 문제에 관해 자녀와 이야기하는 것을 피한다' 등이 있다. 본 연구에서 척도의 내적 일관성 신뢰도인 Cronbach's α 값은 초점적 양육 .85, 위안적 양육 .70, 체계적 양육 .77, 회피적 양육 .59였다.

사) 자녀의 부정적 적응

자녀의 부정적 적응을 측정하기 위해 아동 및 청소년의 정신건강 문제를 선별하는 도구인 SDQStrengths and Difficulties Questionnaire의 한국판 척도를 사용하였다. 과잉행동, 정서증상, 품행문제 각각에 대해 5문항씩 총 15문항으로 구성되어 있으며, 사회적 거리두기 수준이 높았던 지난 한 달 동안 첫째 자녀가 보인 행동과 일치하는 정도를 5점 리커트 상에서'전혀 그렇지 않다' 0점, '매우 그렇다' 4점 평정하도록 하였다. 문항 예로는 과잉행동의 경우 '차분하지 않고, 부산하며, 오랫동안 가만히 있지 못한다', 정서증상의 경우 '걱정이 많고, 종종 근심스러워 보인다', 품행문제의 경우 '다른 아이들에게 종종 싸움을 걸거나, 괴롭힌다' 등이 있다. 본 연구에서 전체 척도의 내적 일관성 신뢰도인 Cronbach's α 값은 과잉행동 .77, 정서증상 .80, 품행문제 .78이었다.

아) 자녀의 긍정적 적응

코로나19로 인한 새로운 환경이 아동에게 미치는 긍정적인 영향을 측정하기 위해 Romero 와 동료들(2020)이 개발한 14문항 척도를 사용하였다. 전체 척도는 다음의 네 개 하위요인으로 구성되어 있다. 학교 숙제 및 다른 계획된 활동과 같은 일과에 아동이 적응하는지를 의미하는 일과 관리routine maintenance 4문항, 친사회적인 활동에 관여하는지를 의미하는 친사회적 참여prosocial involvement 5문항, 사회 지향적인 신념 및 태도에서 변화가 있는지에 대한 사회 지향적 사고social-oriented reflection 3문항, 중요한 타인과 연락을 유지할 의지가 있는지에 대한 사회적 유대social bonding 2문항으로 사회적 거리두기 수준이 높았던 지난 한 달 동안 첫째 자녀가 보인 행동과 일치하는 정도를 5점 리커트 상에서'전혀 그렇지 않다' 0점, '매우 그렇다' 4점 평정하도록 하였다. 문항 예로는 일과 관리의 경우 '규칙적인 스케줄 및 하루 일과에 맞추려고 한다', 친사회적 참여의 경우 '집안일을 돕는 것에 관심을 보인다', 사회 지향적 사고의 경우 '사회 문제를 해결하기 위해 우리 모두가 협력해야 한다고 생각한다', 사회적 유대의 경우 '가족 이외의 다른 또래와 연락을 유지한다' 등이 있다. 본 연구에서 척도의 내적 일관성 신뢰도인 Cronbach's α 값은 일과 관리 .69, 친사회적 참여 .80, 사회지향적 사고 .77, 사회적 유대 .64였다.

자) 스크린타임 관련 변인

지난 일주일 동안의 자녀의 스크린타임TV 프로그램 등 영상물을 보거나 온라인 수업 이외의 목적으로 컴퓨터를 사용한 시간을 주중과 주말로 나누어 정보를 수집하였고, 코로나19 이전과 비교하여 스크린타임이 얼마나 변화하였는지, 부모 자신이 스크린타임을 통제하려는 정도가 얼마나 변화하였는지, 앞으로 자녀의 스크린타임을 얼마나 통제할 수 있다고 생각하는지에 대해 5점 리커트 척도로 응답하도록 요청하였다.

주중의 하루 평균 스크린타임은 91.9분SD=75.2, 최소 0분-최대 480분이었고, 주말의 하루 평균 스크린타임은 129.5분SD=93.4, 최소 0분-최대 500분으로 나타났다.

| 3 | 연구 절차

자료는 설문조사 업체를 통해 수집되었으며, 연구 참여에 동의하는 경우에 한해 퀄트릭스를 이용한 온라인 질문지 링크를 전달받아 응답하는 방식으로 진행되었다. 연구 참여자는 연구의 목적과 절차에 대한 정보를 제공받았으며, 익명으로 질문지에 응답하였다. 자녀가 여러 명인 경우를 대비해 첫째 자녀의 연령이 만4-12세에 해당되는 부모님을 대상으로 자료를 수집하였으며, 자녀와 관련된 질문들에 대해서는 첫째 자녀를 기준으로 응답하도록 요청하였다. 연구 참여자들이 질문지를 완료하는 데에는 평균 10분이 소요되었다.

| 4 | 분석 방법

자료 분석을 위해 SPSS 25.0을 사용하였다. 기술 통계와 Pearson 상관분석을 실시하여 변인의 특성과 관계에 대해 분석하였고, t-test를 이용하여 집단 특성에 따라 주요 변인 값에서 유의한 차이가 나타나는지 확인하였다.

| 5 | 연구 결과

가) 기술통계

연구 참여자의 교육 수준, 소득 수준, 거주 지역 및 코로나19로 인한 소득과 양육 부담의 변화에 대한 구체적인 정보는 〈표 4-1〉에 제시하였다.

코로나19로 인해 소득이 감소했다고 보고한 경우는 40%였는데, 소득이 감소한 41명 중 기존 월 소득의 1/4 미만으로 감소한 경우가 22명53.7%, 기존 월 소득의 1/4 이상-1/2 미만으로 감소한 경우가 14명34.1%, 기존 월 소득의 1/2 이상-3/4 미만으로 감소한 경우가 2명4.9%, 기존 월 소득의 3/4 이상으로 감소한 경우가 3명7.3%인 것으로 나타났다. 또한 전체 연구 참여자 중 14%가 코로나19로 인해 실직을 경험했다고 보고하였다. 이를 통해 코로나19로 인해 가정의 경제적 부담이 크게 증가했다는 것을 알 수 있다.

코로나19로 인해 변화된 양육 환경으로 부모의 양육 부담 또한 크게 증가하였는데, 약 절반의 연구 참여자가 휴원이나 휴교로 인해 지난 한 달 중 20-30일을 가정 보육했다고 응답했다. 가정 보육하지 않고 등원 및 등교를 했다고 보고한 참여자는 2명에 불과하였다. 코로나19로 인해 자녀 양육 부담이 얼마나 변화했는지에 대한 질문에는 101명의 연구 참여자 중 부담이 적어졌다고 응답한 경우가 5명, 변화 없다고 응답한 경우가 12명, 부담이 증가했다고 응답한 경우가 84명으로 대부분의 부모가 양육 부담이 증가했다고 느끼고 있었다. 자녀 양육에 타인의 도움을 받지 않는다는 경우가 전체의 약 80%를 차지하였는데, 코로나19로 인한 재택근무 증가는 이런 상황에서 양육 부담을 증가시켰을 것이라고 예상할 수 있다.

표 4-1 연구 참여자의 인구통계학적 특성(N=101)

		빈도(명)
부모 교육 수준	고졸	11
	대졸	74
	대학원졸	16
부모 소득 수준	100만원 미만	2
	100-300만원 미만	11
	300-500만원 미만	44
	500-700만원 미만	32
	700-900만원 미만	8
	900만원 이상	4
거주 지역	서울	27
	경기	33
	기타 지역	41
육아 원조 여부	육아 원조 받음	20
	육아 원조 없음	81
자녀 교육 기관 유형	어린이집	12
	유치원	18
	가정보육	1
	영어유치원	3
	초등학교	66
	기타(선교원)	1
코로나19로 인한 소득 감소	감소함	41
	감소하지 않음	60
코로나19로 인한 실직 경험	있음	14
	없음	87
코로나19로 인한 재택근무 경험	있음	53
	없음	48
지난 한 달간 휴원/휴교로 인한 양육 일수 증가	0일	2
	1-20일	22
	11-20일	29
	20-30일	48

집단 특성에 따른 주요 변인 값에 차이가 나타나는지 추가로 살펴본 결과, 부모의 성별에 따라 양육 고통에서 유의한 차이가 나타났는데 $t=-2.58$, $p<.05$ 어머니의 양육 고통이 아버지보다 높았다. 또한 코로나19로 인한 소득 감소 여부에 따라 부모의 정서적 적응에서 유의한 차이가 나타났다. 구체적으로, 코로나19로 인해 가계 소득이 감소한 경우 그렇지 않은 경우보다 부모의 불안 $t=2.18$, $p<.05$과 코로나19로 인한 스트레스 $t=2.54$, $p<.05$가 높은 것으로 나타났다.

표 4-2 부모 정서 및 양육 변인과 아동 적응 간 상관

	1	2	3	4	5	6	7	8	9	10	11	12	13	14	15	16	17
1. 불안	-																
2. 우울	.80**	-															
3. 코로나19 스트레스	.53**	.59**	-														
4. 양육 고통	.37**	.49**	.54**	-													
5. 초점적 양육	-.16	-.19	.02	.28**	-												
6. 위안적 양육	-.22*	-.21*	-.01	.21*	.63**	-											
7. 체계적 양육	-.10	-.15	.00	.28**	.70**	.56**	-										
8. 회피적 양육	.03	-.01	.04	.02	-.15	.24*	.06	-									
9. 과잉행동	.44**	.55**	.40**	.23*	-.32**	-.32**	-.23*	.06	-								
10. 정서증상	.50**	.50**	.40**	.15	-.29**	-.16	-.14	.28**	.53**	-							
11. 품행문제	.53**	.50**	.31**	.10	-.37**	-.31**	-.20*	.27**	.65**	.65**	-						
12. 일과관리	-.10	-.09	-.04	.25*	.57**	.43**	.44**	-.11	-.38**	-.18	-.29**	-					
13. 친사회적 참여	-.22*	-.30**	-.14	.02	.52**	.46**	.42**	-.05	-.44**	-.22*	-.39**	.63**	-				
14. 사회지향적 사고	-.16	-.21*	-.04	.14	.49**	.43**	.40**	-.03	-.40**	-.20*	-.38**	.60**	.68**	-			
15. 사회적 유대	-.11	-.23*	-.11	-.01	.34**	.17	.28**	-.01	-.21*	-.10	-.09	.46**	.44**	.49**	-		
16. 부정적 적응 전체	.57**	.60**	.43**	.19	-.38**	-.30**	-.22*	.23*	.85**	.85**	.88**	-.33**	-.41**	-.38**	-.16	-	
17. 긍정적 적응 전체	-.19	-.26**	-.10	.12	.60**	.48**	.48**	-.07	-.46**	-.23*	-.38**	.84**	.90**	.84**	.66**	-.41**	-

표 4-3 부모 정서 및 양육 변인과 아동 스크린타임 간 상관

	1	2	3	4	5	6	7	8	9	10	11	12	13
1. 불안	-												
2. 우울	.80**	-											
3. 코로나19 스트레스	.53**	.59**	-										
4. 양육고통	.37**	.49**	.54**	-									
5. 초점적 양육	-.16	-.19	.02	.28**	-								
6. 위안적 양육	-.22**	-.21*	-.01	.21*	.63**	-							
7. 체계적 양육	-.10	-.15	.00	.28**	.70**	.56**	-						
8. 회피적 양육	.03	-.01	.04	.02	-.15	.24*	.06	-					
9. 주중 스크린타임	.03	.16	-.06	.00	.04	-.05	-.12	-.12	-				
10. 주말 스크린타임	.09	.12	.06	.08	.04	.09	.02	.00	.60**	-			
11. 스크린타임 변화	.18	.28**	.26*	.31**	.05	.04	-.08	-.13	.37**	.33**	-		
12. 스크린타임 제한	.17	.13	.22*	.22*	.08	-.09	-.03	-.13	.06	-.10	.41**	-	
13.스크린타임 제한 효능감	-.06	-.07	-.05	.10	.21*	.09	.19	-.26**	-.24*	-.23*	-.18	.03	-

나) 상관분석

부모의 정서 및 양육 변인과 자녀의 적응 변인 간 상관을 〈표 4-2〉에 제시하였다. 부모의 높은 불안과 우울 수준은 코로나19로 인한 높은 스트레스 수준 및 양육 고통과 관련되어 있었고, 불안과 우울 수준이 높을수록 자녀의 부정적 적응 점수가 높았다. 이러한 경향성은 우울에서 더 강하게 나타났고, 부모의 우울 수준은 자녀의 긍정적 적응과 부적 상관을 보이기도 했다.

코로나19로 인한 스트레스 수준은 자녀의 부정적 적응과 정적 상관을 보였으나 긍정적 적응과는 유의한 관계가 없었다. 코로나19로 인한 양육 고통은 자녀의 적응과는 뚜렷한 상관관계를 보이지 않았으나 부모의 양육 방식과는 정적 상관을 보였다.

코로나19 상황에서의 구체적인 양육 방식은 부모의 정서 문제와는 큰 연관을 보이지 않았으나 자녀의 적응과는 유의한 상관관계를 나타냈다. 구체적으로 초점적, 위안적, 체계적 양육은 자녀의 부정적 적응과는 부적 상관을, 긍정적 적응과는 정적 상관을 보인 반면 회피적 양육은 자녀의 부정적 적응과 정적 상관을 보였다.

부모의 정서 및 양육 변인과 자녀의 스크린타임 간 상관관계는 〈표 4-3〉에 제시하였다. 부모의 우울, 코로나19 스트레스, 양육 고통이 증가할수록 자녀의 스크린타임이 늘어나는 경향이 나타났다. 부모의 양육 방식은 스크린타임 제한 효능감과만 유의한 상관관계를 보였는데, 초점적 양육을 할수록 효능감이 높고 회피적 양육을 할수록 효능감이 낮은 것으로 나타났다.

마지막으로 주중 및 주말의 스크린타임이 증가할수록 부모가 자녀의 스크린타임을 통제할 수 있을 것이라는 효능감은 줄어들었다.

3. 논의 및 결론

본 연구는 코로나19의 장기화가 아동의 발달에 주는 영향에 대해 알아보기 위한 목적으로 수행된 예비 연구이다. 구체적으로 코로나19로 인한 양육 환경 변화에 대해 조사하고 부모의 정서 및 양육 변인과 만4–12세 자녀의 긍정적, 부정적 적응 변인 간 관계를 살펴보았다. 연구에 참여한 대부분의 부모들은 코로나19 이전과 비교했을 때 자녀 양육 부담과 경제적 부담이 증가했다고 보고하였다. 불안, 우울과 같은 부모의 정서 문제와 코로나19로 인한 스트레스는 자녀의 부정적 적응 및 스크린타임 증가와 정적 상관을 나타내었다. 코로나19 상황에서의 구체적인 양육 방식은 하위 유형에 따라 자녀의 적응과 차별적인 연관성을 보였는데, 자녀가 코로나19와 관련된 상황을 이해하도록 도와주고 안심시키려는 양육은 자녀의 부정적 적응과는 부적 상관을, 긍정적 적응과는 정적 상관을 나타낸 반면 코로나19에 대해 자녀와 소통하는 것을 회피하는 양육은 자녀의 부정적 적응과 정적 상관을 나타내었다.

코로나19는 전방위적으로 우리의 일상생활을 바꿔놓았지만, 그중에서도 감염병 예방 조치인 사회적 거리두기가 아동과 그 가족에 미치는 영향은 상당히 중대하다고 말할 수 있다. 코로나19 발생 후의 여러 가지 사회적 변화가 인간의 심리적 적응에 주는 영향에 대해서 살펴보는 국내 연구들은 이제 시작 단계이다은기수, 2020; 정익중·이수진·강희주, 2020. 본 연구 역시 코로나19가 가족 내에서의 양육 방식에 어떤 영향을 미치는지 알아보는 하나의 출발점이 될 것이다. 본 연구가 지니고 있는 함의점은 다음과 같다. 먼저 봉쇄 조치의 수준 차이와 관련하여 코로나19가 각국에 미치는 영향을 비교해볼 수 있다는 점이다. 많은 해외 연구들이 진행되고 있는 미국 및 유럽 국가들은 굉장히 강력한 봉쇄 조치를 실시하고 있는 반면 한국은 사실상 그 정도의 심한 봉쇄 조치가 실시된 적은 없다고 볼 수 있다. 예를 들어, Bignardi 와 동료들2020은 지난 2020년 4–6월에 영국에서 봉쇄령lockdown이 내려졌던 시기 동안 아동의 우울감 및 심리적 부적응이 얼마나 점진적으로 증가했는지 알아보는 종단 연구를 실시하였다. 당시 영국에서는 등교 금지는 물론 국민의 이동 제한과 비필수 업종 휴업 등 강력한 봉쇄 조치를 도입하였다. 반면 본 연구가 실시되었을 당시의 국내 상황은 등교 금지 조치는 내려졌으나 긴급돌봄이라는 제도가 존재하여 돌봄 공백을 방지하는 최소한의 장치가 마련되어 있었고, 이동금지령과 같은 극단적인 국가적 제한이 시행되지 않았다. 따라서 영국 및 다른 유럽 국가들과 비교했을 때 한국에서의 상황은 훨씬 더 자유로웠다고 볼 수 있다. 그렇기에 국내에서 진행된 본 연구가 가지는 중요점은 한국에서 실시된 비교적 약한 봉쇄 조치 및 사회적 거리두기가 과연 어느 정도 가족 내 환경을 변화시켰는지에 대해 유용한 정보를 제공해줄 수 있다는 점이다. 이는 향후 봉쇄 조치를 강화 혹은 완화시켰을 때 나타나는 영향을 비교하는 메타분석 연구에도 활용될 수 있는 가치 있는 자료가 될 것으로 예상된다. 또한, 본 연구의 또 하나의 중요한 점은 코로나19와 한국 아동의 미디어 활용 간의 관련성에 대해서 살펴본 최초의 국내 연구라는 점이다. 특히 이는 한국이 OECD 국가 중 최하위의 아동 및 청소년 행복지수를 보이고 있다는 점에서 더욱 큰 시사점을 가지고 있다. 통계청이 2019년에 실시한 조사에 따르면 한국 아동 및 청소년들의 연령이 높아질수록 과도한 학업 부담으로 인해 충분한 신체 활동과 수면시간이 부족해진다서한길, 2019. 이 같은 상황에서 코로나19로 인해 높아진 양육부담은 아동의 미디어 활용 시간을 더욱 증가시키는 결과를 발생시키고 만 것이다. 따라서 본 연구는 코로나19 상황에서 아동의 심리적 및 신체적 건강 증진을 위한 개입 방안을 강구하는 데 큰 기여를 할 것으로 예상된다. 마지막으로 본 연구는 감염병 위기 상황에서 아동의 적응과 부모의 양육 부담 및 심리적 영향에 대해서 더 잘 이해하기 위해 다양한 부모 관련 변인을 조사하였다는 것에 큰 의의가 있다. 특히 코로나19가 부모에게 구체적으로 어떠한 양육 부담을 가져다주는지, 그리고 부모의 양육 방식에 따라 아동의 적응 행동에 어떤 차이가 나타나는지 알아보았다는 중요한 함의점을 가지고 있다고 볼 수 있다.

코로나19가 가족 위기에 미치는 영향을 이해하기 위해서는 앞으로 더 많은 연구가 필요한 상황이다. 향후 연구에서는 본 연구의 결과를 토대로 인구통계학적 특성과 부모의 양육 관련 변인 및 아동의 적응 행동이 구체적으로 어떻게 연결되어 있는지 경로분석을 통해 검증할 수 있을 것이다. 또한 코로나

19가 아동의 심리적 적응에 어떠한 영향을 미치는지에 대한 검증에 그치지 않고, 감염병 위기 속에서 아동의 고통을 완화하고 행복을 증진시키기 위해서 어떤 개입이 이루어질 수 있는지 살펴보는 것도 사회적으로 중요한 시사점을 던져줄 수 있다. 또 한 가지 가능한 제안점으로는, 보다 다양한 가족 관련 정책의 개선을 위해서 자녀의 연령을 청소년기로 확대하여 살펴보는 방향을 고려해볼 수 있다. 기존 연구들이 코로나19 상황에서 가족과 비교적 연령이 낮은 자녀의 심리적 웰빙에 초점이 맞추고 있기 때문에 연령이 높은 자녀의 적응에 대해서 살펴본다면 가족의 심리적 적응을 위한 개입 방안에 대해서 종합적으로 논의해볼 수 있을 것이다. 본 연구 결과는 코로나19 위기 속에서 바람직한 양육 정책, 아동의 심리적 적응 향상을 위한 정책 연구 및 교육프로그램 수립에 유익한 정보를 제공할 수 있으리라 기대된다.

코로나19 시대와 건강한 사회적 관계 만들기

POST COVID-19

제 5 장

차별과 혐오의 뇌과학

김학진 | 고려대학교 심리학과 교수

1. 서론

갈등이 존재하지 않는 사회는 그 자체로 현실적이지 않다. 마치 갈등은 사회를 정의하는 데 필수적인 구성요소인 것처럼 보인다. 크고 작은 삶의 고난들이 한 인간의 정신적 성숙을 이끄는 것처럼 다양한 형태의 갈등을 지나온 사회는 더 건강한 사회로 나아갈 가능성이 커질 수 있다. 하지만, 필연적으로 갈등의 정도는 일정하지 않으며 갈등은 어느 순간 한 사회를 통째로 삼켜버릴 듯이 거세게 몰아치기도 하지만 이내 고요히 수그러들기도 한다. 남녀간 갈등, 빈부갈등, 정치적 갈등, 종교적 갈등 등 최근 한국 사회에서는 다양한 형태의 사회적 갈등들에 대한 사건들이 연일 이어지고 있으며 지난해 세계를 휩쓸었던 코로나 바이러스는 이러한 갈등들을 더 악화시키고 확산시키는 듯하다.

갈등을 해소하려는 내부적인 노력은, 갈등을 우리 사회가 성숙한 사회로 나아가기 위한 원동력으로 만들기 위해 요구되는 가장 중요한 초석이라 할 수 있다. 여기서 중요한 부분은 갈등을 무리하게 억누르고 덮으려는 노력이 아니라 갈등의 원인을 정확히 파악하고 이에 기반하여 가장 효과적인 해결책을 찾으려는 노력이다. 본 글에서는 사회적 갈등이 발생하는 원인에 대한 최신 심리학적 그리고 뇌과학적 관점을 제시하고자 한다. 그리고 이 글을 통해 최근 급증한 크고 작은 사회적 갈등들의 근본적인 원인을 이해하고 이를 토대로 좀 더 지속가능한 사회로 발전하기 위한 방법을 모색하는 다양한 관점에서의 논의들이 이어지는 계기가 되길 기대한다.

2. 이성과 합리성에 관한 새로운 해석

| 1 | 선택맹choice blindness과 자기의지에 대한 신념

2005년 한 연구에서는 사람들이 스스로 선택한 결과가 바뀌었을 때 이를 알아차리는 정도를 알아보기 위한 간단한 실험 결과를 소개했다Johansson, Hall, Sikstrom, & Olsson, 2005. 이 실험에서 각 참가자는 두 장의 얼굴 사진들을 본 후 더 마음에 드는 사진을 선택하도록 지시받았다. 실험자는 참가자가 선택한 사진의 앞면이 아래로 가도록 뒤집은 후 참가자에게 전달했다. 각 참가자는 총 15쌍의 얼굴 사진들에 대해 동일한 선택을 했고 선택을 마친 후 참가자는 자신이 선택한 사진에 대해 선택의 이유를 설명했다. 간단한 실험이지만 이 과제에서 3쌍의 사진들에 대해서는 참가자가 선택한 사진이 아닌 반대쪽 사진으로 바뀌어서 참가자에게 제공되었다. 흥미롭게도 선택의 결과가 바뀌었던 모든 시행들 중에서 사진이 바뀌었다는 사실을 참가자가 알아차린 시행은 단지 13%에 불과했다. 두 사진들 간의 차이가 명확하고 선택을 위해 무제한의 시간 동안 고민할 수 있도록 했을 경우에도 참가자가 선택이 바뀌었음을 알아차린 시행은 27% 정도에 머무른 것으로 나타났다. 연구자들은 이 흥미로운 현상을 '선택맹choice blindness'이라 명명했다.

사실 이 실험에서 사람들이 자신의 선택이 바뀌었다는 것을 알지 못한다는 것은 그다지 놀라운 사실이 아닐 수 있다. 이보다 더 놀라운 사실은 사람들이 자신의 선택이 바뀌었을 때 보였던 반응이었다. 참가자들에게 처음에 고르지 않았던 사진을 보여주며 그 선택의 이유를 물었을 때 이들은 자신의 선택을 합리화할 수 있는 다양한 종류의 그럴 듯한 이유들을 다시 만들어 냈다. 예를 들어, 어떤 참가자는 귀걸이가 마음에 들어서 선택했다고 답하거나 다른 참가자는 자신의 친인척의 얼굴을 닮아서 선택했다고 답했다.

첫 선택맹 실험의 뒤를 이은 또 다른 후속 연구는 사람들의 정치적 태도와 투표 행동에 대한 영역으로까지 선택맹 현상의 함의를 확장시켰다Hall et al., 2013. 이 연구에서는 이전 연구와는 달리, 여러 다른 정치적 이슈에 대한 참가자들의 견해를 물어보았고 그 중 일부에 대해 참가자들의 실제 답변과 다른 답변을 제시하면서 그 이유를 물어보았다. 이전 연구와 동일하게 많은 참가자들은 답변이 바뀌었다는 사실을 알아차리지 못했으며, 자신의 실제 답변과 반대되는 답변을 선택했다는 사실을 알았을 때 이 선택을 정당화하려고 노력했다. 그리고 놀랍게도 이처럼 조작된 답변을 정당화하기 위해 참가자들의 보였던 정당화의 노력은 심지어 참가자 자신이 지지하는 정당을 바꾸는 행동으로까지 이어지는 것을 확인했다.

이러한 실험 결과는 특정 정당 혹은 특정 집단을 지지하는 정치적 신념의 근거는 우리가 생각하는 것처럼 해당 정당이나 집단이 주장하는 정책에 대한 논리적 판단에 기초하고 있지 않을 수 있다는 해석을 가능케 한다. 특정 정당을 향한 강한 지지의 이면에 있는 더 강력한 숨은 동기를 좀 더 깊이 파헤쳐 볼 필요가 있다.

왜 사람들은 자신의 실제 선택과 다른 선택에 대한 이유를 굳이 만들어 내는 것일까? 이는 우리 뇌가 만드는 이성적 판단의 놀라운 갈등 해소 혹은 충돌 해소 기능을 잘 드러낸다. 나는 내가 선호하는 것을 선택한다는 믿음을 지키기 위해 특정한 대상을 내가 선택했다는 사실에 맞춰 선호마저 뒤바꿔버릴 정도로 굳건한 자기 의지에 대한 믿음과 이를 유지하기 위한 강한 욕구를 볼 수 있다.

| 2 | 논쟁을 위한 이성의 진화

이러한 해석은 최근에 대두되고 있는 이성reasoning에 대한 새로운 진화론적 관점과도 연결될 수 있다. 논쟁이론argumentative theory이라 명명된 이 이론에 따르면, 이성이란 타인과의 논쟁을 위해 필요한 정보들을 처리하는 데 특화된 인지 기제의 일부로 정의될 수 있다Mercier, 2016. 이성이 지각이나 운동기능과 관련된 인간의 다른 인지기능들과 구분되는 가장 큰 차이점은 바로 이유reason에 대한 평가를 포함하기 때문이다. 예를 들어, 누군가 나에게 생각을 바꾸어야 할 이유를 제공할 때나 혼자서 나의 생각이나 행동의 논리를 찾으려 할 때, 혹은 타인과 논쟁을 하는 동안에도 우리의 이성은 끊임없이 이유들을 생산해 내고자 노력한다.

얼핏 보기에 굳이 필요하지 않을 것 같은 이유들을 만들어 내기 위해 애쓴다는 점은 이성이 가진 특수성과 그 사회적인 목적을 잘 드러낼 수 있다. 논쟁이론에 따르면, 이성의 주요 기능은 바로 논쟁이며 이는 타인과의 사회적 관계를 전제로 한다. 모든 논쟁의 상황은 사람들에게 필연적으로 다른 사람들을 설득시키는 능력과, 상대방의 주장을 받아들일 만한 충분한 이유가 있을 경우에만 설득되도록 타인의 주장을 평가할 능력을 요구한다. 이러한 능력들이 진화적으로 선택된 이유는 무엇일까? 이처럼 타인을 설득시키고 타인의 주장을 평가하는 능력의 가장 큰 장점은 바로 소통이다. 이성이라는 능력 덕분에 우리는 서로 간에 충분한 신뢰가 없더라도 서로에게 유용한 메시지를 전달할 수 있게 되었다. 그리고 이는 사회적 소통을 향상시켜 협력 행동을 이끌어 낼 수 있다는 점에서 진화적으로 유리한 특성일 수 있다.

논쟁이론이 제시하는 또 다른 흥미롭고 중요한 관점은 바로 이성의 편파성 혹은 비대칭성이다. 이 이론에 의하면, 논쟁의 상황에서 주장을 하는 사람은 자신의 주장을 만들 때는 편파적이고 관대하지만, 다른 사람들의 주장, 특히 자신의 견해에 도전하는 주장을 평가할 때는 까다롭고 보다 객관적인 입장을 취할 것으로 예측된다. 이성의 사회적 기능을 고려할 때 이러한 이성의 비대칭성은 어쩌면 당연한 것일 수 있다. 이러한 이성의 근본적인 비대칭성은 일상에서 관찰되는 사람들의 신념, 사고, 판단, 그리고 결정에서 나타나는 수많은 편향들을 잘 설명할 수 있다. 이성에 관한 논쟁이론을 토대로 유추할 때, 선택맹 실험에서 사람들이 보이는 행동은 아마도 자신의 선택에 대한 논리적인 근거를 타인에게 설득하기 위해 이성적 추론을 동원했기 때문이라고 해석될 수 있을 것이다. 어쩌면 사람들은 어떤 판단이나 선택의 상황에서 이미 돌이킬 수 없는 자신의 선택에 대한 보다 그럴 듯하고 정당한 이유를 찾기 위해 논리나 이성을 사용하고 있을 수 있다.

| 3 | 확증편향과 동기화된 추론motivated reasoning

이성의 논쟁이론은 정치적 상황에서 자주 관찰되는 집단 간 갈등의 기저에 있는 심리적 원인을 설명하는 데 도움이 될 수 있다. 정치과학 분야에서 이미 잘 알려진 동기화된 추론motivated reasoning 현상에 의하면, 사람들은 불쾌한 감정을 줄이고 긍정적인 감정을 증가시키는 방향으로 이성적 추론, 즉 합리화를 선택하게 된다Westen, 1998. 바로 이 때문에 우리는 자신이 지지하는 집단의 주장에는 귀를 기울이고 경쟁적인 집단의 주장에는 무조건 반대하는 경향성을 가지게 되며, 더 나아가 이러한 입장을 정당화할 수 있는 원인들을 찾기 위해 이성적 추론과정을 사용한다는 것이다Taber & Lodge, 2016. 이처럼 동기화된 추론동기는 자연스럽게 확증편향confirmation bias으로 이어질 수 있다. 확증편향이란 자신의 믿음이나 기존 지식과 일치하는 새로운 정보에만 귀를 기울이고 받아들이는 경향성을 말한다Nickerson, 1998. 동기화된 추론은 확증편향과 만나게 되면서 사람들의 정치적 신념을 강화시키고 편향을 극대화시키게 된다. 그리고 그 결과는 정치적으로 대립된 집단들 간의 의견소통을 점점 더 어렵게 만들고 따라서 집단갈등을 심화시킬 수 있다.

동기화된 추론의 심리학적 기제를 보다 과학적으로 이해하기 위한 노력은 뇌영상 연구로까지 이어졌다. 2006년에 시행된 한 뇌영상 연구에서는 동기화된 추론과 관련된 신경회로를 규명하기 위해 자신이 지지하는 정치후보가 자신의 과거 발언과 불일치하는 행동을 보일 때보다 활성화되는 뇌부위를 찾고자 하였다. 그 결과 이러한 불일치가 발생할 때 전전두피질prefrontal cortex의 안쪽 부분에 위치한 내측 전전두피질medial prefrontal cortex의 활동이 증가하는 것으로 밝혀졌다. 이 부위의 활동은 동일한 후보의 언행 불일치에 대해서 합당한 근거가 제시되었을 때는 감소하는 것으로 나타났으며, 정치적으로 중립적인 유명인사에 대한 정보가 제시되었을 때에도 감소하는 것으로 나타났다. 이 결과들을 종합해 볼 때, 내측 전전두피질은 자신의 정치적 신념과 상충하는 정보를 접했을 때 발생하는 심리적 갈등을 반영하는 것으로 해석해 볼 수 있다.

보다 최근에 발표된 또 다른 연구는 내측 전전두피질과 확증편향 간의 관련성을 보여주었다. 2020년에 발표된 이 연구에서 참가자들은 사진으로 제시되는 부동산 매물에 대해 적절한 가격을 추정하도록 요구받았다Kappes, Harvey, Lohrenz, Montague, & Sharot, 2020. 그리고 그 뒤를 이어 다른 파트너가 추정한 가격을 보게 되는데 이때 자신의 판단과 일치하는 정도에 따라 활동수준이 변화하는 뇌부위를 찾는 뇌영상 분석이 이루어졌다. 그 결과, 파트너의 추정치가 자신의 추정치와 어긋나는 정도가 클수록 앞서 언급된 내측 전전두피질의 활동이 증가하고, 두 추정치가 일치하는 정도가 높을수록 동일한 뇌부위의 활동이 감소하는 것으로 나타났다. 다시 말해서, 타인의 판단에 의해 자신의 판단이 틀릴 수 있다는 가능성이 감지될 때, 내측 전전두피질의 활동은 증가하는 것이다.

그렇다면, 이처럼 자신의 신념이나 지식 혹은 판단이 잘못되었을 수 있음을 알리는 단서를 접할 때 내측 전전두피질의 활동이 증가하는 이유는 무엇일까? 확증편향이나 동기화된 추론보다 좀 더 일반적인 상황에서 이 뇌부위가 어떤 기능을 담당하는지 알아본다면 이 질문에 대한 해답을 구할 수 있을 것이다.

3. 내측 전전두피질의 사회적 가치계산 기능

| 1 | 안정성과 유연성 간의 충돌과 균형

우리는 종종 이성을 사용해 감정을 억누르고 통제해야 한다는 말을 듣게 된다. 그러나 이처럼 감정과 이성을 구분하는 것이 적절하지 않은 이유는 우리에게 익숙한 직관적 가치들 간에 서로 충돌이 발생했을 때 이를 해소하기 위해 이른바 이성적 판단과정이 촉발되는 순간에 우리가 경험하는 것도 감정이기 때문이다. 뇌과학적 관점에서 볼 때, 감정과 이성의 구분보다는 안정성과 유연성 간의 구분이 보다 적절할 수 있다. 인간이 일생 동안 생존의 문제를 해결하면서 경험해온 것들이 기억으로 남아 누적되고 내재화된 정보들을 직관적인 가치라 부를 수 있다. 이러한 직관적 가치판단은 비단 정치적 판단뿐 아니라 모든 상황에서 가장 먼저 작동하는 가치판단기제라 말할 수 있다. 대부분의 경우 이러한 직관적 가치로 저장되는 것들은 오랜 기간 동안 성공적으로 나의 생존에 기여했던 선택을 위한 정보들이다. 바로 안정성을 추구하는 기제이며 내측 전전두피질의 아랫부분에 위치한 복내측 전전두피질ventromedial prefrontal cortex이 이러한 가치계산에 관여한다Kim, 2020.

하지만, 새로운 상황에 마주쳤을 때 둘 이상의 직관적인 반응이 동시에 활성화되고 이들 간에 서로 충돌하는 상황이 발생하면 우리 뇌는 추가적인 정보들을 활용하여 충돌을 해소할 수 있는 새로운 선택을 찾게 된다. 바로 우리가 흔히 논리적 혹은 이성적 판단과정이라 부르는 것들이 요구되는 시점이다. 예를 들어, 자신이 지지하는 정당후보에게 투표를 하려고 하는데 그 후보가 비리를 저질렀다는 뉴스를 접하게 된다. 이 경우 좋아하는 후보에게 투표하고자 하는 욕구와 비도덕적인 사람을 멀리하려는 욕구 간에 충돌이 발생하게 되면 새로운 추가적인 정보들을 고려하여 이 충돌을 해소할 수 있는 선택을 찾게 된다. 이러한 이성적 판단 기제가 반복적으로 작동하게 되면 점차 직관이 다시 수정되기 시작하고 나중에는 새롭게 바뀐 직관을 토대로 비교적 빠르게 좀 더 적절한 판단을 내리게 될 수 있다. 이는 유연성을 추구하는 기제이며 내측 전전두피질의 좀 더 윗부분에 위치한 문내측 전전두피질rostromedial prefrontal cortex이 이러한 가치계산에 관여하고 있다Kim, 2020. 특별히 직관적 가치들 간의 충돌이 발생하지 않는다면 직관적인 판단은 항상 가장 먼저 이루어지게 된다. 이성적 판단이란 바로 이러한 충돌을 해소하기 위한 뇌의 추가적인 기능으로 볼 수 있기 때문에 직관적 판단은 이성적 판단보다 더 우선권을 가질 수밖에 없다. 그리고 이는 최소의 노력과 비용으로 최대의 효과를 얻기 위해 안정성과 유연성 간의 균형을 유지하도록 설계된 뇌의 작동방식에서 기인한다.

| 2 | 문내측 전전두피질의 평판관리 기능

기능적 자기공명영상기법, 흔히 fMRIfunctional magnetic resonance imaging라고 알려진 뇌신호 측정방법이 처음 개발된 이후 많은 심리학 실험들이 뇌영상 실험으로 대체되었는데 그 중 특히 많은 연구자들의 관심을 가진 발견은 '자기참조영역self-referential area'의 발견이었다. 이 실험에서 참가자는 매우 간단한 행동과제를 수행한다. 화면에 제시되는 성격을 묘사하는 형용사, 예를 들어 '수다스럽다'와 같은 단어들이 제시되면 이 형용사가 자신을 얼마나 잘 묘사하는지를 판단하는 것이다. 그리고 이에 대한 비교조건으로 자신이 아닌 타인, 즉 자신의 친구 혹은 잘 알려진 유명인사를 이 형용사가 얼마나 잘 묘사하는지를 판단하는 조건이 포함된다. 참가자가 이 두 조건에 대해 판단과제를 수행하는 동안 뇌활동을 측정한 결과, 타인판단 조건에 비해 자신판단 조건에서 특히 높은 활동을 보이는 뇌부위를 발견했는데 이 부위는 바로 앞서 직관적 가치들 간의 충돌을 해소하고 중재하는 기능을 담당하는 것으로 알려진 문내측 전전두피질이었다. 연구자들은 이 부위를 자기참조영역이라 명명했다Northoff et al., 2006.

보다 최근에 발표된 후속 연구들에 따르면 이 문내측 전전두피질이 단지 자기참조기능뿐 아니라 여러 가지 다른 기능들과도 관련되어 있음이 드러났다. 그 기능들 중 가장 두드러진 기능은 바로 평판관리impression management 기능이었다. 다시 말해, 나의 평판이 위협받을 때, 이를 방어하기 위한 노력이 문내측 전전두피질의 기능과 관련된다는 것이다. 이러한 가설을 지지하는 증거로, 타인이 나의 행동을 관찰하는 상황에서 윤리적 제품의 소비가 증가하는데 이때 문내측 전전두피질의 활동이 증가하는 것으로 나타났으며Jung, Sul, Lee, & Kim, 2018, 이러한 현상은 자신이 만든 미술작품에 대한 다른 사람들의 부정적인 평가들이 누적되면, 다른 사람들의 작품들도 부정적으로 평가함으로써 자신의 상대적인 위치를 높이고자 노력하는 전략적 자기방어 행동과도 관련된 것으로 밝혀졌다Yoon, Somerville, & Kim, 2018.

만약 이 부위가 단순히 '나'에 관한 정보를 처리하는 뇌부위가 아니라 자신의 '평판'을 높이기 위한 기능과 관련된 뇌부위라면, 자신의 평판이 노출될 수 있는 상황, 즉 타인이 관찰하는 상황에서 더 증가된 활동을 보일 것이고, 또한 자신이 아닌 타인을 평가하는 상황에서도 그 행동이 자신의 평판에 영향을 미칠 수 있다면 이 부위의 활동은 증가할 것으로 예상해볼 수 있다. 최근에 발표된 연구결과는 이러한 가설들을 지지하는 것으로 나타났다. 이 연구에서 참가자들은 타인이 관찰하는 상황에서 자신의 친구를 보다 긍정적으로 평가하는 경향성이 증가했다Yoon, Kim, Jung, & Kim, In Press. 왜 이들은 관찰상황에서 친구를 긍정적으로 평가했을까? 어쩌면 이러한 행동이 자신의 평판에 도움이 되기 때문이 아닐까? 이 질문에 답하기 위해 실시한 또 다른 실험에서 사람들은 자신의 친구를 긍정적으로 평가하는 사람을 더 좋은 사람으로 평가한다는 것을 확인할 수 있었다. 그리고 예상대로 관찰상황에서 친구를 긍정적으로 평가하는 동안 문내측 전전두피질의 활동 역시 증가하는 것으로 나타났다. 이 결과는 자신의 평판이 사회적으로 노출되는 상황에서 자신의 사회적 지위를 지키고 평판을 높이기 위한 행동을 촉진시키는 기능을 문내측 전전두피질이 담당한다는 주장에 힘을 실어주고 있다.

그렇다면 이러한 문내측 전전두피질의 기능은 앞서 소개된 이 부위의 확증편향 그리고 동기화된 추론기능과는 어떻게 관련될까? 사람들은 자신과 관련된 정보에 특별한 주의를 기울이고 이러한 정보를 기억으로 저장할 확률이 현저히 높다는 사실은 이미 오랜 연구들을 통해 잘 알려져 있으며 이러한 경향성을 자기참조 효과self-reference effect라 부른다Symons & Johnson, 1997. 흥미롭게도 문내측 전전두피질의 활동이 이러한 자기참조 효과와 관련된 것으로 보고되었고Macrae, Moran, Heatherton, Banfield, & Kelley, 2004, 이 부위가 손상된 환자들은 자기참조 효과를 보이지 않는 것으로 알려졌다Philippi, Duff, Denburg, Tranel, & Rudrauf, 2012. 이러한 결과들을 통해 유추해볼 때, 문내측 전전두피질은 자신과 관련된 정보들에 대해 선택적으로 우선권을 부여함으로써 기억이나 신념을 왜곡하고 자기중심적 편향을 만드는 것으로 보인다. 따라서, 자신의 기억 혹은 신념과 상충하는 정보를 접하게 될 경우 이는 사회적 평판을 위협하는 사건으로 해석될 수 있고 문내측 전전두피질의 증가된 활동은 이러한 위협에 적응적으로 대처하기 위한 물리적 혹은 심리적 노력을 반영한다고 볼 수 있을 것이다. 이러한 문내측 전전두피질의 평판관리 기능이 활성화되면 추가적인 외부 정보들을 수집하여 자신의 집단 내 평판을 높이고 타 구성원들로부터 긍정적인 평가를 얻어 내기 위한 정교하고 논리적인 행동들이 촉발될 수 있다.

4. 집단갈등 이면의 숨겨진 동기

| 1 | 내집단 편향ingroup bias의 신경학적 기제

문내측 전전두피질의 자기중심적 정보처리 기능에 대한 연구는 집단 간 갈등 뒤에 숨겨진 동기에 대해서도 중요한 단서를 제공해줄 수 있다. 한 가지 예로, 최근 한 연구에서는 먼저 참가자들에게 자신이 선호하는 축구팀을 밝히고 이 팀과 자신을 얼마나 동일시하는지를 그림으로 표현하도록 요구했다 Apps, McKay, Azevedo, Whitehouse, & Tsakiris, 2018. 집단과 자신을 상징하는 두 원들이 서로 중첩된 정도가 다른 5개의 선택지들 중 하나를 선택하는 이 방법은, 집단과 자신을 동일시하는 정도를 측정하는 방법으로 알려져 있다. 선택을 마친 후 참가자들은 간단한 경제학 게임에 참여했다. 최후통첩 게임이라 불리는 이 게임에서는, 제안자 역할을 맡은 다른 참가자가 일정 금액의 일부를 자신에게 나누어 줄 때 참가자는 이를 받아들일지 혹은 거절할지를 결정해야 했다. 그런데 이 제안자 중 절반은 나와 같은 팀의 팬들이고 나머지 절반은 경쟁팀의 팬들이었다. 예상한 대로 참가자들은 같은 팀 팬들에 비해 경쟁팀의 팬들로부터 불공정한 제안을 받을 경우 이를 거절할 가능성이 훨씬 높게 나타났다. 바로 내집단 편향ingroup bias이라는 이름으로 잘 알려진 사회적 현상이다.

같은 연구에서 참가자가 제안자로부터 제안금액을 받는 순간 fMRI를 사용하여 뇌활동을 측정해보았다. 그 결과, 내집단 편향과 상충하는 정보를 접할 때 문내측 전전두피질의 활동이 증가하는 것으로 관찰되었다. 다시 말해서, 같은 팀 제안자가 불공정한 제안을 주거나 경쟁팀 제안자가 공정한 제안을 줄 경우 문내측 전전두피질의 활동은 증가했다. 그 반대의 경우, 즉 내집단 편향과 일치하는 조건에서는 이 부위의 활동이 감소하는 것으로 나타났다. 이 결과는 내집단 편향이 확증편향이나 동기화된 추론과 동일한 심리적 그리고 뇌과학적 기제를 사용한다는 것을 의미한다. 다시 말해서, 내집단 편향을 유발하는 심리적 동기의 이면에는 자신과 동일시하는 집단의 상대적 지위를 높임으로써 자신의 평판을 높이고 우월감을 얻기 위한 욕구가 있을 수 있음을 시사한다.

| 2 | 도덕적 비난의 동기와 거짓신호이론false-signaling theory

내집단 편향은 어떻게 집단 간 갈등으로 이어지게 되는 걸까? 집단 간 충돌은 단순한 비난에서부터 끔찍한 전쟁에 이르기까지 그 공격성의 정도는 다양하게 나타나지만, 대부분 타 집단의 도덕성에 대한 평가와 비난을 포함한다는 점에서 공통점이 존재한다. 타집단을 향한 도덕적 비난과 공격의 심리적 기제를 알아보기 전에 먼저 타인의 도덕성을 비난하는 심리적 동기에 대해 살펴보도록 하자.

최근에 발표된 한 연구에서는 타인의 도덕성을 비난하는 사람의 심리에 대한 새로운 해석과 함께 이에 대한 과학적 근거를 제시했다. 이 연구에서 제시하는 이론에 따르면, 타인을 향한 도덕적 비난은 자신의 도덕적 우월성을 과시하기 위한 일종의 신호행위signaling라는 것이다Jordan, Sommers, Bloom, & Rand, 2017. 실제로 이 연구에서는, 비도덕적인 타인을 비난하는 사람에 대한 추가적인 정보가 없을 때 그 사람의 도덕성을 사람들은 긍정적으로 지각하는 경향성이 있으며, 이러한 타인에 대한 도덕적 비난은 자신이 도덕적인 사람이라고 직접 말하는 것보다 도덕적 우월성을 높여주는 더 효과적인 방법이 될 수 있음을 보여주었다. 하지만, 이처럼 자신의 도덕적 우월성을 과시하기 위해 타인을 비난하는 행위는 위험성을 내포한다. 타인을 도덕적으로 비난한 사람이 유사한 비도덕적 행위를 저지를 경우 사람들은 이를 더 엄중하게 비판하기 때문이다. 그 이유는 이러한 위선자가 자신의 도덕성을 과시하기 위해 거짓신호false signaling을 사용했기 때문이다. 위에 소개된 같은 연구에서 이러한 주장을 뒷받침하는 증거들을 잘 보여주고 있다. 사람들은 타인의 비도덕성을 비난했던 위선자를 자신의 도덕성에 대해 거짓말한 위선자보다 더 부정적으로 평가했고, 자신의 죄를 시인함으로써 거짓 신호를 피한 정직한 위선자에 대해서는, 설령 그의 말과 행동이 모순되더라도 부정적으로 인식하지 않는 것으로 나타났다. 그러나, 거짓 신호를 보낸 뒤 이와 관련없는 죄를 인정한 위선자에 대해서는 비난을 멈추지 않는 것으로 나타났다.

위에 소개된 실험 결과들은 타인을 도덕적으로 비난하는 행위의 기저에 자신의 도덕적 우월성을 높여 긍정적인 사회적 평가를 이끌어 냄으로써 자신이 속한 집단 내에서 평판을 높이려는 심리적 동기가 있음을 보여준다. 물론 타인을 비난하는 행위들 모두가 이러한 심리적 동기로부터 비롯되는 것은 아닐 것이다. 하지만, 이러한 관점은 우리가 지금까지 간과하고 있었던 새로운 해석을 제공하며 자신이 누군가의 비도덕적 행위로 인한 직접적인 피해자가 아닌 경우에도 그 행위를 저지른 타인에 대해 보이는 과도한 비난을 설명해줄 수 있는 유용한 이론적 토대를 제공한다.

| 3 | 개인 간-집단 간 불연속성 효과interindividual-intergroup discontinuity effect

타인 비방을 통해 자신의 도덕적 우월성을 강조하여 평판을 높이기 위한 심리적 동기는 집단 내에서 그 파괴력이 증가할 수 있다. 개인 간에 이루어지는 상호작용에서는 드러나지 않는 공격성이 자신이 속한 집단을 대표하여 특히 경쟁적인 집단과 상호작용을 하는 상황에서는 증가할 수 있는데 이러한 현상을 '개인 간-집단 간 불연속성 효과interindividual-intergroup discontinuity effect'라 부른다Wildschut, Pinter, Vevea, Insko, & Schopler, 2003. 이러한 현상을 밝힌 한 연구에서는 앞서 소개한 최후통첩 게임을 사용하여 참가자의 집단정체성과 사회적 관계에 따른 행동 불연속성을 관찰했다H.-y. Kim, Kim, & Han, 2016. 이 연구에서 참가자들은 한 개인의 자격으로 결정을 내릴 때보다 자신이 속한 집단의 대표의 자격으로 결정할 때 경제적인 관점에서 보다 합리적인 방식을 취하는 것으로 나타났다. 그러나 내가 속한 집단과 게임의 파트너가 속한 집단 간에 경쟁 구도가 형성되자 행동의 패턴이 뒤바뀌었다. 즉, 경쟁 집단과의 게임에서는 상대방의 제안금액을 받아들이기 위해 훨씬 엄격한 수준의 공정함을 요구했으며,

중립적인 상대 그룹과 게임을 할 때나 개인의 자격으로 게임을 할 때는 받아들였던 제안액도 불공정한 제안으로 간주하여 거절하는 것으로 나타났다.

왜 개인 간에는 합리적으로 이루어지는 사회적 협력 행동이 집단이라는 이름을 앞세울 경우에는 상대를 향해 공격적이고 편향된 방향으로 기울게 되는 것일까? 집단이 추구하는 공통의 가치가 구성원에게 가하는 압력의 힘은 개인이 의식할 수 있는 것보다 훨씬 강력하며 이를 거스르는 행동은 이보다 더 높은 수준의 노력을 요구한다. 따라서, 집단을 대표해서 결정을 해야 하는 사람은 특히 경쟁집단과의 대립구조가 발생하는 상황에서 내집단이 추구하는 가치와 어긋나는 합리적인 결정을 내리기는 매우 어려울 것이다. 우리들의 일상에 영향을 미치는 수많은 결정들 중 상당수는 우리를 대신하는 대표자들에 의해 이루어진다는 점을 고려할 때, 집단을 대표하는 개인이 자신의 집단정체성과 집단 간 관계에 의해 판단과 선택이 달라질 수 있다는 사실은 심각하고도 중요한 의미를 지닌다고 말할 수 있다.

| 4 | 자원부족으로 증가하는 집단 간 갈등

집단 간 갈등은 특히 제한된 자원을 두고 집단 간에 경쟁을 피할 수 없는 상황에서 더 악화될 수밖에 없다. 최근 여러 연구들이 이러한 현상을 보여주는 과학적 증거들을 제시해주고 있다. 흥미롭게도, 생후 1년도 채 되지 않은 아기들조차도 집단 내 구성원들에게 배분되어야 할 자원이 제한되는 상황에서는 공정한 분배보다는 내집단에게 자원을 몰아주는 선택을 더 선호한다는 연구결과가 발표되었다Bian, Sloane, & Baillargeon, 2018. 이러한 연구결과는 공정성이라는 인류보편적인 가치는 자원이 제한될 경우 언제든 내집단 편향에게 그 자리를 내줄 수 있으며, 이러한 경향성은 본격적인 사회화가 이루어지기 전부터 이미 사람들의 뇌에 강하게 각인되어 있을 수 있음을 보여주고 있다.

최근 코로나 바이러스 사태로 인해 국내뿐 아니라 전 세계적으로 생존에 필수적인 자원이 제한되는 상황이 장기화됨에 따라 크고 작은 집단 간 갈등과 일상적인 차별과 혐오가 난무하게 된 이면에는 이처럼 신생아의 뇌에도 강하게 자리 잡은 내집단 편향이 있을 수 있다. 내집단 편향은 생존의 욕구가 발달과정을 거치면서 자연스럽게 만들어 낸 강력한 욕구이며 생존을 위해 필요한 자원이 제한되는 상황에서는 언제든 인류가 오랫동안 힘겹게 쌓아 올린 보편적 가치들을 한순간에 무너뜨릴 수 있는 힘을 내포하고 있다.

5. 지속가능한 사회를 위한 뇌과학적 제언

| 1 | 집단정체성의 두 유형 우월감Glorification vs. 애착Attachment

오랜 세월 동안 민주주의의 토대를 굳건하게 다져왔다고 믿어왔던 서양의 선진국들조차도 최근 코로나 바이러스 사태로 인해 그동안 사회를 떠받치고 있던 중요한 사회적 가치들이 한순간에 허물어지는 것처럼 보이는 현상들을 목격할 수 있었다. 출생하는 순간부터 뿌리가 깊게 자라난 내집단 편향, 그리고 이로 인해 발생하는 다양한 형태의 집단 간 차별과 혐오를 인류는 과연 어떻게 극복할 수 있을까? 집단 간 갈등에 관한 심리학적 그리고 뇌과학적 이해는 과연 어떤 새로운 해답을 줄 수 있을까?

최근에 발표된 한 사회심리학 연구는 집단과 관련해 형성되는 개인의 정체성에 대한 흥미로운 관점을 제시한다. 이 연구에서는 자신이 속한 집단이 저지른 비도덕적인 행위에 대해 개인이 느끼는 집단기반 죄책감group-based guilty의 정도는 그 사람이 집단에 대해 가지고 있는 정체성의 유형에 따라 달라질 수 있음을 보여주고 있다Roccas, Klar, & Liviatan, 2006. 이 연구는 집단 정체성의 유형은 크게 두 가지로 나뉘는데 하나는 우월감이고 다른 하나는 애착이라고 주장한다. 우월감은 자신의 집단이 타집단들에 비해 우수하고 뛰어남을 자랑스럽게 여기는 태도이며, 애착은 집단과 깊은 수준의 유대감을 형성하는 태도를 말한다. 많은 경우 이 두 유형의 태도는 서로 중첩되기도 하지만, 이들 간의 가장 큰 차이는 자신이 속한 집단이 저지른 비도덕적 행위에 대한 판단에서 쉽게 드러난다. 우월감을 기반으로 한 구성원은 집단의 지위를 위협하는 정보를 배격하고 방어적인 태도를 취하는 반면, 애착을 기반으로 한 구성원은 동일한 정보의 신뢰도 수준을 보다 깊은 수준에서 분석하고 신뢰할 만한 정보로 판단될 경우 이를 받아들이기 위해 노력하는 것으로 나타났다.

이러한 집단을 바라보는 태도의 차이는 한 개인이 자신의 정체성을 대하는 태도와 다르지 않음을 알 수 있다. 집단 구성원이 가진 낮은 자존감과 타집단을 향한 공격성 간의 관계를 살펴 본 최근 연구결과는 특히 주목할 만하다. 이 연구에서는 자존감이 낮은 사람일수록 자신이 속한 집단은 특별하며 더 나은 대우를 받아야 한다고 믿는 집단적 나르시시즘의 정도가 높았고 이는 타집단을 향한 높은 공격성으로 이어진다고 보고했다de Zavala et al., 2020. 또한, 흥미롭게도 이러한 경향성은 자신이 속한 집단에 대한 만족감이 클수록 감소하는 것으로 나타났다. 이 연구결과는 개인의 타인을 향해 보이는 공격적 행동의 이면에는 자기방어행동을 유발하는 낮은 자존감이 자리 잡고 있는 것처럼, 집단 간 갈등의 이면에도 이와 같이 집단과의 동일시를 통해 표출되는 구성원들의 낮은 자존감이 그 뿌리에 존재할 수 있음을 시사한다. 구성원들이 내집단에 대해 가지는 정체성은 자신의 낮은 자존감을 회복하기 위한 도구이며 이들의 타집단을 향한 공격성은 낮아진 자존감을 충족하기 위해 사용하는 다양한 방법들 중 하나일 수 있다.

| 2 | 감정 알아차리기

최근 영향력이 증가하고 있는 새로운 이론에 의하면, 감정이란, 뇌가 생존을 위해 선택한 반응이 부적절할 수 있음을 감지했을 때 우리 신체가 뇌로 보내는 일종의 알람 신호이며 신체의 항상성의 불균형을 예측한 뇌가 이를 방지하기 위해 촉발시킨 행동 전략이다Barrett, 2017. 감정이 발생했을 때, 우리 뇌는 생존을 위해 더 적절한 선택지를 찾으려 하고 자신의 현재 감정을 인식한다는 것은 현재 발생한 뇌와 신체 간의 의견 차이를 감지하고 그 정확한 원인을 파악해서 이를 해소하고자 노력한다는 것을 말한다. 따라서, 자기감정을 정확히 인식하는 능력은 현재 발생한 혹은 앞으로 발생할 신체 항상성의 불균형의 원인을 정확히 예측하는 능력이며 성공적인 정서조절 및 의사결정을 위해 필요한 가장 중요한 능력이 될 수 있다Lambie & Marcel, 2002.

자기감정 인식의 필요성을 이해하는 데 도움이 될 수 있는 한 가지 예로, 수치심과 분노감의 차이를 들 수 있다. 수치심과 분노감은 둘 다 부정적인 감정이지만 그 감정이 향하는 방향 면에서는 정반대라 할 수 있다. 수치심은 자신을 향하지만 분노감은 타인을 향한다. 두 감정 모두 뇌와 신체 간 의사소통의 불균형을 알리는 신호라는 면에서는 동일하지만 이 감정을 어떻게 해소시켰는지에 따라 불균형은 증가할 수도 혹은 감소할 수도 있다. 특정 감정을 유발한 거의 동일한 외부환경과 신체 상태를 어떤 사람의 뇌는 분노감으로 분류하기도 하고, 어떤 사람의 뇌는 수치심으로 분류할 수도 있다. 같은 상황에서 사람들이 다르게 반응하는 이유는 저마다 현재 상태를 해석하는 방식이 다르기 때문일 수 있다. 실은 수치심으로 분류되었어야 할 감정 상태를 분노로 잘못 분류하게 될 경우, 부당하게 주변 사람에게 화를 낼 수 있고, 반대로 분노로 분류되었어야 할 상태를 잘못 수치심으로 분류할 경우 부적절한 자기비하로 이어질 수 있다. 이 경우 불균형을 유발한 정확한 원인이 해소되지 않았으므로, 불균형의 해소는 제대로 이루어지지 않게 된다. 이런 상황이 반복되면 불균형은 고착화되고, 심할 경우 더 이상 회복이 어려울 정도로 심각한 불균형 상태가 지속되는 분노조절장애나 우울증 등으로 이어질 수 있다.

감정을 인식한다는 것은 직관적 가치들끼리 상충할 때 이들이 경쟁을 통해 과거에 더 강한 습관으로 자리잡은 가치가 그대로 행동으로 이어지게 되는 것을 방지하고 이러한 선택의 폭주로부터 한 발자국 떨어져 그 과정을 관조할 수 있음을 말한다. 이는 자연스럽게 그동안 간과했던 새로운 정보들에 관심을 기울이고 이를 가치판단에 활용할 여유를 제공해줌으로써 보다 정교하고 이성적인 가치판단을 가능케 할 수 있다. 앞서 소개한 유연성을 추구하는 문내측 전전두피질이 자기인식Northoff & Bermpohl, 2004, 메타인지Bang & Fleming, 2018, 자기통제Maier & Hare, 2017 등의 기능과 관련되어 있다는 증거는 이러한 주장을 잘 뒷받침한다.

| 3 | 신체-심리-사회의 유기적 연결성

지금까지 소개한 내용들을 종합하면 사회적 갈등의 이면에는 개인의 자존감이 있을 수 있고 개인의 자존감의 이면에는 감정을 유발하는 신체항상성의 불균형이 있음을 알 수 있다. 이는 신체, 심리, 그리고 사회 간에는 서로 유기적인 연결이 존재하며 이 중 어느 하나의 문제를 다른 것들과 따로 구분해서 고려할 수 없음을 의미한다. 신체항상성의 불균형이 심리적 불균형을 야기하고 이는 나아가 사회적 불균형을 초래할 수 있다. 반대로, 사회적 불균형은 개인의 심리적 불균형을 심화시킬 수 있고 이는 결국 개인의 신체항상성의 불균형으로까지 이어질 수 있음을 시사한다.

감정과 가치판단에 관한 뇌과학적 관점은 여전히 우리 사회에 만연한 차별과 혐오, 그리고 집단 간 갈등에서 발생하는 타집단을 향한 분노감이나 공격적 태도의 정확한 원인을 파악하고 이에 대한 해결방안을 모색하는 데 유용할 수 있다. 앞서 언급한 바와 같이 내집단의 정체성과 자신을 동일시할 때 낮은 자존감은 내집단의 지위를 위협하는 대상을 향한 공격적인 행위나 태도를 촉발하기 쉬우며 이는 개인 자존감을 위협하는 대상을 향한 공격적 자기방어 행동과 근본적으로 다르지 않을 수 있다. 분노감과 수치심이라는 두 감정은 적절하게 활용될 경우 자존감을 균형상태로 유지해가는 데 중요한 가이드 역할을 할 수 있다. 따라서, 집단을 통해 자신의 정체성을 규정하려는 노력이 과도할 때 이를 감지하고 그 이유를 헤아려 보는 훈련이 중요할 수 있다. 또한, 타집단과의 비교를 통한 갈등의 상황에서 경험하게 되는 감정의 이면에, 어떤 보다 근본적이고 정확한 원인이 있는지 파악하는 것은 개인적인 차원에서 성공적이고 유연한 삶을 위한 태도가 될 수 있을 뿐 아니라 건강하고 지속가능한 사회로 발돋움하기 위한 토대를 마련하는 데 있어서도 가장 효과적인 해결방안이 될 수 있을 것이다.

제 6 장

코로나 바이러스 팬데믹과 한국 사회의 신뢰 지형의 변화

박찬웅 | 연세대학교 사회학과 교수

1. 팬데믹과 사회적 위기

전 세계를 위기에 빠뜨린 코로나19 바이러스COVID-19로 2021년 현재 1억 명에 달하는 환자와 2백만 명이 넘는 사망자가 발생했다. 세계건강기구World Health Organization가 팬데믹pandemic으로 선언한 코로나19 바이러스 팬데믹이하 팬데믹은 1918년 스페인 독감 이후 가장 심각한 건강 관련 위기를 가져왔다. 전염 환자와 이로 인한 사망자의 급격한 증가가 전세계적으로 건강 관련 위기를 가져왔지만, 시간이 지나면서 단순히 건강 측면의 위기뿐 아니라 사회경제적 위기가 나타났다. 무엇보다 전염병 전파를 막기 위한 인구의 국가 내외 이동 제한, 학교를 포함한 다양한 공공 기관과 식당 및 서비스 업체의 영업 단축 및 금지는 급격한 폐업과 실업의 증가로 이어졌고, 이는 심각한 경제 위기로 이어졌다.

팬데믹이 전지구적으로 급격히 진행되면서 팬데믹으로 인한 보건 및 경제적 위기를 분석하는 연구들이 등장했지만, 팬데믹의 사회적 영향 및 관련된 사회적 위기의 가능성에 대한 연구는 비교적 최근에 시작되었다. 사회적 위기는 다양한 방식으로 정의될 수 있지만, 이 연구에서는 사회적 통합의 위기로 정의하고, 사회적 통합의 핵심 측면으로서 신뢰의 위기에 주목한다. 신뢰는 해당 행위자가 다른 사람에게 해를 끼치지 않고 선의로 행동할 것이라는 기대로 정의할 수 있다박찬웅, 2006; Coleman, 1990; Gambetta, 1988; Paxton, 2007. 신뢰가 사회적 통합의 핵심인 이유는 한 사회 내 타인에 대한 일반적인 신뢰 수준이 그 사회의 전반적인 사회적 통합뿐 아니라 민주주의와 경제 발전 그리고 건강 수준에 직접적인 영향을 준다는 연구 결과에 바탕을 두고 있다Coleman, 1990; Kim et al., 2006; Paxton, 2007.

팬데믹의 사회적 영향 중에서 신뢰에 초점을 맞추는 이유는 사회적 위기의 핵심은 사회적 통합이고, 신뢰는 사회적 통합의 핵심이라는 문제 의식에서 출발한다. 또한 팬데믹과 신뢰의 관계가 중요한 근거는 전염병에 대응하는 과정에서 질병에 대해 어떤 유형의 정보가, 어떤 방식으로 제공되고, 전염병에 대해 개인, 기업, 종교 조직, 미디어, 그리고 정부와 공공 기관이 어떻게 대응하는가에 따라 관련 조직과 제도, 사회 전반에 대한 신뢰 수준이 다르게 나타날 가능성에 있다. 바이러스의 전염 가능성과 건강 관련 위험성이 건강 위기 수준에 영향을 준다면, 바이러스에 대해 관련 조직이 대응하는 방식은 해당 조직에 대한 사회적 신뢰 수준에 영향을 줄 수 있다. 또한 전세계적으로 팬데믹 억제의 방안으로 실시되고 있는 사회적 거리두기social distancing는 결과적으로 사회적 고립의 수준을 높이고, 이는 공식적이고 비공식적인 사회적 관계의 약화를 가져올 수 있다는 점에서 사회적 통합과 신뢰 수준이 약화될 수 있다.

팬데믹과 신뢰의 관계에 대한 인식에 따라 최근 팬데믹 이후 신뢰에 대한 연구들이 등장하고 있는데, 이 연구들은 개인이나 사회의 기존 신뢰 수준과 관련된 팬데믹에 대한 개인의 대응 방식과 불안감, 그리고 해당 사회의 코로나19 바이러스 발생률에 초점을 두고 있다. 이에 반해 이 연구의 핵심 질문은 팬데믹이 본격적으로 시작된 2020년에 다양한 유형의 개인과 민간 및 공공 조직에 대한 신뢰 수준이 어떻게 변화했고, 이런 신뢰 수준이 개인의 사회인구학적 특성에 따라 어떤 차이가 있는가이다.

최근 한 국제 프로젝트에서는 미국을 포함한 8개국에서 2020년 3월과 9월에 걸친 2차의 조사를 통해 팬데믹 이후 나타난 각 사회의 신뢰 수준과 변화에 대해 조사했다International Security and Development Center, 2020. 이 연구 결과에서 주목할 것은 사회에 따라 전염병 이후 일반 사람들에 대한 신뢰의 수준과 정부에 대한 신뢰 수준이 경우에 따라 증가하거나 감소하는 등 다양한 차이를 보였다는 것이다. 이는 팬데믹의 신뢰에 대한 영향은 사회마다 다르고, 또한 신뢰의 대상에 따라 다르게 나타날 수 있다는 것을 보여준다.

그렇다면 우리 사회에서 팬데믹은 지난 1년간 전반적인 신뢰 수준에 어떤 영향을 주었고, 공공과 민간 조직의 유형에 따라 신뢰 수준에 대한 영향은 어떻게 다르게 나타날 것인가? 이 연구에서는 2020년 사회적가치연구원이 실시한 사회문제인식조사 자료를 사용해서 팬데믹 이후 조직과 제도 유형별로 나타난 우리 사회의 신뢰 수준에 대한 변화를 살펴보고, 사회인구학적 특성에 따라 팬데믹이 신뢰 수준에 미치는 영향이 나타나는가를 분석했다. 분석 결과에 따르면, 우리 사회에서 팬데믹 이후 신뢰 수준 변화 양상은 대상에 따라 다르게 나타났는데, 주목할 것은 공적 조직이나 제도에 대한 신뢰의 경우, 정부, 기업, 시민사회단체, 사회적 기업에 대한 신뢰는 상승한 반면, 국회, 정당, 미디어, 국제기구, 다른 국가들에 대한 신뢰는 감소했다는 것이다. 사적 신뢰 혹은 사적 조직이나 행위자에 대한 신뢰에서는 가족과 이웃에 대한 신뢰는 증가한 반면, 낯선 사람이나 외국인에 대한 신뢰는 감소한 것으로 나타났다. 각각의 대상에 대하여 성별, 연령, 교육, 소득 수준 등이 신뢰 수준에 영향을 주는 것으로 나타나서, 신뢰에 대한 팬데믹의 영향이 사회인구학적 집단에 따라 다른 것을 알 수 있다.

결론에서는 2020년 실시된 국제비교조사를 바탕으로 팬데믹이 우리 사회의 신뢰 수준에 준 영향의 특성과 이와 관련된 우리 사회의 사회적 맥락에 대해 논의한다.

2. 팬데믹과 신뢰에 대한 선행연구

| 1 | 신뢰가 팬데믹에 대한 대응과 결과에 미친 영향

팬데믹과 신뢰에 대한 연구들은 주로 기존 신뢰 수준이 팬데믹에 대한 개인의 대응과 팬데믹의 개인과 사회 수준의 결과에 어떤 영향을 주는가를 다루었다. 공통적으로 이 연구들에 의하면, 정부에 대한 신뢰와 사회적 신뢰 수준이 높을수록 코로나 바이러스를 예방하기 위해, 마스크 착용, 사회적 거리 등에 대해 적극적으로 참여하는 정도가 높고, 이는 바이러스 감염률을 줄인다는 것이다Balog-Way & McCormas, 2020; Chuang et al., 2015; Devine et al., 2020; Song & Yoo, 2020; Woeflert, 2020. 또한 사회적 신뢰 수준이 높을수록, 팬데믹에 대한 불안감의 수준이 낮은 것으로 나타났다양미라·김해숙, 2020; 임현철, 2019. 신뢰 수준이 팬데믹 예방 관련행동을 할 확률을 높인다는 연구 결과와 달리 84개국을 대상으로 한 연구에 의하면, 사회적 신뢰가 높은 사회일수록 팬데믹으로 인한 사망률이 높은 것으로 나타났는데, 연구자들은 이런 결과를 같은 집단 내 소속에 대한 신뢰가 높을수록 구성원 간 대면적 접촉 빈도가 높게 나타내기 때문인 것으로 풀이한다Elgar et al., 2020.

요약하면, 최근 연구 결과들에 의하면, 전반적으로 신뢰, 특히 낯선 사람들에 대한 일반적인 신뢰generalized trust의 수준이 높을수록, 개인이나 사회적 수준에서 전염병을 막기 위한 행동들에 적극적으로 참여하고, 이에 따라 발병 가능성이 줄어들고 팬데믹에 대한 불안감이 낮게 나타났다.

| 2 | 팬데믹 이후 신뢰 수준의 변화

팬데믹 이후 사회적 신뢰 수준에 대한 대표적인 연구는 2020년에 시작된 'Life with Corona" 프로젝트이다. 이 연구는 국제안전발전센터International Security and Development Center가 주도해서 2020년 3월과 9월에 걸쳐서 핀란드, 스페인, 독일, 미국, 영국, 포르투갈, 인도, 아르헨티나를 포함한 총 8개국에서 온라인 설문조사를 통해 이루어졌다. 설문 초점은 팬데믹 발생 초기와 이후 정부와 일반 개인에 대한 신뢰 수준이다ISDC, 2020. 분석 결과에서 흥미로운 것은 국가별로 다른 사람들과 정부에 대한 신뢰 수준의 변화가 매우 다양하다는 것이다. 또한 팬데믹 이후 타인에 대한 신뢰 수준이 감소한 사회들도 있지만, 오히려 신뢰 수준이 상승한 사회들도 있다. 대표적으로 다른 사람들에 대한 신뢰 수준의 경우 스페인은 30% 감소한 반면, 미국, 영국, 아르헨티나의 경우 작은 폭으로 상승했고, 포르투갈은 14% 상승했다. 정부에 대한 신뢰의 경우, 8개국 모두 신뢰 수준이 감소했는데, 특히 영국은 19%, 미국은 18%로 가장 큰 감소를 보였고, 반면 독일은 1%, 스페인은 3%로 비교적 작은 폭의 감소를 보였다.

팬데믹에 따른 신뢰 수준의 변화가 국가에 따라, 또한 개인들에 대한 신뢰와 정부에 대한 신뢰에 대하여 다르게 나타났다는 것은 팬데믹이 단순히 신뢰 수준을 끌어내리는 것이 아니라, 대상에 따라 사회에 따라 다른 방향으로 작동할 수 있다는 것이다. 우리 사회의 경우는 팬데믹은 사회적 신뢰 수준에 어떤 영향을 주었을까?

2020년에 실시된 연구에 의하면, 우리 사회의 경우 사회 전반과 중앙과 지방 정부에 대한 신뢰는 증가하고, 반면에 사법부, 기업, 언론, 시민단체, 그리고 종교 조직에 대한 신뢰 수준은 하락한 것으로 나타났다Kye & Hwang, 2020. 이 연구는 2016년에서 2019년에 설문에 응한 응답자들을 추적해서 2020년 온라인 조사를 실시했고, 응답률은 11.9%N=1011이다. 낮은 응답률 이외에도 이 조사의 제한점은 행정부, 사법부, 입법부와 언론, 시민단체, 종교조직, 기업에 대한 신뢰 수준은 묻고 있지만, 가족, 이웃, 낯선 사람 등 시민 사회 내 다양한 유형의 신뢰 수준은 포함하지 않았다는 것이다. 또한 설문지는 신뢰 수준을 두 시점에서 비교하고, 그 차이를 통해 신뢰 수준의 변화 여부를 측정했다. 이를 통해 팬데믹 발생 전후의 신뢰 수준의 변화를 볼 수 있지만, 팬데믹이 신뢰 수준에 미친 영향을 직접적으로 측정하지 않는다.

이에 대한 대안으로 이 연구는 사회적가치연구원이 2020년 5월에 실시한 '사회문제 인식조사' 자료를 활용했다. 이 설문조사의 장점은 13개의 문항을 통해 팬데믹 이후 다양한 유형의 대상에 대한 신뢰 혹은 불신 수준의 변화를 직접적으로 측정했다는 점이다. 이 설문조사는 팬데믹 이후 응답자의 신뢰/불신 수준이 어떻게 변화했는가를 직접적으로 질문한다. 이 연구에서는 이 자료를 사용해서 우리 사회에서 팬데믹이 신뢰 수준에 미친 영향과 함께 사회인구학적 집단에 따라 이런 영향이 어떻게 나타났는가를 분석했다.

3. 자료와 방법론

'사회문제인식조사'는 2016년에 사회적가치연구원이 실시한 조사의 설문지에 팬데믹과 신뢰에 관한 설문 항목을 더해서 2020년 5월에 실시되었다.

전국 17개 시도 지역에 거주하는 성인 남녀 1000명을 대상으로 온라인 설문 조사가 이루어졌다.

팬데믹 이후 신뢰와 불신 수준의 변화를 측정하기 위해 다음과 같은 질문들이 포함되었다.

질문 1. 귀하께서는 코로나 이전과 비교할 때 우리나라의 사회 안전망에 대한 평가가 어떻게 바뀌셨습니까?

질문 2. 귀하께서는 코로나 이전과 비교할 때 가족에 대한 신뢰감이 어떻게 바뀌셨습니다?

질문 3. 귀하께서는 코로나 이전과 비교할 때 이웃에 대한 신뢰감이 어떻게 바뀌셨습니까?

질문 4. 귀하께서는 코로나 이전과 비교할 때 처음 만난 사람(낯선 사람)에 대한 신뢰감이 어떻게 바뀌셨습니까?

질문 5. 귀하께서는 코로나 이전과 비교했을 때 다른 나라 사람에 대한 신뢰감이 어떻게 바뀌셨습니까?

질문 6. 귀하께서는 코로나 이전과 비교했을 때 다음의 사회문제 연결 주체에 대한 신뢰도가 어떻게 바뀌셨습니까?정부, 국회 및 정당, 기업, 시민사회단체, 미디어, 사회적 기업 및 소셜 벤처, 국제기구, 외국-타 국가, 개개인

각 설문 문항은 10점 척도로 이루어졌는데, 0에서 4는 불신하게 된 것을 나타내며 0의 경우 불신 수준이 가장 상승한 것이고 4의 경우가 불신 수준이 가장 낮게 상승한 것이다. 반대로 6에서 10이 신뢰 수준이 상승한 것을 나타

내는데, 10의 경우 신뢰 수준이 가장 큰 폭으로 상승한 것을 나타내고, 6의 경우 신뢰 수준이 가장 소폭으로 상승한 것을 나타낸다. 끝으로 5는 신뢰 수준의 변화가 없음을 나타낸다.

이 연구에서는 신뢰 수준의 변화를 측정하기 위해 두 가지 방식을 사용했다. 먼저 신뢰 수준의 변화를 보기 위해서 신뢰 대상 유형별로 위에서 설명한 10점 척도에 따른 평균 값을 그래프로 제시했다. 다음으로 사회인구학적 특성 중 어떤 항목이 신뢰 수준의 변화에 중요한 영향을 주었는가를 보기 위해, 위의 10점 척도를 신뢰가 증가하는 경우와 불신이 증가한 경우로 구분해서 이에 대한 이항 로짓 분석을 실시했다. 즉 신뢰 증가의 경우 위의 10점 척도에서 6에서 10은 1, 나머지는 0으로 변환시킨 후, 이 값에 대한 다양한 사회인구학적 특성의 영향을 이항 로짓 모델로 분석했다. 반면 불신 증가의 경우, 10점 척도에서 0에서 4는 1, 나머지는 0으로 변환시킨 후, 같은 방식으로 이항 로짓 분석을 실시했다.

이항 로짓 분석에 포함된 사회인구학적 변수들은 신뢰에 영향을 주는 것으로 알려진 대표적인 항목들을 선택했는데, 젠더, 학력, 월가구소득, 직업유무이다. 다음 표는 해당 변수들의 측정 방법과 기초 통계치를 보여준다.

표 6-1 변수 설명과 기초통계치(사례수=1000)

변수	조작화	평균	표준편차	최소값	최대값
남성	남성=1, 여성=0	0.51	0.50	0	1
연령	년	44.24	13.09	20	69
학력	1=초등학교 졸업 이하, 2=중학교, 3=고등학교, 4=대학 재학/중퇴, 5=대학, 6=대학원 이상	4.58	0.97	1	6
가구 소득	1=100만원 이하, 2부터는 100만원 단위로 증가, 11=1001만원 이상	5.12	2.47	1	11
직업	제시된 모든 직업=1, 무직=0	0.64	0.48	0	1

4. 분석 결과

| 1 | 대상 유형별 신뢰/ 불신의 변화

펜데믹은 우리 사회의 신뢰에 어떤 영향을 주었을까? 다음 두 개의 그래프는 조직/행위자/제도 유형별로 신뢰와 불신의 증가 정도를 보여준다. 두 개의 그래프에서 Y축의 값은 0에서 10까지 존재하는데, 이 중에서 4에서 0으로 갈수록, 팬데믹 이후 해당하는 조직/행위자/제도 유형에 대한 불신 증가의 폭이 큰 것이고, 반대로 6에서 10으로 갈수록 관련 대상에 대한 신뢰 증가의 폭이 큰 것이다. 5는 신뢰 수준의 폭의 변화 없음을 나타낸다. 따라서 5를 기준으로 더 큰 값은 팬데믹 이후 신뢰가 상승한 것이고, 5보다 작은 값은 불신이 증가한 것이다.

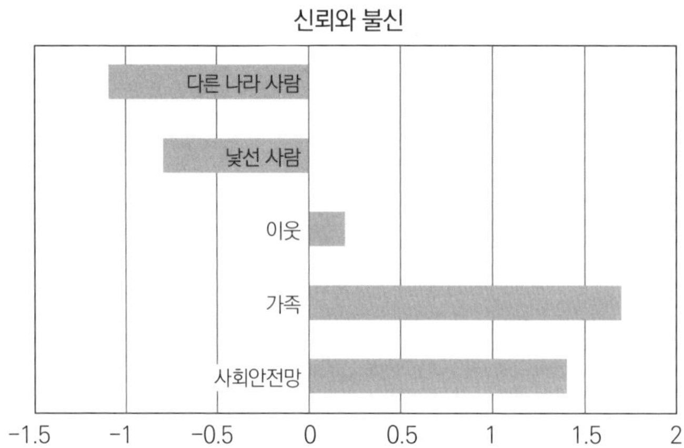

그림 6-1 대상 유형별 신뢰/불신 변화

이를 변화량으로 바꾸어 그림 6-1로 나타내보면, 팬데믹 이후 가장 큰 폭으로 신뢰가 상승한 것은 가족, 사회안전망 순이고, 반대로 가장 큰 폭으로 불신이 상승한 것은 외국인, 낯선 사람 순서이다. 이 결과는 두 가지를 제시한다. 첫째, 대상 유형에 따른 신뢰 혹은 불신 수준의 차이는 한 사회를 통틀어 전반적으로 신뢰 수준을 평가하는 데 문제가 있을 수 있다는 것이다. 둘째, 우리 사회의 경우 사회안전망을 제외하고 사적private인 영역에서 가족이나 이웃과 같이 이미 사회적 관계를 형성하고 있는 사람들에 대한 신뢰는 늘어났지만, 팬데믹의 경험은 낯선 사람, 특히 외국인에 대한 불신을 증가시켰다는 것을 알 수 있다. 이는 우리 사회에서 팬데믹과 같은 위기와 불확실성의 상승에 따라, 혈연, 지연, 학연과 같이 강한 사회적 연결망과 유대가 이전보다 더 강해질 가능성이 있다는 것을 보여준다. 반대로 말하면, 팬데믹의 시대에 사회에서 이미 고립되어 있는 개인이나 집단의 경우 이전보다 불신을 받거나 사회적 지지를 받기 더 어려울 가능성을 제시한다.

다음 그림은 다양한 공공, 민간 조직과 타국 및 개인에 대한 신뢰와 불신 수준의 변화를 보여준다.

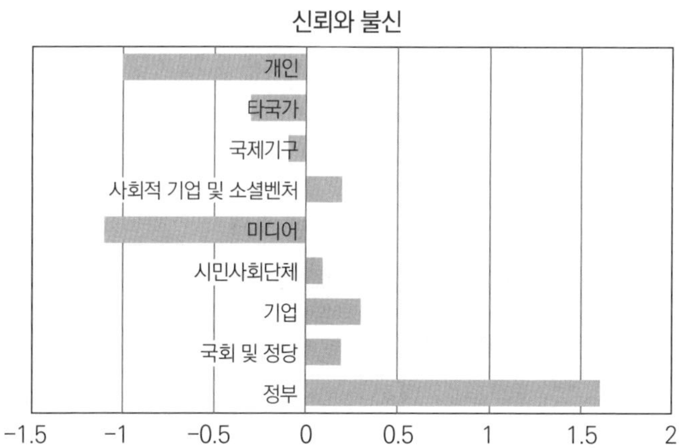

그림 6-2 대상 유형별 신뢰/불신 변화

이전 그림과 같이, 여기에서도 신뢰와 불신의 변화는 대상의 유형에 따라 다양하게 나타난다. 먼저 팬데믹 이후 신뢰 수준이 올라간 대상은 정부, 기업, 시민사회단체, 사회적 기업/소셜 벤처 순이고, 반대로 불신 수준이 올라간 대상은 타국가, 국제기구, 국회/정당, 미디어 순이다.

주목할 것은 마찬가지로 국가에 속하지만 정부에 대한 신뢰는 큰 폭으로 상승한 반면, 국회/정당에 대해서는 오히려 불신이 증가했다는 것이다. 시민사회의 영역에서 기업이나 시민사회단체에 대한 신뢰는 증가했지만, 미디어에 대한 불신은 소폭 증가했다는 것이다. 끝으로 외국인에 대한 경우와 마찬가지로 국제기구와 외국 정부에 대한 불신은 뚜렷하게 증가했다는 것이다. 이를 통해 알 수 있는 것은 우리 사회가 미국, 영국, 포르투갈, 아르헨티나와 마찬가지로 팬데믹 이후 신뢰 수준이 소폭 상승했고, 정부에 대한 신뢰는 위에서 언급한 8개국과 달리 상승했다는 점이다. 이는 2020년 유사한 기간에 조사한 연구와도 같은 결과이다Kye & Hwang, 2020. 이렇게 정부에 대한 신뢰 상승은 2020년 연말 이전 우리 사회에서 'K 방역'으로 알려진 정부의 방역 전략의 상대적인 성공에 기인할 수 있고, 또한 초기부터 지속적으로 팬데믹과 관련된 공공 정보의 지속적인 보급 노력에 기인할 수 있다. 그러나 연말 이후 증가하기 시작한 발병률과 함께 사회적 거리두기 전략에 따른 경제적 침체, 백신 보급의 성과에 따른 이후 정부를 포함한 공공 및 민간 조직에 대한 신뢰 수준의 변화는 지속적으로 관찰이 필요할 것이다.

| 2 | 사회인구학적 특성과 신뢰 /불신 수준의 관계

위에서 제시한 대상 유형별 신뢰와 불신 수준의 변화는 사회집단별 차이를 고려하지 않고 사회 전체 수준의 견해를 보여준다. 그렇다면, 사회인구학적 특성에 따라 신뢰와 불신 수준의 변화는 어떤 차이를 보일까? 다음 분석 결과는 크게 두 가지로 나누어지는데, 첫 번째 분석 결과는 팬데믹 이후 신뢰 상승 가능성에 영향을 주는 사회인구학적 특성에 대해 대상 유형별로 이항 로짓(logit) 분석을 통해 제시한 것이고, 두 번째 분석 결과는 불신 가능성에 영향을 주는 사회인구학적 특성에 대해 이항 로짓 분석을 통해 제시한 것이다.

〈표 6-2〉에서 〈표 6-4〉는 팬데믹 이후 신뢰 수준 상승에 대한 사회인구학적 특성의 영향을 분석했고, 〈표 6-5〉에서 〈표 6-7〉은 불신 수준 상승에 대한 사회인구학적 특성의 영향을 분석한 것이다. 설문 문항에서 각 유형의

대상에 대해 0−4는 불신 수준이 상승한 것으로, 6−10은 신뢰 수준이 상승한 것으로 코딩했는데, 분석 결과가 보여주는 것은 첫째, 신뢰 상승과 불신 상승에 미치는 요인들이 서로 대칭적이지 않다는 것이다. 예를 들어 〈표 6−2〉에 따르면, 다른 요인들을 통제했을 때, 연령이 증가할수록, 가족에 대한 신뢰가 상승한 것을 알 수 있다. 그러나 〈표 6−5〉에 의하면, 같은 조건에서, 연령이 증가할수록, 가족에 대한 불신이 감소하는 것은 아닌 것으로 나타났다. 이는 사회인구학적 특성이 신뢰와 불신 수준에 미치는 영향이 반드시 서로 대칭적으로 나타나는 것은 아니라는 것이다.

둘째, 신뢰 혹은 불신하는 대상의 유형에 따라 팬데믹 이후 신뢰와 불신 수준의 변화가 다르게 나타난 것처럼, 대상의 유형에 따라 신뢰와 불신 수준의 변화에 영향을 주는 사회인구학적 특성이 다르게 나타났다. 다른 요인들을 통제했을 때, 남성은 여성에 비해 낯선 사람에 대한 신뢰 수준이 증가했고, 반면 정부, 국회/정당, 미디어, 시민사회단체에 대한 신뢰 수준이 감소하거나 불신 수준이 상승했다.

연령의 경우 연령이 증가할수록, 가족, 이웃, 낯선 사람, 외국인, 미디어, 사회적 기업, 국제기구에 대한 신뢰 수준은 상승한 반면, 기업, 외국정부, 개개인에 대한 불신은 감소한 것으로 나타났다.

교육은 일반적으로 신뢰 수준을 상승시키는 것으로 알려져 왔는데, 이 연구의 분석 결과는 교육 수준이 상승할수록 오히려 외국인, 미디어, 사회적 기업, 국제기구, 외국 정부에 대한 신뢰는 감소하는 것으로 나타났고, 반면 가족에 대한 불신 수준은 낮아지는 것으로 나타났다.

소득의 경우는 소득 수준이 상승할수록, 가족에 대한 신뢰 수준은 상승하는 반면, 낯선 사람, 외국인, 미디어, 국제기구, 외국 정부에 대한 불신은 상승하는 것으로 나타났다.

끝으로 직업을 가지고 있는 사람은 직업이 없는 사람에 비해, 국회/정당과 사회적 기업에 대한 신뢰는 상승하고, 사회안전망, 외국인, 국회/정당, 국제기구, 외국 정부, 개개인에 대한 불신은 감소하는 것으로 나타났다.

» 표 6-2 팬데믹 이후 신뢰 수준 상승에 대한 이항 로짓 분석(주: 음영 표시 부분은 p<.05)

대상	안전망			가족			이웃			낯선 사람			외국인		
변수	계수	표준 오차	p	계수	표준 오차	p	계수	표준 오차	p	계수	표준 오차	p	계수	표준 오차	p
남성(남성=1)	-0.29	0.15	0.05	0.08	0.14	0.58	-0.07	0.14	0.64	0.45	0.22	0.04	0.42	0.25	0.09
연령	-0.01	0.01	0.33	0.01	0.01	0.02	0.02	0.01	0.00	0.02	0.01	0.01	0.02	0.01	0.01
교육	0.11	0.07	0.14	0.08	0.08	0.28	0.11	0.07	0.13	-0.15	0.10	0.15	-0.24	0.11	0.03
가구소득	0.02	0.03	0.53	0.08	0.07	0.02	0.03	0.03	0.30	0.00	0.04	0.93	0.01	0.05	0.84
근로(근로=1)	0.10	0.16	0.52	0.09	0.09	0.53	0.09	0.15	0.56	0.05	0.24	0.82	0.33	0.28	0.23
상수	0.45	0.44	0.31	-0.89	0.43	0.04	-2.16	0.44	0.00	-2.53	0.63	0.00	-2.72	0.71	0.00
사례수	1000			1000			1000			1000			1000		
Log Likelihood	-628.60			-659.62			-626.14			-365.04			-300.23		
Wald Chi2	8.34			15.44			14.59			17.97			0.03		

» 표 6-3 팬데믹 이후 신뢰 수준 상승에 대한 이항 로짓 분석(주: 음영 표시 부분은 p<.05)

대상	정부			국회/정당			기업			시민사회단체			미디어		
변수	계수	표준오차	p	계수	표준오차	p	계수	표준오차	p	계수	표준오차	p	계수	표준오차	p
남성(남성=1)	-0.30	0.15	0.05	-0.38	0.15	0.01	0.03	0.14	0.80	-0.27	0.14	0.06	-0.45	0.15	0.00
연령	0.00	0.01	0.93	-0.01	0.01	0.14	0.00	0.00	0.34	0.01	0.01	0.28	0.02	0.01	0.00
교육	0.09	0.07	0.22	-0.05	0.08	0.53	0.09	0.07	0.17	0.05	0.07	0.46	-0.17	0.07	0.02
가구소득	0.03	0.03	0.30	0.02	0.03	0.61	0.02	0.03	0.49	-0.02	0.03	0.43	0.00	0.03	0.88
근로(근로=1)	0.27	0.16	0.09	0.36	0.16	0.03	0.02	0.15	0.87	0.14	0.15	0.34	0.17	0.16	0.29
상수	0.27	0.45	0.55	-0.59	0.45	0.20	-0.61	0.40	0.13	-0.94	0.43	0.03	-0.96	0.45	0.03
사례수	1000			1000			1000			1000			1000		
Log Likelihood	-607.79			-568.8			-682.37			-647.15			-584.93		
Wald Chi2	9.49			11.25			4.52			5.47			32.24		

» 표 6-4 팬데믹 이후 신뢰 수준 상승에 대한 이항 로짓 분석(주: 음영 표시 부분은 p<.05)

대상	사회적기업			국제기구			외국			개개인		
변수	계수	표준오차	p	계수	표준오차	p	계수	표준오차	p	계수	표준오차	p
남성(남성=1)	−0.11	0.14	0.46	0.11	0.19	0.55	0.21	0.25	0.39	−0.13	0.14	0.34
연령	0.01	0.01	0.01	0.02	0.01	0.02	0.02	0.01	0.07	0.01	0.01	0.24
교육	−0.15	0.07	0.04	−0.20	0.09	0.02	−0.26	0.11	0.02	0.09	0.07	0.20
가구소득	0.03	0.03	0.26	0.00	0.04	0.99	−0.06	0.05	0.28	0.02	0.03	0.56
근로(근로=1)	0.32	0.16	0.04	−0.02	0.20	0.93	0.44	0.28	0.11	0.19	0.15	0.20
상수	−1.04	0.43	0.02	−1.48	0.54	0.01	−2.07	0.73	0.01	−1.25	0.41	0.00
사례수		1000			1000			1000			1000	
Log Likelihood		−609.10			−438.20			−280.1			−666.57	
Wald Chi2		16.32			15.04			18			6.26	

표 6–5 팬데믹 이후 불신 수준 상승에 대한 이항 로짓 분석(주: 음영 표시 부분은 p<.05)

대상	안전망			가족			이웃			낯선사람			외국인		
변수	계수	표준 오차	p	계수	표준 오차	p	계수	표준 오차	p	계수	표준 오차	p	계수	표준 오차	p
남성(남성=1)	0.16	0.18	0.37	−0.20	0.36	0.57	0.11	0.16	0.52	−0.28	0.14	0.05	−0.27	0.14	0.06
연령	0.00	0.01	0.77	−0.01	0.01	0.28	−0.03	0.01	0.00	−0.01	0.00	0.01	−0.02	0.01	0.00
교육	−0.16	0.09	0.08	−0.42	0.18	0.02	−0.10	0.09	0.25	0.08	0.07	0.23	0.10	0.07	0.16
가구소득	−0.02	0.04	0.66	−0.25	0.07	0.00	0.03	0.03	0.27	0.06	0.03	0.02	0.06	0.03	0.04
근로(근로=1)	−0.37	0.19	0.05	−0.48	0.37	0.20	−0.24	0.17	0.16	−0.21	0.15	0.15	−0.45	0.16	0.00
상수	−0.50	0.50	0.32	0.63	1.17	0.59	0.43	0.48	0.37	0.30	0.41	0.47	1.27	0.44	0.00
사례수		1000			1000			1000			1000			1000	
Log Likelihood		-466.49			-145.22			-537.25			-678.83			-631.28	
Wald Chi2		10.69			21.41			26.84			21.64			39.47	

» 표 6–6 팬데믹 이후 불신 수준 상승에 대한 이항 로짓 분석(주: 음영 표시 부분은 p<.05)

대상	정부			국회/정당			기업			시민사회단체			미디어		
변수	계수	표준오차	p	계수	표준오차	p	계수	표준오차	p	계수	표준오차	p	계수	표준오차	p
남성(남성=1)	0.46	0.18	0.01	0.50	0.14	0.00	0.15	0.18	0.38	0.51	0.17	0.00	0.26	0.14	0.06
연령	−0.01	0.01	0.14	0.00	0.00	0.82	−0.01	0.01	0.04	0.00	0.01	0.44	−0.01	0.01	0.02
교육	−0.14	0.09	0.11	0.06	0.07	0.41	−0.05	0.09	0.61	−0.03	0.08	0.70	0.18	0.07	0.02
가구소득	0.00	0.04	0.93	0.05	0.03	0.08	−0.03	0.04	0.49	0.04	0.03	0.19	0.08	0.03	0.00
근로(근로=1)	−0.35	0.19	0.06	−0.30	0.15	0.04	0.12	0.19	0.53	−0.19	0.18	0.28	0.00	0.15	0.99
상수	−0.48	0.54	0.37	−0.62	0.41	0.13	−0.86	0.55	0.12	−1.30	0.50	0.01	−1.28	0.43	0.00
사례수	1000			1000			1000			1000			1000		
Log Likelihood	−452.50			−683.70			−443.22			−517.29			−654.02		
Wald Chi2	13.25			18.29			6.36			11.58			31.81		

» **표 6–7** 팬데믹 이후 불신 수준 상승에 대한 이항 로짓 분석(주: 음영 표시 부분은 p<.05)

대상	사회적기업			국제기구			외국			개개인		
변수	계수	표준오차	p	계수	표준오차	p	계수	표준오차	p	계수	표준오차	p
남성(남성=1)	0.21	0.18	0.25	0.07	0.14	0.61	–0.11	0.15	0.47	0.11	0.16	0.52
연령	0.01	0.01	0.05	–0.01	0.01	0.01	–0.02	0.01	0.00	–0.02	0.01	0.00
교육	0.12	0.09	0.21	0.18	0.07	0.01	0.21	0.07	0.00	–0.10	0.08	0.26
가구소득	–0.01	0.04	0.69	0.07	0.03	0.01	0.10	0.03	0.00	–0.01	0.03	0.84
근로(근로=1)	–0.18	0.19	0.35	–0.32	0.15	0.03	–0.57	0.16	0.00	–0.57	0.17	0.00
상수	–2.73	0.59	0.00	–0.20	0.42	0.63	0.63	0.46	0.17	0.60	0.49	0.22
사례수	1000			1000			1000			1000		
Log Likelihood	–434.77			–672.50			–589.16			–533.77		
Wald Chi2	6.25			26.08			43.82			31.99		

요약하면, 신뢰와 불신의 대상에 따라 다양한 사회인구학적 특성들이 신뢰와 불신 수준의 변화에 영향을 주는 것을 알 수 있다. 주목할 것은 연령을 제외하면, 교육, 소득과 경제활동과 같은 계층 관련 변수들이 신뢰와 불신 수준의 변화에 영향을 주는 것을 알 수 있으며, 이는 전반적으로 사회경제적 불평등의 심화에 따라 우리 사회에서 신뢰 수준이 계층에 따라 양극화할 가능성을 제시한다.

5. 결론과 토론

팬데믹 이후 한국 사회를 포함한 전세계 국가들은 보건은 물론 심각한 경제적 위기를 경험하고 있다. 상대적으로 뒤늦게 팬데믹의 영향이 사회적 통합을 저하하고, 특히 사회적 신뢰의 저하로 이어질 가능성에 대한 학문적 관심이 시작되었다. 최근 국제 비교 연구에 따르면 팬데믹의 의학적 심각성 이외에 어떤 방식으로 해당 사회가 대응하고 있는가에 따라 사회적 신뢰의 수준이 다양하게 나타나고 있다. 이 연구는 우리 사회에서 2020년 이후 공공, 민간 조직의 유형에 따라 신뢰 수준이 어떻게 변화하고 있는지 파악하고, 이를 통해 팬데믹과 우리 사회의 신뢰 지형의 변화에 대한 시론 수준의 분석을 시도했다.

분석 결과를 요약하면 다음과 같다. 첫째, 대상의 유형에 따라 신뢰와 불신 수준은 다양하게 나타났다. 정부에 대한 신뢰는 전반적으로 상승했으나, 동시에 국회/정당에 대한 불신은 작은 폭으로 증가했다.

둘째, 대상의 유형 간 비교에서 주목할 것은 가족과 이웃에 대한 신뢰는 상승했으나, 낯선 사람, 외국인, 외국 정부, 국제기구에 대한 불신은 증가한 것으로 나타난 것으로, 사적 신뢰와 공공 신뢰의 간격이 팬데믹 이후 더 확대되고 있을 가능성을 제시한다. 또한, 시민사회를 구성하는 조직 중에서 시민사회단체와 사회적 기업 및 소셜 벤처에 대한 신뢰는 소폭 상승했지만, 미디어에 대한 불신은 증가한 것으로 나타나서, 팬데믹에 대한 대응 과정에서 미디어의 신뢰받는 정보 제공을 통한 사회적 신뢰 상승이 어려워질 가능성이 있다.

끝으로, 사회인구학적 특성 중에서 젠더와 연령 이외에 교육, 소득, 직업 활동과 같은 계층 요인들이 전반적으로 신뢰 수준에 영향을 주는 것을 알 수 있다. 이런 사회경제적 변수들의 중요성은 계층에 따라 신뢰 수준이 차이가 나게 될 가능성을 제시한다.

이 연구는 팬데믹과 신뢰의 관계를 기초적인 수준에서 파악했지만, 이 연구 결과가 보여주는 것은 팬데믹이 신뢰에 미치는 영향은 전염병의 의학적 심각성 이외에 정부를 포함한 다양한 행위자들이 팬데믹에 어떻게 대응하는가에 달려있다는 것이다. 우리 사회의 경우 팬데믹에 대한 신속하고, 투명한 방식의 대응을 함으로써 정부를 포함한 다양한 공공 기관에 대한 신뢰는 장기적으로 상승할 수 있다는 것을 알 수 있다. 반면, 장기적으로 고려할 것은 이 연구에서 드러난 교육, 소득, 경제 활동 여부와 같은 계층 집단간 신뢰 수준의 차이와 관련하여 앞으로 팬데믹의 부정적인 영향이 저소득층에 집중적으로 나타날 경우 장기적으로 우리 사회의 신뢰 수준이 떨어지고, 이에 따라 심각한 사회적 통합의 위기가 나타날 가능성이다.

코로나19 시대와
건강한 커뮤니티 환경 만들기

POST COVID-19

제 7 장

소셜미디어상의 사회적 자본과 소셜헬스

신동인 | 국민대학교 BK21사업팀 연구교수, 국민대학교 비즈니스IT 전문대학원 박사
곽기영 | 국민대학교 경영대학 및 비즈니스IT 전문대학원 교수

1. 서론

2020년 1월 8일 대한민국에 첫 코로나19 의심환자가 확인된 이후로 국가적 차원의 방역 정책이 일상생활 속으로 깊숙이 자리 잡은지 1년이 넘어섰다. 전 세계적인 팬데믹 상황 속에서 국민건강을 지키려는 국가적 차원의 노력과 각계각층의 노력이 오랜 기간 동안 이어지고 있다. 그러나 코로나가 가져다준 폐해는 육체적인 건강의 문제와 더불어서 사회적 건강social health의 악화로 이어지고 있다는 점에서 매우 심각하다. 코로나 사태가 장기화됨에 따라 경제적인 어려움에 처한 사람들이 급증하고, 삶의 벼랑에 내몰린 청년들 4명 중 1명은 극단적인 생각을 한 적이 있을 정도로 많은 이들이 극심한 우울과 정신적 문제에 시달리고 있다조유빈, 2020. 이를 반영하여 '코로나 블루'라는 신조어가 생기기도 하였다송현수, 2021. 특히 구직활동의 어려움과 노동 환경과 생활 환경의 급격한 변화를 느끼는 청년일수록 비관적인 응답이 많다조유빈, 2020. 개인의 삶을 송두리째 흔드는 국가적 차원의 급격한 변화 속에서 비단 청년뿐만 아니라 사회적으로 고립되는 개인과 여러 사회 계층에 대한 관심이 절실히 요구되며, 이들 개개인에 대한 실질적인 어려움의 목소리에 더욱 귀를 기울일 필요성이 제기된다. 코로나 팬데믹 사태에 대한 정책 대응이 단순한 육체적 건강의 차원이나 정신적 건강 차원의 대응뿐만 아니라 사회적 차원의 건강과 생존의 관점에서 종합적으로 폭넓게 다뤄질 필요가 제기된다.

최근 코로나로 인하여 극심한 경제난을 겪고 있는 소상공인들이 집단적으로 목소리를 내고 행동하여 정부 정책에 대응하는 소송을 불사하는 일까지 벌어지고 있다김한경, 2021. "매출없이 7개월 버텼다"라는 문구에서 보듯 많은 사람들이 사회적 거리두기와 같은 팬데믹에 대응하는 정부 정책에 적극적으로 협조해왔으나 경제적으로 극단적인 고립 상황에 처함에 따라 이들이 사회적 차원에서 목소리를 내기 시작한 것이다. 이러한 현상은 공공선公共善과 절대선絶對善과 개별선個別善의 긴장과 관련된 매우 심도 깊은 문제의식을 제공한다김경희, 2012. 예를 들어, 국가적인 코로나 방역 정책에 대하여 개인에게 협조를 구하는 것과 관련하여, 전체의 관점에서 공평과 공공의 가치가 과도하게 극대화됨에 따라 이것이 하나의 절대선과 같은 위치를 점할 수 있다. 즉 전체의 이익과 가치가 강조됨에 따라 부분 혹은 개별선의 가치가 배제될 때, 공공선은 절대선화 된다. 이러한 절대선의 가치관이 '여론'의 형태를 띄게 될 때 이것이 개인에게 미치는 영향력은 절대적이라 할 수 있다. 반대로 개별선은 전체보다 부분의 가치와 이익이 더욱 강조되어 공동의 관점이 배제될 때 나타나는 현상이다. 이러한 절대선과 개별선의 양극단에 한 사회가 치우칠 때 커다란 사회적 갈등과 충돌이 야기될 수 있으며 그에 따른 폐해는 사회적 건강도의 하락으로 이어질 수 있다. 이 양극단의 위치에서 조화로운 사회적 합의에 이르기 위해서는 사회적으로 목소리를 내는 개인의 의견표명 행동이 매우 중요하다. 이러한 사회적 목소리들과 의견표명 행동은 한 사회가 나아가는 방향성을 가늠하는 차원에서 매우 중요한 시그널로 작동하며 여론형성 과정에 상당한 영향을 미치기 때문이다. 공동체가 가지고 있는 여러 가지 문제들에 대하여 공론화를 시도하고, 담론을 활성화시킴에 따라 자유민주주의적인 토론의 시스템 위에서 보다 나은 사회적 결정들을 도출할 수 있다. 이러한 사회적 목소리와 의견표명은 한 사회의 사회적 건강을 확보하기 위해서 매우 중요한 요소라고 강조할 수 있다.

코로나 팬데믹과 같은 위기 상황 속에서의 의견표명은 다른 일반적인 사회적 이슈의 조건과는 구별되는 특징을 지니고 있다. 첫째, 고립에 대한 두려움들이 복합적으로 작동하는 가운데 경제적 생존을 절실하게 필요로 하는 사람들이 보다 큰 목소리를 낸다는 점이다. 이러한 사람들은 개인이나 가족과 같은 작은 단위의 조건에서 경제적인 조건의 직접적이며 실질적인 고립을 체험하고 있으며, 더 나아가 공공의 정책에 반함에 따라 경험할 수 있는 사회적 고립에 대한 두려움을 함께 느낀다는 특징을 보인다. 개별선의 이익과 가치가 이미 확립된 절대선에 충돌할 때 수반하게 되는 개인의 심리적 특성이 바로 고립의 두려움이다. 팬데믹 상황 속에서 만연하게 퍼져있는 공공의 건강을 보호해야 한다는 강력한 명분과 이에 협조해야 한다는 암묵적 여론의 압박을 이겨내고 개인의 의견표명을 시도하는 것은 일반적인 사회 이슈에 대한 찬반 견해의 의견표명보다도 메시지의 강도가 강력하고 영향력이 있다. 둘째, 복합적인 고립의 두려움을 이겨내고 용기를 내어 사회와 국가를 향한 비판적인 목소리를 내는 원천에는 비슷한 환경에 처한 사람들 간의 강력한 응집력을 내포하는 사회적 자본social capital이 원동력이 되고 있다. 예를 들어, 다양한 업종의 소상공인들이 저마다 같은 직종의 많은 사람들끼리 네트워크를 형성하여 연결되고 조직화됨에 따라 공적인 목소리를 낼 수 있는 원동력을 확보한다. 이러한 조직화의 과정 속에서 소셜미디어social media와 같은 새로운 미디어 환경을 적극 활용하여 발빠르게 소통하고 연결 가능성을 확대하여 사회적 자본을 향상시키는 원동력으로 작동하고 있다. 셋째, 문제의 중심이 되는 코로나 팬데믹 사태에 대해서 개인이 지각하는 이슈에 대한 사회적 거리감의 차이가 명백한 태도의 차이를 만들 수 있다는 점이다. 당장 현재의 코로나 정책에 대해 생존의 문제로 매우 심각하게 느끼어 이슈의 사회적 거리감을 매우 가깝게 느끼는 사람과 공공의 건강을 위해 이러한 개인의 희생이 불가피하다고 여기며 이슈에 대한 거리감을 상대적으로 멀리 느끼는 사람들 간에 태도와 의견표명 프로세스의 극명한 차이가 발생할 수 있다.

한 국가나 사회 내의 자유의 지평을 넓히고 민주주의적인 가치를 함양하기 위해서는 개인의 생각과 견해를 자유롭게 목소리를 낼 수 있는 사회적 환경이 매우 중요하다. 대표적으로 공개적인 의견표명public opinion expression의 자유는 한 사회가 반영하는 표현의 자유와 사회적 건강함의 정도를 가늠하는 중요한 기준이 된다신동인, 2020. 만약 한 사회를 관통하는 절대적 가치가 존재하고 그 가치에 위반될 경우 개인이 목소리를 낼 수 없는 사회가 존재한다면 그러한 사회를 결코 건강한 사회라고 볼 수 없다. 이는 전체주의적 사고관이 만연한 사회를 건강한 사회라고 평가하기 어려운 것과 일맥상통한다. 한 개인의 공개적인 의견표명은 전반적인 사회의 여론형성 과정과 의견표명 프로세스, 사회적 자본 형성 등과 깊은 관련을 맺는다신동인, 2020. Sunstein2005은 한 개인이 반대 의견을 제시했을 때 발생할 수 있는 희생을 감소시키거나 없애는 사회를 건강한 사회로 진단하였다. 반대 의견이 늘 사회에 도움이 된다고 단언할 수는 없으나, 공개적인 목소리를 통한 이견은 한 사회 내의 사회적 실수와 불의를 가능한한 감소시키는 안전장치로 역할 한다Sunstein, 2005. 개인의 공개적인 의견표명은 다소 사소한 것처럼 여겨질 수 있으나 단 한 명의 개인이 두려움을 극복하고 공개적으로 제기한 생각과 의견표명 행동이 인류의 역사를 뒤흔들거나 바꾸기도 한다Hargreaves, 2002. 그러나 이처럼 건강한 사회적 소통 증진의 관점에서 공개적인 의견표명이 지니는 중요성과 장점이 존재하지만, 특정 개인이 자신이 속한 사회나 공동체에서 다른 사람들과는 다른 목소리를 내거나 이견을 제시하는 것은 여간 어려운 일이 아니다. 예를 들어, 한국 사회가 2008년에 홍역처럼 경험하였던 광우병 파동이 발생했던 시점의 사회적 소통 마비와 국가적 혼란을 상기하면 이해하기 쉽다윤석민·조경민, 2011. 오늘날에는 해당 문제를 미디어와 인터넷을 통해서 확산하는 비과학적 괴담에 근거한 다수 여론의 광풍 또는 사회적 수준의 합리적 이성의 마비 상태 등으로 판단할 수 있다. 하지만 당시의 시점에서 어떠한 개인도 감히 공개적인 석상에서 언론의 광우병 보도에 관해서나 또는 많은 시민이 동조conformity하고 걱정하는 의견에 대해 선불리 나서서 반대 의견을 제시하기 어려웠다. 당시의 태풍처럼 움직이는 거대한 여론형성 과정에서 의견표명의 자유로움과 다양한 견해의 부재, 건강한 사회적 소통의 마비는 국론분열과 사회적 갈등으로 이어지고 사회적 비용 증가와 정책 실패 등으로 이어져 상당한 국가적 손실을 일으켰다윤석민·조경민, 2011.

역사적으로 유례가 없는 코로나 팬데믹의 상황은 사회적 건강과 의견표명 프로세스, 사회적 자본 형성과 사회적 합의를 위한 여론형성 과정, 이슈에 대한 사회적 거리감에 따른 태도와 의견표명의 차이 등 다양한 측면에서 우리들에게 심도 깊은 문제의식과 화두를 던진다.

2. 사회적 자본이론과 소셜미디어 환경

한 명의 평범한 시민이 사회에 미칠 수 있는 영향력은 상대적으로 제한적이지만, 연결되고 조직화된 조건에서의 개인은 사회적 자본을 통하여 시민사회에 커다란 목소리를 낼 수 있는 힘을 얻는다. 이러한 목소리는 한 사회의 여론을 움직이는 매우 중요한 동력으로 작동한다. 예를 들어, 2019년 6월부터 11월 동안 홍콩에서 이른바 '홍콩 시위' 또는 '홍콩 자유화 운동'으로 불리는 대규모 시민참여 행동civic participation이 발생한 사례를 제시할 수 있다. 홍콩 정부가 입법하려는 '범죄인 송환법'에 반대하는 200만 명가량의 홍콩 시민들이 도시 중심 거리와 공원 등을 메웠으며 경찰을 포함하는 홍콩 정부와 시민들 가운데에 커다란 충돌이 발생하였다. 해당 역사적 사건이 진행되는 과정에서 흥미로운 점은 많은 시민들이 정치적으로 직접 자신의 목소리와 의견을 공개적으로 펼치고, 정보를 공유하고, 자발적으로 집회 및 시위를 구성하고 조직하는 중심에서 소셜미디어상에서 형성된 사회적 자본이 매우 중요한 역할을 하였다는 것이다. 공권력과의 충돌에 따르는 심리적 위축, 정치적인 소신 발언으로 인한 불이익 발생 등이 예상될 수 있음에도 불구하고 소셜미디어를 통한 개인의 공개적인 의견표명 확산이 꾸준하게 이루어졌다. 미국의 한 언론사 CNBC는 "Social media has become a battleground in Hong Kong's protests"라는 제목의 기사를 내보내고, 이러한 현상을 자세히 소개하였다Shao, 2019. 해당 기사는 소셜미디어가 대규모 집회 및 시위 항쟁이 조직화 되는 배경이 되었으며, 시위대와 홍콩 정부 모두가 "여론형성을 위한 도구"로 소셜미디어를 적극 활용하였음을 제시하였다. 소셜미디어를 통해서 사회적 담론이 퍼져나가는 배경에는 소셜미디어 사용자 수의 폭발적인 증가, 소셜미디어상의 뉴스 소비 증가, 손쉬운 의견표명 시스템 등 여러 가지 원인이 있으나 특히 소셜미디어상의 사회적 자본 형성을 주목할 수 있다Gil de Zúñiga et al., 2012; Neubaum & Krämer, 2017a. 근래에 유튜브Youtube와 페이스북Facebook 그리고 트위터Twitter와 같은 여러 소셜미디어는 사회적 담론과 관련한 개인의 의견표명 장인 동시에 정보 교류와 개인 간 상호작용을 통해서 사회적 자본이 형성되는 공간으로 역할을 하기 때문이다Hampton et al., 2017; Phua et al., 2017; Su & chan, 2017.

사회적 자본은 직접 눈으로 관찰 가능한 물리적인 '경제적 자본economic capital'이나 개인에 의해 습득되는 기술과 지식의 '인적 자본human capital'과 달리 사회적 관계성을 바탕으로 파생되는 자원이다. 따라서 사회적 관계에 대한 정의와 범위, 강도, 바라보는 수준미시적·개인적 차원, 거시적·집단적 차원에 따라서 사회적 자본에 관한 광범위한 정의가 존재한다Adler & Kwon, 2002. 또한, 주요 연구자마다 각기 다른 이론적 전통을 바탕으로 사회적 자본을 개념화한다. Bourdieu1986, pp. 248-249는 서로 친숙히 알고 지내며 다소 제도화된 관계로서 지속하는 네트워크를 소유함으로써 획득 가능한 실질적이며 잠재적인 자원의 총합으로 사회적 자본을 정의하였다. 이 네트워크는 특정 집단에서의 멤버십과 관련하며, 제도화된 관계망은 집단으로 소유되는 자본의 후원신용을 부여하는 보증을 구성원들에게 제공한다. 이러한 관점에서 사회적 자본은 사회적 관계망 속에서 한 개인이 가지고 있는 연결 관계와 소속이 해당 개인에게 주는 다양한 사회적 기회 또는 자원을 의미한다. Bourdieu의 사회적 자본 개념은 문화적 자본cultural capital의 개념화 및 이론화에서 출발하였으며 자본의 이윤추구와 증식의 성격을 사회적 상징적 수준까지 확장했다. Bourdieu의 개념에는 자본에 대한 비판적인 관점이 다소 깔려있다고 평가할 수 있다Kim, 2004. Nahapiet와 Ghoshal1998은 Bourdieu와 유사하게 관계성의 네트워크에서 파생되며 해당 네트워크를 통하여 이용할 수 있는 실제적·잠재적 자원의 총계로 사회적 자본을 정의하였다. 이러한 접근법은 특정 자원에 대한 접근성 및 네트워크를 개념적으로 중요하게 다룬다. Coleman1988은 사회적 자본을 특정한 목적을 달성할 수 있게 하는 사회적 관계나 사회적 구조, 즉 생산적인 사회적 관계망productive social network으로 제시하였다. 이것은 언뜻 Bourdieu의 사회적 자본 정의와 유사하게 보이지만 이론적 출발이 서로 전혀 다르다. Coleman은 인적 자본의 개념에서 출발하여 효용의 최대화maximization of utility를 목적으로 하는 행위 및 관계의 생산성을 강조하는 합리적 선택 이론rational choice theory을 바탕으로

하여 사회적 자본개념을 정립하였다Coleman, 1988. Coleman이 제시하는 신뢰 개념은 개인이 효용 극대화를 추구하고자 합리적으로 판단할 수 있는 득실 계산과 그러한 행위의 동기에 근거한다. 또한, Coleman이 제시하는 사회적 자본에서의 규범은 상호 구속적인 관계로서 개인들 사이의 합리적 타산에 기초한 포괄적인 신용과 부채extensive credits and debits로 정의된다Coleman, 1988, p.103. Coleman은 합리적 선택에 근거하는 닫혀있거나 밀도가 높은 사회적 관계망이 많을수록 사회적 자본의 힘을 강화할 수 있음을 강조하지만, 이러한 주장은 이론적 약점을 내포한다. Coleman의 사회적 자본개념에 대한 비판적 쟁점은 Granovetter1973의 약한 연결의 힘 이론strength of weak ties theory을 통해 제시된다. Putnam과 동료들2000, pp. 281-287은 사회의 능률성을 향상할 수 있는 신뢰와 규범, 네트워크와 같은 사회조직의 특성을 사회적 자본으로 정의하였다. Putnam은 Coleman의 사회적 자본의 개념을 받아들이고, 여기에 토크빌Alexis de Tocqueville의 공화주의적 시민사회론을 가미하여 사회적 자본의 개념을 집단적 차원의 속성attributes of collectives과 시민적 정치문화political culture로 확장했다. Putnam은 포괄적 신뢰generalized trust와 수평적 네트워크의 선택적 결합을 통한 사회적 자본의 구성을 강조한다Putnam, 1993, pp. 172-173. 그러나 그의 개념은 구체적 신뢰specific trust와 수직적 네트워크의 조합에 따른 상호성과 협동이 가져올 수 있는 효율성과 합리성, 친화성에 관해 설명하지 못한다는 한계를 지닌다Levi, 1996; Portes, 1998. 그런데도 Putnam의 사회적 자본 개념이 한 축을 이루는 것은 Bourdieu와 Coleman의 사회적 자본개념에서 제대로 다뤄지지 않은 비영리적, 공공적 측면이 강조되는 이론적 기여가 존재하기 때문이다. Putnam의 이러한 접근과 유사하게 Woolcock2001은 집합적 행동을 촉진시키는 규범과 네트워크로 사회적 자본을 제시하였다. 이렇듯 사회적 자본의 분석 대상은 개인적 차원의 구직 행위에서부터 거시적인 공동체와 국가적 단위의 신뢰나 규범의 산물까지 광범위하다. 이러한 광범위한 정의를 관통하는 핵심은 사회적 관계를 통해 형성된 사회적 네트워크가 개인이나 집단의 수준에서 분명하게 영향을 미칠 수 있으며 실제적 또는 잠재적으로 가치를 만들어내는 자산으로 활용될 수 있다는 점이다Putnam, 2000.

사회적 자본은 사회적 관계의 유형과 특성에 따라 결속적 사회자본과 연결적 사회자본으로 분류된다Putnam, 2000; Williams, 2006. 결속적 사회자본은 배타적이고 유사한 사람들 간의 내부지향적 집단의 특성이 잘 드러나며, 대표적으로 가족이나 친한 친구들, 컨트리클럽, 교회 모임 등과 같은 결속적 관계 속에서 형성된다. 이러한 관계는 대체로 동질적인 사회적 배경을 공유하며 공통의 정체성을 형성하고 강한 연결이나 감정적 유대의 연결로 나타난다Williams, 2006. 그러한 구성원들 간에 감정적 또는 실질적 지원support을 제공하는 사회적 네트워크를 결속적 사회자본으로 판단한다Williams, 2006. 이에 반해 연결적 사회자본은 그 특성이 포용적이며 다양한 사회적 연결과 계층을 망라하는 외부지향적 집단 속에서 발견된다. 연결적 사회자본은 서로 다른 배경을 가지고 있는 개인들이 서로를 잇는 약한 연결을 통해 획득 가능한 지원을 뜻하며, 이러한 연결은 사회적 관점의 확대, 새로운 자원 또는 정보 획득에 관한 기회 제공 등의 측면에서 기여한다Williams, 2006. 약한 연결과 강한 연결의 차이는 앞서 언급한 Granovetter1973를 통하여 제시된다. Granovetter1973는 사회적 네트워크상에서 강한 연결보다도 약한 연결이 관계상에서의 정보 전달에 효과적이며 새로운 정보의 원천으로 역할하는 것으로 보았다. 양적으로나 질적인 측면에서의 정보 교환이 강한 연결 관계에서보다 약한 연결 관계상에서 더욱 풍부하게 공유되며, 정보의 확산 측면에서도 약한 연결이 강한 연결에 비해 상대적으로 유리하다.

오늘날 SNS로 대표되는 소셜미디어 공간은 약한 연결을 형성하고 유지하고 확대하는 것이 매우 쉬우며 지속적인 사회적 상호작용을 가능하게 하는 미디어 환경으로 사회적 자본 형성과 밀접한 관련을 맺는다Donath & boyd, 2004; Ellison et al., 2007. 더욱이 소셜미디어는 새로운 관계 형성뿐만 아니라 한 개인이 기존에 형성하고 있는 결속적·연결적 사회자본을 유지하는 기능도 충분히 제공한다Ellison et al., 2007. 소셜미디어를 통한 쌍방향적인reciprocal 의사소통의 확대는 여러 명이 동시에 상호작용할 수 있는 배경으로 기능하며 이러한 미디어 환경은 기존의 오프라인 환경보다도 관계 형성 및 상호작용에 있어 비용이 저렴하고 효율적이다Donath & Boyd, 2004. 이러한 이점은 정보 교류 및 정보 확산에도 크게 기여한다. Gil de Zúñiga와 동료들2012은 소셜미디어의 사용과 소셜미디어를 통한 뉴스 사용이 증가할수록 사회적 자본이 증가함을 실증적으로 제시하였다. Gil de Zúñiga와 동료들2017은 소셜미디어를 통한 약한 연결의 증진으로 사회적 커뮤니케이션 구조가 바뀌게 됨을 강조한다. 이를 통해 더 많은 소셜미디어 사용자들이 새롭고 다양한 정보와 사회적 관계에 접근할 수 있게 된다. 궁극적으로 소셜미디어는 사용자에게 광범위한 정치적 문제나 사회 이슈와 미디어 콘텐츠에 관한 사회적 참여를 촉진하는 배경으로 작동한다Gil de Zúñiga et al., 2017. 이러한 순기능적 이점들은 소셜미디어상 시민참여의 증대 및 시민들의 집합적 행동 그리고 소셜미디어상의 자발적 결사체의 형성을 용이하게 한다. Boyd2008는 소셜미디어를 통해 오늘날의 시민사회가 네트워크화된 대중networked publics의 모습으로 변해가고 있으며, 이것이 사회적 자본에 미치는 파급이 크다는 점을 강조한다. Sinclair2012는 이러한 현상과 관련하여 약한 연결의 성장에 따른 새로운 유형의 시민개념으로 소셜 시티즌을 제시하였다. 소셜미디어상에서 형성된 연결적 네트워크는 개인이 다양한 견해에 노출되어 사회 문제에 대한 지식과 이해를 높일 수 있도록 도우며, 대인 간 토론을 증진하고 건전한 공론장으로서의 토론을 촉진한다Keum, 2010. 소셜미디어를 통한 새로운 시민 네트워크의 탄생과 사회적 자본의 형성은 활발한 숙의deliberation의 과정을 수반하고 시민의식의 고취를 끌어낼 수 있다. Hampton과 동료들2011은 소셜미디어가 사회적 자본에 기여하는 오프라인 행동을 증진하는 것을 실증적으로 제시하였다. 소셜미디어를 통해 형성한 신뢰 또한 시민참여 행동에 영향을 미칠 수 있다. Lee와 동료들2017은 2014년 홍콩시위 당시 대학생들의 소셜미디어상의 대인 간 신뢰와 효능감efficacy이 디지털 참여 증진 및 시민 행동 촉진과 관련이 있음을 실증적으로 제시하였으며, Warren과 동료들2015의 분석결과 또한 이를 지지한다. 이러한 측면들을 종합하여 볼 때 소셜미디어는 사회적 자본의 형성을 용이하게 하고 사회의 여러 측면에 커다란 영향을 미칠 수 있음을 확인할 수 있다.

3. 소셜미디어상의 의견표명 환경과 여론분위기 지각

침묵의 나선이론은 여론형성 과정을 통해 개인의 공개적인 의견표명의지를 설명하는 대표적인 이론이다Noelle-Neumann, 1993; 신동인·곽기영, 2018, 2019. 침묵의 나선이론은 앞서 제시한 사례에서 개인이 의견표명을 주저하고 침묵하게 되는 핵심적인 심리적 메커니즘으로 사회적 고립의 두려움을 제시한다Noelle-Neumann, 1993. 개인은 자신이 속한 사회나 공동체에서 배제되거나 고립되는 것을 두려워하며, 이에 따라 고립될 가능성에서 벗어나고자 자신을 둘러싼 여론분위기의 향방을 살피는 유사 통계적 능력quasi-statistical ability을 활용한다Noelle-Neumann, 1974. 개인은 이러한 여론분위기를 읽는 감각을 활용하여 사회 내의 우세한 다수여론과 열세한 소수여론을 가늠하고, 자신의 견해가 어디에 위치하는지에 따라 의견표명을 조절하게 된다Noelle-Neumann, 1993. 개인은 사회 문제나 다양한 이슈에 관하여 자신의 견해가 현재 다수에 속하거나 향후 미래에 다수에 속할 것으로 판단할 경우 자기 생각을 공개적으로 의견표명을 할 수 있다. 반대로 현재 자신의 견해가 소수에 속하거나 장차 소수의견으로 전락할 것으로 예상한다면 침묵을 하게 된다. 이에 따라 다수로 여겨지는 견해는 더욱더 공개적인 목소리가 증가하여 마치 확대하는 나선처럼 커다란 여론을 형성하게 되지만, 소수로 여겨지는 견해는 더욱더 공개적인 목소리가 감소함에 따라 전반적인 사회 내의 여론이 형성되는 것이 침묵의 나선이론의 기본적인 설명이다Noelle-Neumann, 1993; 신동인·곽기영, 2018, 2019. 이렇듯 개인이 사회적 문제와 관련하여 공개적인 의견표명을 하거나 침묵에 빠지거나 혹은 다수의 견해에 동조하는 등의 판단에 있어서 여론분위기는 매우 중요한 '정보'에 해당한다. '자유론On Liberty'으로 알려진 존 스튜어트 밀John Stuart Mill은 표현의 자유와 여론과의 관계에 있어, 사회 전반적으로 광범위하게 통용되는 견해나 감정이 부리는 횡포, 사회 통념적 견해와 다른 생각이나 습관을 지닌 이견 제시자들에게 가하는 압력, 이러한 요소들을 사회적으로 용인하는 경향에 맞서는 것의 중요성을 강조하였다Mill, 1972, p.73. 그의 학문적 동료인 아내 해리엇 테일러 밀Harriot Taylor Mill은 여론을 '유령과 같은 힘'으로 비유하였으며, 이러한 힘은 생생한 토론의 현장에서 사회현상에 관해 잘 알지 못하는 대중이 반대의 의견을 품고자 하는 생각을 억누른다고 표현하였다Hargreaves, 2002. 이러한 맥락과 유사하게 침묵의 나선이론에서 정의하는 여론이란 "고립의 두려움에서 벗어나 공개적으로 표현할 수 있는 논쟁적인 담론에 대한 견해"이다Noelle-Neumann, 1977, p.145. 이러한 개념은 사회적 통제social control의 관점에서 여론이 지니는 압력과 힘, 역할 등을 반영한다. Matthes와 동료들2018은 침묵의 나선이론을 바탕으로 하는 66편의 연구들을 대상으로 메타분석을 수행하여 여론분위기 일치도opinion congruence와 의견표명 간에 정의 영향관계가 있으며, 이 관계가 온라인상에서도 결코 약하지 않음을 실증적으로 제시하였다.

오늘날 소셜미디어 환경에서 침묵의 나선이론 전제들과 의견표명 프로세스를 살피는 수많은 연구가 수행되었다. Neubaum과 Krämer2017b는 소셜미디어상의 댓글 일치도comment concordance가 증가할수록 페이스북 사용자들 간의 지각된 여론분위기 일치도congruence with perceived opinion climate가 증가하고, 이 증가를 통해 토론에 참여하고자 하는 의지가 유의하게 증가함을 실증적으로 밝혔다. Ordoñez와 Nekmat2019는 임계점의 티핑포인트tipping point 개념을 적용하여 개인의 여론분위기 지각과 의견표명 프로세스를 소셜미디어의 댓글 상황에 대하여 실증적으로 제시하였다. 분석결과, 비시민적인 댓글 환경일수록 여론분위기에 대한 지각된 반감perceived hostility이 증가하고 이를 통해 공개적인 의견표명이 감소하였으며, 지지 댓글의 비율supportive comment proportion에 따라 독립변수와 매개변수 사이에서 부의 조절 효과가 존재하고 최종적으로 조절된 매개효과가 존재하는 것으로 나타났다. Chen2018의 연구에 따르면 소셜미디어상에서 고립의 두려움이 증가할수록 자기검열 의지가 증가하고, 자기검열 의지의 증가는 반대하는 의견표명 행동disagreeing expressive behavior에 부의 영향을 미쳤다. 또한, 소셜미디어상의 공개성publicness과 정치적 불일치political disagreement 상황이 고립의 두려움과 자기검열 간의 관계를 정의 효과로 조절하는 것으로 나타났으며, 최종 종속변수인 의견표명 변수에 대해서도 조절된 매개효과를 일으키는 것으로 나타났다. 오늘날 소셜미디어가 대표적인 의견표명 환경으로 등장함에 따라 침묵의 나선이론의 주요 전제들을 실증하고 살펴보는 것이 더욱 복잡하게 전개되고 있다. 특히 소셜미디어 환경의 주된 장점인 약한 연결의 확대 측면에서 Oshagan1996의 주장을 되짚을 필요성이 있다. Oshagan1996은 침묵의 나선효과를 탐색함에 있어 준거집단이 미치는 영향력을 중요하게 고려할 필요가 있음을 실증적으로 제시하였다. 물론 해당 연구는 소셜미디어 시대 이전에 수행되었으며, 준거집단의 경계도 가족이나 친구 또는 직장 동료와 같은 오프라인 조건에서의 결속적 유형에 한정한다. 그러나 오늘날 소셜미디어상에서의 준거집단 개념이 더욱 확장하고 있다는 점을 고려할 때 침묵의 나선효과에 미치는 새로운 유형의 준거집단의 영향력을 충분하게 고려할 필요성이 제기된다. 오늘날 많은 사람이 SNS를 사용하여 일면식도 없는 수많은 사람과 관심사를 공유하거나 정보를 공유할 수 있으며, 여러 가지 사회문제들에 관한 다양한 사람들의 견해를 실시간으로 확인할 수도 있다. 그뿐만 아니라 소셜미디어 사용자는 자신의 견해나 입장을 지지할 수 있는 준거집단이나 오피니언 리더opinion leader를 능동적으로 검색할 수 있고 관련하는 커뮤니티에 손쉽게 가입할 수 있다. 이러한 약한 연결의 확대에 따른 사회적 자본의 형성과 동질성homophily이 의견표명 프로세스와 여론분위기 지각 프로세스에 미치는 영향들을 충분히 고려하여 기존에 제기된 침묵의 나선이론 선행연구들을 통합적으로 검토할 필요성이 제기된다.

최근 한국 사회에 평범한 30대 직장인이 자신의 SNS에 사회적인 문제와 관련하여 올린 비판적인 글이 세간의 화제가 되고 많은 사람의 공감을 얻게 되어 해당 의견표명이 현실 정치에 커다란 영향을 미치는 사례가 발생하였다. 이러한 현상은 SNS 공간이 매스 커뮤니케이션과 대인 커뮤니케이션의 특징을 함께 가지고 있으며 이 두 영역이 서로 연동됨에 따라 사적인 메시지가 광범위한 수용자에게 영향을 미칠 수 있음을 보여준다. 이러한 새로운 유형의 커뮤니케이션 모델을 매스퍼스널 커뮤니케이션masspersonal communication으로 부른다O'Sullivan & Carr, 2018. 이것은 개인적인 사용을 목적으로 하는 SNS상의 대인적 의견표명 행위 및 전달하고자 하는 메시지가 광범위한 대중들에게까지 영향을 미침에 따라 마치 대중매체의 커뮤니케이션과 같은 효과를 창출하는 상황을 설명한다. 반대로 대중 커뮤니케이션 채널을 마치 대인 커뮤니케이션처럼 활용하는 상황도 매스퍼스널 커뮤니케이션 유형에 해당한다. 전통적인 대인 커뮤니케이션은 개인이 생성한 정보가 비교적 동질적이며 소규모의 익명이 아닌 수용자들에게 전달되는 특징을 가지지만, 대중 커뮤니케이션은 일반적으로 전문가나 기관을 통해 생성된 정보가 규모가 크고 비동질적인 익명의 수용자들에게 전달되는 특징을 보여준다Carson, 1969. 소셜미디어는 이러한 두 가지 측면을 함께 가진 혼재된 미디어 환경이다. 소셜미디어는 지각된 접근성perceived accessibility과 개인화personalization의 정도 및 조합에 따라 다양한 형태의 매스퍼스널 커뮤니케이션 채널-트위터 멘션, 페이스북 댓글/좋아요, 페이스북 메시지, 유튜브 비디오/팟캐스트 등-을 지원하며, 이것은 개인의 의견표명을 가능하게 하는 효과적인 통로이자 도구로 역할 한다O'Sullivan & Carr, 2018. 매스퍼스널 커뮤니케이션이 의견표명 환경에서 가지는 중요한 효과와 시사점은 개인화된 메시지가 사회적 메시지와 같은 파급력을 발휘할 수도 있으며, 사회적 메시지가 개인화된 메시지와 같은 효과를 발휘할 수도 있다는 것이다. 이러한 특징은 사회적으로 유명세를 가진 유명인이나 오피니언 리더의 소셜미디어 활용에서 두드러지게 나타난다. 예를 들어, 한때 소셜미디어를 달구었던 유명인사들의 아이스 버킷 챌린지Ice Bucket Challenge는 대인 간 지목을 통하여 특정 이벤트와 행동에 참여할 것을 유도하지만, 그 자체로서 사회적 이슈의 메시지를 담고 있으며 다수의 사회 구성원들에게 영향을 미친다Koohy & Koohy, 2014. 이러한 매스퍼스널 커뮤니케이션 효과와 소셜미디어의 약한 연결 확대에서의 이점이 결합하여 개인의 여론분위기 지각과 여론분위기 형성에 커다란 영향을 미칠 수 있다.

4. 해석수준이론과 의견정보처리 과정

오늘날 많은 사람들은 아인슈타인을 통하여 과학적인 상식으로 시간과 공간의 본질이 상대적임을 이해하고 받아들인다. 어려운 과학적 지식을 동원하지 않더라도 많은 사람들은 마치 시간이 다르게 흘러가는 것처럼 느끼는 상황을 경험하곤 한다. 매우 관심있는 일이나 취미 생활에 대해서 집중할 때는 마치 시간이 순식간에 지나간 것처럼 느끼지만, 반대로 하기 싫거나 지루한 작업을 수행할 때는 시간이 잘 지나가지 않는 것처럼 느낀다. 곧 제대한 병장의 입장에서 지나온 군생활의 시간은 주마등처럼 스치지만, 이제 막 입대한 이등병에게 병장이 떠올리는 동일한 시간은 까마득하게 멀리 있는 것처럼 느낄 것이다. 이렇듯 특정 대상이나 사건에 대하여 개인이 지각하게 되는 심리적인 거리감의 차이에 따라서 동일한 대상을 표상하는 방식과 해석의 수준이 달라질 수 있다. 바로 이러한 원리를 설명하는 이론이 해석수준이론이다 Trope & Liberman, 2010. 해석수준이론에 따르면 이러한 해석 수준의 차이가 동일한 대상과 사건에 대하여 예측, 선택, 평가, 행동, 범주화 등의 차이까지도 발생시킨다. 예를 들어, 여행을 떠난다고 가정했을 때, 당장 내일 출발하는 경우에는 짐을 싸는 것을 고민하거나 구체적인 일정이나 장소를 확인하는 등의 생각과 행동을 하지만, 수 개월 뒤의 미래에 여행을 떠나는 경우에는 그 여행이 표상하는 의미나 '힐링'과 같은 추상적인 생각과 행동에 몰두하게 된다. 즉 동일한 사건을 떠올릴지라도 사람들이 지각하는 시간적인 거리감에 따라서 대상을 표상하는 방식과 행동이 달라진다. 대상과 사건을 지각하는 자신을 기준으로 하여 얼마만큼 가깝고 먼지를 다양한 종류의 심리적 거리감을 통해 구분할 수 있다. 심리적 거리감은 시간을 기준으로 할 때 시간적 거리감, 공간의 가깝고 멂을 느끼는 정도에 따라 공간적 거리감, 사회적으로 얼마나 가깝게 느끼는지를 기준으로 할 경우 사회적 거리감으로 구분된다. 해석수준이론에서 제시하는 '해석의 수준'이란 정보를 처리하는 방식과 밀접하게 관련한다. 예를 들어, 개인이 어떤 사건을 떠올리거나 생각할 때 심리적으로 가깝게 느끼는 사건에 대해서는 아주 구체적이고 부수적인 정보를 활용하여 하위수준의 해석low level construal을 하게 된다. 반면에, 심리적 거리감을 멀게 느끼는 사건에 대해서는 보다 추상적인 정보를 기준으로 상위 수준의 해석high level construal을 하게 된다Trope & Liberman, 2010. 이러한 해석의 수준은 심리적 거리감의 종류에 관계없이 거리감에 따라 일관적으로 나타난다. 즉 대상이나 사건의 발생 시점이 자신에게 얼마나 가깝게 느껴지는지, 물리적으로 얼마나 가깝거나 멀리 떨어져 있는지, 사회적으로 나와 얼마나 유사하고 가깝게 느끼는지의 차이에 따라서 동일한 해석수준의 체계가 작동한다. 〈표 7-1〉을 통해서 심리적 거리감과 해석수준의 특징들을 제시하였다Trope and Liberman, 2003.

표 7-1 심리적 거리와 해석수준의 특징

심리적 거리	해석수준	특징
가까운 거리	하위수준 해석	구체적(concrete) 복잡한(complex) 비구조화된, 비일관된(unstructured, incoherent) 맥락적인(contextualized) 부차적인(secondary, surface) 하위의(subordinate)
먼 거리	상위수준 해석	추상적(abstract) 단순한(simple) 구조화된, 일관된(structured, coherent) 비맥락적인(decontextualized) 핵심적인(primary, core) 상위의(superordinate)

해석수준의 차이는 특정 대상이나 사건과 관련하는 정보나 메시지에 관하여 상반된 평가나 의사결정을 야기할 수 있다Fujita & Han, 2009. 또한, 심리적 거리감과 해석수준의 적합fit은 한 개인의 태도 변화에 상당한 영향을 미칠 수 있다. 예를 들어, 누군가를 설득할 때 하위수준의 해석에 초점을 두어 구체적인 방법에 해당하는 실행 가능성feasibility을 강조할 것인지, 상위수준의 해석을 기준으로 하여 추상적인 목적을 나타내는 바람직성desirability을 강조할 것인지의 차이를 들 수 있다. 시간적 거리감이 가까운 조건인 사람에게 물건을 구

매하도록 유도할 경우에는 제품의 실행 가능성, 사용의 용이함과 같은 구체적인 속성들에 초점을 맞추면 설득의 효과가 증가할 수 있다. 반면에 상대적으로 먼 미래 시점에 제품을 구매할 사람에게는 제품이 나타내는 바람직성이나 제품 구매 행위가 나타내는 목적이나 가치와 같은 추상적인 요소를 활성화할 때 설득의 효과가 증가할 수 있다.

Fujita와 동료들2008은 해석수준의 속성들과 시간적 거리감의 상호작용에 따라서 특정 대상에 대한 태도의 차이 변화를 여러 측면에서 실증적으로 제시하였다. 예를 들어, 피험자에게 가까운 미래 시점이나 먼 미래 시점에 DVD 플레이어를 구매하려는 상황을 상상하도록 한 후에 특정 DVD 플레이어 제품에 관한 여러 가지 설명을 제시하였다. 이 과정에서 한 집단은 '친환경 소재로 만들어졌다'와 같은 제품의 바람직성 관련 특징이 잘 나타난 설명서를 받게 하였고, 나머지는 실행 가능성을 잘 나타낸 설명서를 받게 한 후 제품에 대한 태도 차이를 측정하였다. 실험결과, DVD 플레이어 구매가 먼 미래시점인 조건일 때에는 가치와 관련하는 바람직성 설명서를 받은 피험자가 실행 가능성 설명서를 받은 피험자보다 제품에 대하여 더 긍정적인 평가를 하였다. 반면에 가까운 미래시점의 구매 조건에서는 실행 가능성의 조건이 바람직성 조건보다 더 긍정적인 태도를 이끌어내었다. 즉 바람직성과 같은 추상적인 정보는 심리적 거리감이 가까운 조건보다도 먼 미래 조건에서 평가에 더 많은 영향을 미쳤다. 실행 가능성과 같은 구체적인 정보는 심리적 거리감이 가까운 조건에서 평가에 더 많은 영향을 미쳤다. 이러한 차이는 뉴스 보도 메시지에 관한 평가에서도 나타난다. 예를 들어, 도정은과 나경은 2014은 북한 문제 언론 보도 메시지에 관한 개인의 해석수준과 시간적 거리감이 통일에 관한 태도와 전쟁 위험 인식에 미치는 영향을 실험연구를 통해 실증적으로 제시하였다. 분석결과, 통일에 관하여 시간적 거리감을 가깝게 느끼는 조건일수록 추상적 메시지보다 구체적 메시지가 통일에 대한 긍정적 태도를 유발하는 반면, 추상적인 보도는 시간적 거리감에 관한 인식에 따른 태도의 차이가 발생하지 않았다.

이러한 해석수준의 차이와 심리적 거리감의 상호작용은 오늘날 코로나 팬데믹에 대한 사람들의 태도와 평가의 차이를 유발할 수 있다. 예를 들어, 코로나 및 코로나 정책과 관련하는 문제를 대함에 있어 당장 자신과 가족의 생존 문제로 지각하는 사람들은 해당 이슈에 대하여 매우 가까운 심리적 거리감을 형성하게 된다. 당장 발등에 불이 떨어진 경우와 그렇지 않은 경우 간에는 동일한 사건을 바라보더라도 해석수준의 차이가 발생하게 되고, 이는 정책에 대한 태도에 영향을 미칠 수 있다. 예를 들어, 코로나 사태가 심각하게 발생하였던 대구지역으로부터 자신의 현재 위치하는 곳이 공간적으로 얼마나 가까운지 먼지에 따라서 해당 담론과 정책에 대한 개인의 태도가 달라질 수 있다. 따라서 사회적 담론과 관련하여 개인의 태도 형성과 의견표명 과정에 심리적 거리감에 따른 정보처리의 관점을 적용하여 살펴보는 것은 흥미로운 연구 대상이 될 수 있다. 정책을 입안하고 실행하는 입장에서는 정책의 수혜자나 관련하는 사람들이 지각하는 심리적 거리와 해석수준의 적합을 일으키기 위해 메시지 및 홍보 전략을 고심할 수도 있다. 여론형성 과정과 개인의 의견표명 프로세스상에서 심리적 거리감이 상당히 영향을 미칠 것을 예상해볼 수 있지만 관련하는 연구들이 거의 전무한 실정이다.

5. 코로나19 시대의 사회적 자본 형성을 통한 소셜헬스의 증진

본 연구진은 소셜미디어상에서 형성된 사회적 자본이 사회적 문제에 대한 개인의 공개적인 의견표명의지에 영향을 미치는 과정을 사회적 자본이론, 침묵의 나선이론, 해석수준이론을 바탕으로 제시하고 실증적으로 검증하였다신동인·곽기영, 2021. 본 연구는 최저임금인상과 관련하는 경제적인 이슈를 배경으로 하여 수행되었다. 본 연구에서 제안하는 모델은 사회적 자본과 침묵의 나선을 처음 연계하여 제시한 Dalisay와 동료들2012의 연구모델을 기초로 한다. 해당 연구에서 사회적 자본 요소들이 공개적인 의견표명의지에 미치는 영향을 지각된 의견지지의 매개 경로를 통해 소개하였다. 본 연구의 연구모델은 이를 소셜미디어 환경에 맞도록 적용하였고, 지각된 의견지지 대신에 여론분위기에 대한 심리적 적합을 보다 잘 나타내는 현재 여론분위기 일치도를 도입하였다. 또한 태도의 확신성 변수를 도입하여 보다 확장되고 구체적인 새로운 모델을 제안하였다. 더욱이 조절변수로 심리적 거리감 중 하나인 사회적 거리감을 연구모델에 적용하여 조절효과와 조절된 매개효과를 검증하였다. 사회적 거리감의 조절에 따라 조건적으로 성립하는 매개 효과를 확인함으로써 소셜미디어상의 의견표명과정에서 심리적 거리감이 미치는 영향과 개인의 정보처리 프로세스를 관찰할 수 있는 연구모델을 제시하였다. SNS상의 사회적 상호작용 증가 및 네트워크 연결의 확대는 사회적 자본을 키우고, 이것은 시민들을 조직하고 다양한 사회 이슈에 대해 목소리를 내는 원동력으로 작동한다. 여론형성 과정에 있어서 소셜미디어상의 사회적 자본을 통하여 의견표명 과정을 살펴보는 것이 중요한 이유는 기존 침묵의 나선이론에서 강조하는 수동적인 측면에서의 의견표명 과정이 아닌, 더욱 적극적이고 능동적인 형태의 의견표명 가능성을 주목한다는 점이다. 즉 우리 사회에 만연할 수 있는 침묵의 나선효과를 극복하거나 상쇄하여 사회적 담론에 관한 더욱 다양한 의견들이 사회 내에 표출되고 공유될 수 있도록 하는 것이 중요하다. 건강한 미디어 환경과 건강한 사회를 구축함과 관련하여 SNS 사회적 자본의 긍정적 가능성과 의견표명 증진을 모색한다는 점에서 본 연구에서 제안하는 연구모델이 의미가 있다. 또한 사회적 거리감에 따라서 의견표명 프로세스가 달라짐을 살펴보고 우리 사회에 형성되고 있는 다양한 의견표명들과 사회적 목소리가 표상하는 의미가 무엇일지를 더욱 구체적으로 이해하는 계기를 마련한다.

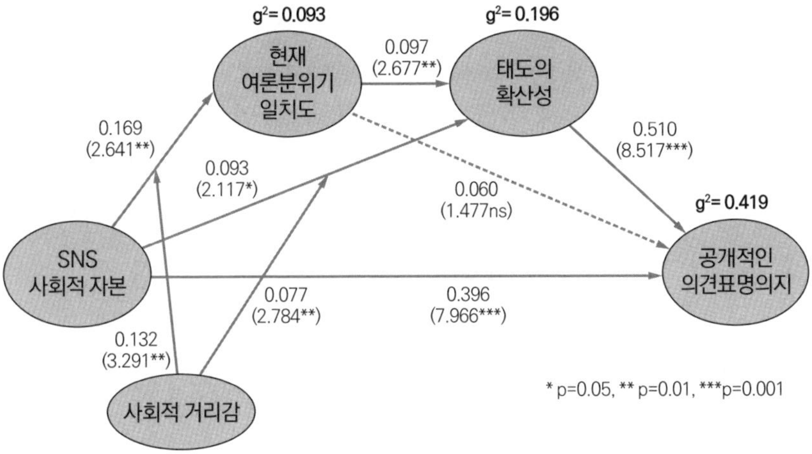

그림 7-1 SNS 사회적 자본이 여론형성 과정에 미치는 영향(신동인 · 곽기영, 2021)

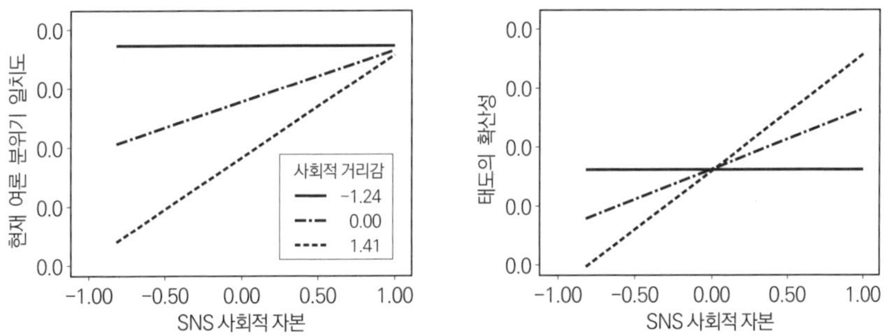

그림 7-2 조절효과 분석결과

본 연구진이 제안한 연구모델의 분석결과를 〈그림 7-1〉과 〈그림 7-2〉에 제시하였다. 최저임금인상 정책과 관련한 찬반에 있어서 SNS 사회적 자본은 개인의 공개적인 의견표명의지에 매우 강한 정의 영향을 미치는 것으로 나타났다. 또한 SNS 사회적 자본은 현재 여론분위기 일치도와 태도의 확신성을 경유하여 공개적인 의견표명에 간접적으로 영향을 미쳤으며, 침묵의 나선이론에서 가정하는 현재 여론분위기 일치도와 공개적인 의견표명의지 간의 영향 관계는 나타나지 않았다. 더욱이 사회적 거리감의 조절효과가 명백하게 발생하였는데, 사회적 거리감이 낮은 조건, 즉 최저임금인상 문제에 대하여 당장 자신과 가족의 문제로 가깝게 지각하는 경우에 매개경로를 통한 간접효과가 유의하지 않은 것으로 나타났다. 즉 최저임금인상 문제를 당장 자신의 문제로 가깝게 지각하는 경우에는 침묵의 나선이론이 전제하는 여론형성 프로세스를 경험하지 않는 반면, 사회적 거리감을 멀리 느끼는 사람들은 해당 과정을 통해서 공개적인 의견표명의지 정도를 결정할 수 있다. 이러한 분석 결과는 오늘날의 코로나 팬데믹 상황에서 생각해볼 만한 시사점을 던져준다. 코로나 팬데믹 사태에 대해 심리적 거리를 가깝게 지각하는 사람들일수록 여론형성 프로세스를 거치지 않고 SNS 사회적 자본을 기반으로 강력한 목소리를 낼 수 있다. 반면에 코로나 팬데믹 사태에 대해 상대적으로 심리적 거리를 멀게 느낄수록 사회 전반의 여론의 추이를 고려하여 자신의 태도를 설정하고 의견표명을 조절할 수 있다. 코로나 팬데믹에 대해 심리적 거리감을 가깝거나 혹은 멀게 느끼는 사람들의 상황은 매우 다양할 수 있다. 따라서 다양한 사회적 목소리들이 더욱 활발하게 소통되고 토론될 때 우리 사회는 사회적 건강을 지키고 확보할 수 있는 지혜를 효과적으로 발휘할 수 있을 것이다.

제 8 장

코로나 관련 허위정보에 어떻게 대응할 것인가?

이철주 | 서울대학교 언론정보학과 교수
이준환 | 서울대학교 언론정보학과 교수
김윤진 | 서울대학교 언론정보학과 박사과정
최은철 | 서울대학교 언론정보학과 석사과정
이규호 | 서울대학교 언론정보학과 박사과정
황유진 | 서울대학교 인지과학 박사과정

1. 서론: 허위정보 교정에 관한 연구의 중요성

코로나19 위기 국면에서 인포데믹infodemic이 주요한 사회적 문제로 떠오르고 있다. 이미 널리 알려진 바와 같이 인포데믹은 특정한 주제에 대한 정보가 전염병과 같이 급속도로 번져나가는 현상을 일컫는다Lewandowski, Ecker, & Cook, 2017; Pennycook & Rand, 2019a, 2019b, 2020. 문제는 그 정보가 올바른 정보correct information 혹은 사실fact이 아니라 상대방을 해할 목적으로 생산, 유포된 날조된 허위정보disinformation 혹은 단순한 허위정보misinformation 또는 루머rumor라는 점이다. 코로나19 위기 국면에서 인포데믹이 주목을 받게 된 이유는 아무래도 최근 수년간 이어져온 가짜 뉴스 담론 때문일 것이다. 가짜 뉴스는 어떠한 연유로 이 시대의 화두가 된 것일까? 가짜 뉴스가 야기하는 수많은 부작용들에도 불구하고 왜 이 문제는 해결의 기미가 보이지 않는 것일까?

가짜 뉴스가 범람하는 탈진실의 시대post-truth era에는 과학적 절차를 통해 수집된 증거 혹은 사실보다 개인의 편견에 근거한 믿음들이나 허위 정보가 때로는 공동체의 의사 결정 과정에 더욱 큰 영향력을 발휘하곤 한다Lewandowski et al., 2017; Pennycook & Rand, 2019a, 2019b, 2020. 미디어의 다채널화, 소셜 미디어의 급성장 등 기존과는 다른 미디어 환경은 정보를 빠르게 확산시키는 데에 도움이 되기도 하지만, 그와 동시에 허위정보가 더 큰 파급력을 갖고 오게 하는 조건을 조성하기도 했다. 허위정보의 역기능 차단을 위한 다양한 노력들에도 불구하고 여전히 날조된 허위정보disinformation와 단순한 허위정보misinformation, 루머rumor 등이 빠른 속도로 확대 재생산되고 있는 배경에는 급변하고 있는 미디어 환경이 있는 것이다Vosoughi, Roy, & Airal, 2018. 이에 언론정보학자들은 허위정보 현상을 파악하고 그 폐해 및 대책에 관한 수많은 연구들을 수행해왔다. 허위정보에 대한 적절한 대응이 부재한다면 사람들의 잘못된 신념이 교정되지 않은 채로 남게 되는데, 이는 민주 시민의 정확한 정보를 토대로 한 판단과 의사 결정 과정에 지장을 초래할 수밖에 없다. 더구나 코로나19 대유행으로 인해 허위정보가 널리 생산되고 공유되고 있는 현 시점에서는 허위정보가 정치 과

정의 왜곡은 물론이고 국민의 건강과 안전까지도 위협할 수 있는 지경에 이르렀다고 하겠다성욱제·정은진, 2020a.

코로나19 위기 국면에서 허위정보에 어떻게 대응해야 할 것인가? 대응법을 두 종류로 나누어본다면, 허위정보가 생산되고 유통된 이후 이를 규제하거나, 저널리즘 및 기술적 수단을 동원하여 정확한 정보를 제공하는 사후적 처방책이 있을 것이고, 미리 개개인을 교육하고 준비시킴으로써 허위정보에의 노출과 그로 인한 부작용으로부터 이들을 보호하는 사전적 예방책이 있을 것이다. 이 글에서는 우선 전자에 해당하는 전략으로서 법적 규제 및 팩트체킹 노력을 살펴보고, 후자에 관련해서는 분석적 사고의 역할에 대해 논하고자 한다.

2. 허위정보에 대한 법적 규제의 한계

허위정보의 광범위한 해악에 대해 기존부터 이어져 오던 논의에 더해 코로나19라는 특수한 상황까지 겹쳐 생겨난 우려는 자연스럽게 입법 및 심의를 통한 규제 및 처벌 조치에 대한 관심으로 이어졌다. '가짜뉴스' 유포 행위에 대해 엄벌을 하겠다는 행정부 인사들의 선언이 이어졌으며임현주, 〈MBC〉, 2020.09.14, 사법부는 확진자가 특정 사업장을 방문했다는 등의 허위정보 유포자에 대해 업무방해죄 등 형법을 적용하여 검거하는 등성욱제·정은진, 2020b 다양한 처벌 조치를 단행한 바 있다. 방송통신위원회는 통신심의소위원회를 확대 개최하고, 2020년 한 해 동안 총 200건의 삭제 또는 시정요구를 결정하는 등 허위정보 심의에 힘을 쏟고 있다. 21대 국회 또한 5월에 개회한 이후로 코로나19 상황을 의식한 허위정보 규제 법안을 내놓거나, 정보통신제공자에게 허위정보 삭제 및 유통 방지 책무를 부여하는 등의 법안을 통해 새로운 규제책들을 내놓고 있다.

표 8-1 21대 국회에서 발의된 허위정보 관련 법안 중 일부

제안일자/제안자	의안명	제안이유/주요내용
2020년 6월 22일 정필모 등 40인	정보통신망 이용촉진 및 정보보호 등에 관한 법률 일부개정법률안	"(허위조작정보에 대한) 삭제 책무를 부여하며, 정보통신서비스제공자가 이를 이행하지 않을 경우 과태료를 부과"
2020년 8월 20일 이원욱 등 10인	감염병의 예방 및 관리에 관한 법률 일부개정법률안	"방역 당국의 감염병 예방 및 관리 활동에 관하여 허위의 사실을 유포하여 국민 불안을 고조시키는 행위에 대해서도 처벌"
2020년 9월 10일 이원욱 등 11인	범죄수익은닉의 규제 및 처벌 등에 관한 법률 일부개정안	"방역당국의 적법한 방역 활동과 감염병에 대해 허위사실을 유포하면서 (…) 재산상 이익을 취득하는 행위를 규제"
2020년 12월 31일 서영교 등 10인	정보통신망 이용촉진 및 정보보호 등에 관한 법률 일부개정법률안	"가짜뉴스 유포자에 대한 처벌 근거규정과 가짜뉴스책임자 지정, 가짜뉴스 상시 모니터링 및 삭제의무 규정을 신설하고 의무를 미이행한 정보통신서비스 제공자에 대한 제재 규정"

하지만 법안과 심의를 통한 국가 기관 주도의 규제는 일정한 한계를 안고 있다. 허위정보를 규제하는 법안에 대해서는 김여라2020가 짚고 있듯이 표현의 자유를 침해하거나 위축할 우려, 엄밀한 개념 정의와 범위 설정의 난점, 이해 관계자 간 협의와 공조의 어려움, 규제 및 감독 권한과 책임 설정의 문제가 있으며, 거기에 기존의 규제와 중복되어 법적 형평성에 어긋날 가능성이 있는 등최지수·윤석민, 2019 아직 해결되지 않은 것으로 보이는 다양한 쟁점이 상존하고 있다. 마찬가지로 방송통신위원회와 같은 행정기관에 과도한 허위정보 규제 권한이 주어진다면 표현의 자유가 침해될 수 있다는 우려가 있다최지수·윤석민, 2019.

무엇보다 소셜 미디어에서와 같이 신뢰할 수 있는 정보와 그렇지 못한 정보가 뒤섞여 범람하는 정보의 과잉 상황, 즉 인포데믹 상황에서 정보는 무한 경쟁 상태에 놓여 있다는 점이 규제 및 심의에 난점을 가져온다. 정보의 과포화 상태에서 개인은 좋은 정보와 그렇지 못한 정보를 구분하는 인지적 능력을 충분히 발휘하기 어려워지며, 그렇기에 소셜 미디어 상에서 정확한 정보와 허위정보 간 공유 정도의 차이가 발견되지 않았다Qiu, Oliveira, Shirazi, Flammini, & Menczer, 2017. 허위정보의 사회적 폐해를 생각한다면 허위정보를 제거하고 처벌하는 규제 방안을 마련하는 것도 중요하지만, 근본적으로 이는 사후 대책이며 엄격한 기준을 통해 명백히 법적 위반의 소지가 있는 제한적인 수의 정보

에 대해서만 조치가 가능하기 때문에 다양한 허위정보가 생산되고 확산되는 현 시대의 정보 환경 속에서는 한계를 지닐 수밖에 없다. 그만큼 '믿을 만한 정보'를 꾸준히 생산하고, 잘 보이도록 위치하여 확산을 유도하는 것이 중요한 것이다.

3. 팩트체크 저널리즘

| 1 | 팩트체크 저널리즘의 역할

김희섭과 강보라2019의 허위정보 관련 우리나라의 연구 동향 분석 결과에 따르면, 팩트체크가 가장 중심적인 키워드로 등장한다는 것을 알 수 있다. 그만큼 허위정보에 대한 민간 차원의 대응 노력 중 가장 각광받고 있는 것이 팩트체크이다. 거짓말을 하는 공직자에 대한 경각심과 소셜 미디어 상의 허위 정보의 파급력 등으로 인해 2010년대 이후로 팩트체크에 대한 관심과 사회적 요구가 증가하였으며, 특히 한국에서는 19대 대선을 중심으로 공직자 및 후보자의 발언을 검증해야 한다는 문제의식이 집중되어 팩트체크가 도입되었다. 이로써 뉴스룸에서는 기존에 누가 무슨 말을 했는지 정확하게 받아 적는 기존의 '사실' 중심의 내부적 팩트체크에 더해, 해당 발언이 거짓인지 아닌지, 맞는 맥락에 있는지 등 보다 '진실'을 추구하는 외부적 팩트체크가 등장하게 된다Graves & Amazeen, 2019. 기존의 '전달자' 역할을 맡은 객관주의 저널리즘의 한계를 넘어서서 '진실의 판정자' 역할을 자처하는, 객관주의 저널리즘을 보완하고 개선하는 운동의 일환으로서 팩트체크 저널리즘이 점차 주목을 받은 것이다정은령, 2018.

교정 정보를 꾸준히 전달하는 행위자는 허위정보의 확산을 막는 데에 중요한 역할을 할 수 있다는, 컴퓨터 시뮬레이션을 통해 도출한 논의Tambuscio & Ruffo, 2019를 받아들인다면, 코로나19 허위정보의 확산을 막기 위해서는 주기적으로 팩트체크를 생산하여 전달하는 주체가 필요하다는 점을 알 수 있다. 빠른 시간 내에 정보를 취합하고 정리해서 배포하는 관행을 내재화하고 있는 언론사는 그러한 역할을 맡기에 적합하다. 다시 말해 저널리즘적인 실천을 통해 새로운 정보를 정기적으로 생산하는 다양한 언론 및 팩트체크 기관의 적극적인 참여가 중요한 것이다.

코로나19 대유행 상황에서도 여러 언론사, 혹은 미국의 3대 팩트체크 기관FactCheck.org, FactChecker, PolitiFact과 같이 언론사 혹은 대학 등이 주도하여 설립한 독립적 팩트체크 전문 기관들이 팩트체크 보도에 적극적으로 참여하고 있다. KBS, YTN 같은 국내 주요 언론사나 CNN과 같은 해외 주요 언론사는 코로나19 발생 초기에 코로나19 팩트체크 섹션을 별도로 두어 팩트체크를 진행하였으며성욱제·정은진, 2020b, 그렇지 않은 언론사들도 상시 혹은 단발적으로 다양한 형식을 통해 팩트체크 기사를 작성하고 있다. 국내에서는 8월까지 53개 기관과 매체가 500개 이상의 코로나19 관련 이슈에 대해 1000개 이상의 팩트체크 기사를 작성하였다는 조사류승희·정정주, 2020를 통해 코로나19 팩트체크가 얼마나 활발하게 일어나고 있는지 알 수 있다.

팩트체크는 전문성과 신뢰성을 강조하는 저널리즘 형태이기 때문에, 정보 환경을 형성하는 데에 큰 역할을 할 수 있으면서도 신뢰도 저하의 문제를 겪고 있는 언론 생태계에 선순환을 가져올 수 있다. 팩트체크는 언론인 사이에서 시장 성과보다는 저널리즘 이상에 의해 추동되며Graves, Nyhan, & Reifler, 2015, 2016, 언론 상호 간의 긍정적인 상호 견제 효과를 낳을 수 있고정은령, 2018, 사실성 규범의 정립윤석민, 2020을 통해 언론인의 미디어 전문직으로서의 정체성을 강화시켜 줄 수 있다. 또한 팩트체크에의 노출을 통해 소비자가 느끼는 정보 유용성과 언론사 신뢰도가 높아지는 만큼안지수, 2019, 정보 생산자와 소비자에게 팩트체크가 미칠 긍정적인 영향을 기대할 수 있는 것이다.

하지만 지속적인 팩트체크 보도를 가능하게 하는 언론 환경이 반대로 팩트체크의 가능성을 제약하는 조건이 되기도 한다. 온라인 중심의 24시간 뉴스 생산 체제에서 시의성 있는 정보를 주기적으로 공급받아 받아쓰는 기존의 사건 중심 보도 관행과는 달리, 생산성과 시의성이 낮고 수익성에 대한 뚜렷한 증거가 없는 상황에서 각 언론의 팩트체크의 지속은 언론사의 결정에 달려 있다정은령, 2018. 언론사에 소속된 팀이 주도하는 팩트체크는 도달 범위와 가용 자원(뉴스 수집, 통신사, 편집 자원, 인프라)에 있어서 큰 장점을 지니지만, 그만큼 언론사의 뉴스 편집과 경제적 지원에 의존적이며, 일회성 팩트체크의 진행이나 상설 코너의 마련 등의 의사결정 또한 해당 언론사의 상위 조직에 의존적일 수밖에 없는 것이다Graves & Cherubini, 2016.

개별 언론사에 의해 팩트체크가 이루어지기 때문에 오는 한계 또한 존재한다. 언론사 및 팩트체크 기관 간 동일한 이슈에 대한 교차 검증은 드물며최순욱·윤석민, 2017; Lim, 2018, 동일한 이슈를 다룬다고 하더라도 검증 결과에 있어서 합의를 만들어 내지 못하고 불일치하는 인식을 드러내는 경우가 많다Marietta, Barker, & Bowser, 2015; Lim, 2018. 검증 과정에 있어서도 어떤 근거를 통해 어느 정도 깊이로 판정할지Rogerson, 2013 등의 세부적인 기준이 다른 경우 판정결과가 달라지는 등백강희, 2020 수많은 결정 사항이 언론사의 자의에 맡겨져 있다. 검증 대상을 선정하는 데에 있어서도 언론사의 편향이 작용하는 것을 우려하는 목소리도 있다이나연, 2018; 정은령, 2018. 이러한 문제의 원인 중 하나는 기존의 언론 관행과 비교적 새로운 팩트체크의 규범(예를 들어, 취재원 보호를 위한 익명 취재원 활용과 팩트체크 투명성 원칙정은령·최지수·박유진, 2020)이 충돌하기 때문이며, 사회적인 합의 과정 없이 개별 언론사의 노력만으로 이 문제를 해결하기는 어렵다.

| 2 | 팩트체크 협업 및 연구 기관

앞서 살펴보았듯이, 개별 언론사는 팩트체크의 주요 생산자이면서도 다양한 제약에 묶여 있기 때문에 만족스러운 팩트체커로서의 역할을 항상 수행할 수 있는 것은 아니다. 하지만 허위정보에 대항하여 신뢰할 수 있는 정보를 지속적으로, 일관성을 갖고 생산해야 한다는 공감대가 형성되었으며, 이에 따라 협업을 통한 정보 공유, 기자 교육, 팩트체크 기준 및 규범 마련 등이 중요한 과제로 떠오르게 되었다. 이에 연구 및 교육 기관을 중심으로 언론사 및 팩트체크 기관과 광범위한 파트너십 관계를 맺으며 팩트체크 생산자 간 협업의 허브로서 작동하는 다양한 기관이 형성되었다.

국제팩트체킹연대IFCN, International Fact Checking Network는 2015년 미국의 미디어 교육 기관 Poynter에 의해 설립되었으며, 세계 각국의 팩트체커들과 광범위한 네트워크를 형성하고 있다. 네트워크를 토대로 해당 기관은 전 세계 팩트체크 동향 모니터링, 팩트체커 양성 프로그램 제공, 국제 컨퍼런스 개최 등 다양한 활동을 이어가고 있다. 또한 국제팩트체킹연대는 맥락성과 투명성을 골자로 한정은령 외, 2020 다섯 가지 팩트체크 강령을 제시하고 있으며[1], 이 기준을 토대로 언론사 및 팩트체크 기관에 대한 인증 절차를 시행하고 있다. 더불어 해당 기관은 광범위한 네트워크를 활용하여 코로나19 허위정보에 대한 대응에 적극적으로 나서고 있다. 코로나19 확산 초기부터 해당 기관은 코로나바이러스팩트동맹#CoronaVirusFacts Alliance[2]이라는 이름하에 2021년 1월 현재까지 70여 개국의 100개 이상의 팩트체크 기관의 9000개 이상의 검증 결과를 종합하여 그 경향성을 한눈에 볼 수 있도록 시각화하고, 데이터베이스를 일반에 제공하는 등 다양한 노력을 이어나가고 있다.

국내의 SNU팩트체크와 후발주자인 팩트체크넷은 현재까지 괄목할 만한 성과를 보이고 있으나, 그만큼 해결해야 할 과제를 안고 있는 것으로 보인다. SNU팩트체크는 국내 최대의 팩트체크 플랫폼으로서, 현재 30개의 국내 언론사와 협업 관계를 형성하고 있으며, 해당 기관이 제시하는 원칙과 형식에 부합하는 기사를 각 언론사가 작성하여 게시하는 방식으로 운영되고 있다. 하지만 상당수의 기사에서 근거 자료나 원 발언의 출처 표기가 미흡하다는 지적이 있는 만큼오세욱·황구현, 2018, 다양한 연구와 시각자료, 재가공물을 만들기 위해서는 보다 빠짐없는 데이터베이스 구축에 대한 고려가 필요해 보인다.

팩트체크넷은 방송기자연합회와 한국기자협회, 한국PD연합회 등 언론 현

1 https://www.poynter.org/ifcn-fact-checkers-code-of-principles/

2 https://www.poynter.org/ifcn-covid-19-misinformation/

업인 세 개 단체와 사회적협동조합 빠띠가 컨소시움을 이루어 2020년 11월 설립한 플랫폼으로, 현재 16개의 국내 언론사 및 팩트체크 기관과 협력관계를 맺고 있다. 해당 기관은 방송기자연합회의 자체 팩트체크 관련 교육과정 혹은 공모전 등을 통해 선발한 시민팩트체커와 각 언론사의 전문팩트체커의 협업을 통해 팩트체크를 생산한다는 점을 강조하고 있으며, 그 외에도 파트너사의 팩트체크 기사를 아카이빙하는 등의 활동을 진행하고 있다. 해당 기관은 방송통신위원회로부터 방송통신발전기금을 통해 지원을 받고 있으며, 방송통신위원회의 2021년 업무계획에서도 해당 플랫폼을 활성화하여 허위조작정보에 대응하겠다는 계획을 제시하고 있기 때문에[3], 방송통신위원회 차원에서는 지원은 하되 개입은 하지 않는 원칙을 준수해야만 해당 플랫폼의 투명한 운영을 보장하고 공정성 논란을 불식시킬 수 있을 것이다문현숙, 〈한겨레〉, 2020.11.12.

종합하자면 연구 및 교육 기관을 중심으로 형성된 팩트체크 협력 네트워크는 팩트체크 기사 작성에 있어서 보다 일관된 기준을 세우고자 노력하고 있으며, 앞으로 연구, 교육 자료 및 다양한 언론사로부터 생산된 팩트체크를 재가공하고 시각화하여 정보를 제시하는 등 더 많은 노력을 기울여야 한다.

| 3 | 팩트체크 기사 확산을 위한 과제로서 플랫폼의 협조 및 참여

지금까지 언론, 팩트체크 기관, 협업 네트워크 등 팩트체크를 통해 믿을 수 있는 정보가 생산되는 맥락을 살펴보았다. 하지만 허위정보의 확산에 대응하기 위해서는 팩트체크 기사를 생산하는 것에서 머물러서는 안 되며, 이를 확산하기 위한 노력 또한 필요하다. 허위정보의 확산을 억제하고 정확한 정보를 확산시키기 위해 극복해야 할 과제 중 하나는 바로 정파성에 의해 이루어지는 선택적 노출과 동기화된 추론이다. 팩트체크 기사에의 노출, 확산, 수용 등은 정치적 신념에 의해 조절되는 것으로 알려져 있으며, 특히 온라인

---

3 https://kcc.go.kr/user.do?page=A02020100&dc=K02020100

상에서 허위정보 및 팩트체크 기사가 어떻게 정파에 따라 선별적으로 확산되고 노출되는지에 대한 연구 성과가 축적되고 있다Guess, Nyhan, & Reifler, 2018; Shin & Thorson, 2018. 그뿐만 아니라 기존 신념이 유발하는 편향적 정보처리염정윤·정세윤, 2018는 기존 신념과 부합하지 않는 메시지의 신뢰를 낮추는 동기화된 추론을 발생시켜 같은 팩트체크 기사에 노출된다 할지라도 교정 효과가 정파성에 따라 달라지는 현상이 일어난다. 심지어는 교정 메시지를 받았을 때 반대 방향의 신념이 증가하는 이른바 역효과backfire effect가 보고되어Nyhan & Reifler, 2010 우려를 낳았다. 이후 다양한 정파적 조건에서 메시지를 테스트한 연구Wood & Porter, 2019나, 정치 메시지 팩트체크에 대한 메타분석 연구Walter, Cohen, Holbert, & Morag, 2020에서는 역효과를 찾기 어려웠으며, 이는 역효과가 만일 존재하는 현상이라 할지라도 전체적으로 잘 드러나지 않을 만큼 조건적이고 국지적인 효과임을 암시한다. 그럼에도 해당 연구들은 정파성이나 정치적 지식 등에 따라서 교정 효과가 조절된다는 결론 자체는 지지하고 있으며, 이러한 현실은 정치화된 이슈에 대한 허위정보를 교정하는 데에 있어 장애물로서 기능한다.

다양한 과학적 이슈들이 정치적으로 양극화되어 있으며, 이러한 이슈들에 대한 허위정보의 확산 또한 정치적 신념에 따라 다르게 이루어질 수 있다예를 들어, 기후 변화; Hart & Nisbet, 2012. 코로나19 또한 양극화된 정치 지형에서 다양한 방식으로 정치적 신념을 자극하고 있다는 증거가 많으며, 이 때문에 코로나19에 대한 팩트체크 기사 역시 선택적 노출과 동기화된 추론의 예외가 될 수 없는 것으로 보인다. 코로나19에 대한 언론 보도는 이념화되고 정치화되어 정치적 양극화를 이끌고 있었으며Hart, Chinn, & Soroka, 2020, 한국에서도 코로나19 이슈는 반중 정서 및 타민족에 대한 혐오와 같은 정치적 이념과 결부김수경, 2020되거나, 언론의 정치적 성향에 따라 보도 프레임이 달라지는 등박주현, 2020 감염병의 대유행 상황이 정치적으로 해석되는 다양한 방식이 나타나고 있다. 그 결과 정치적 이념에 따라 사회적 거리두기 지침의 준수 여부가 달라지는 등Rothgerber et al., 2020 실세계에서의 태도, 행동 및 방역 수칙 이행에 영향을 미쳐 공중 보건을 위협할 것이 우려된다.

우리의 코로나19 정보 환경을 한마디로 요약하자면 결국 신뢰할 수 있는 정보와 그렇지 못한 정보가 뒤섞여 범람하는 인포데믹 상황 속에서, 선택적 노출과 동기화된 추론이 작용하여 사람들이 특정 종류의 정보에만 노출되거나 만에 하나 다른 목소리에 노출되더라도 그 효과는 크지 않은 상황인 것이다. 위에서도 논했듯이 규제 당국의 단독 규제는 정보의 범람 속에서 제한적인 영향력을 발휘할 수밖에 없으며, 선택적 노출 및 동기가 부여된 추론의 정보 처리 환경을 개별 언론사 및 팩트체크 기관의 힘만으로는 극복하기 어렵다. 즉, 규제 기구나 언론 및 팩트체크 기관뿐만 아니라 인터넷 사업자, 연구 기관, 유동적인 전문가 조직 등 수많은 주체의 협업만이 인포데믹 상황에서 팩트체크를 통한 믿을 수 있는 정보를 허위정보와의 경쟁에서 승리할 수 있게 만들 것이다. 특히 중요한 것은 소셜 미디어, 플랫폼과 같이 현재의 정보 환경을 형성하고 있는 인터넷 사업자와의 협업이다. 이들은 정확한 정보를 보다 잘 보이게 배치하고 잘못된 정보의 노출 및 공유를 억제하는 여러 기술적 수단을 가지고 있기 때문에, 지금까지 허위정보가 확산되어 온 만큼이나 팩트체크가 확산되는 데에도 큰 영향을 미칠 수 있기 때문이다.

페이스북, 구글과 같은 거대 인터넷 플랫폼 사업자들과 팩트체크 기관들의 협업 사례는 허위정보 환경에 맞설 때 극복하기 어려워 보였던 팩트체크 기사의 확산 문제를 해결하는 데에 있어 하나의 열쇠가 될 것으로 보인다. 가장 주목할 만한 협업사례로서 페이스북의 서드파티 팩트체킹 프로그램[4]을 꼽을 수 있다. 페이스북은 2016년부터 해당 프로그램을 통해 국제팩트체크연맹의 준칙을 준수하고 인증을 받은 팩트체크 기관과 제휴를 맺어, 팩트체크 기관들에 많이 공유되고 있는 게시글을 추려내는 등 모니터링을 보조할 수 있는 도구를 제공하여 페이스북 내의 게시글에 대한 검증을 진행하며, 검증 결과를 토대로 허위정보의 뉴스피드 노출 정도를 낮추거나 거짓으로 판정된 게시글에 대해 경고 라벨을 붙이는 등의 조치를 취하고 있다. 모니터링 도구

4 https://www.facebook.com/journalismproject/programs/third-party-fact-checking

가 이른바 검증 가능한 게시물을 추려준다기보다는 널리 확산되는 게시물을 보여주는 정도에 머물러 있으며, 특히 영어 외의 언어에 잘 대응하지 못하는 등 아직까지 기술적인 제한 사항은 있다Full Fact, 2020a, 2020b. 플랫폼과 팩트체크 기관 간의 협력 모델은 팩트체크 기관의 검증 결과가 적극적으로 팩트체크를 찾아보고 공유하는 일부 소비층에 한정된 영향력을 발휘하는 것을 넘어서서, 실시간으로 공유되고 있는 허위정보에 실시간으로 직접적인 조치를 취하면서 교정 정보 또한 잘 보이도록 위치시킬 수 있다는 점에서 기존의 한계를 극복할 것으로 보인다.

| 4 | 알고리즘 팩트체킹

소셜 미디어에서의 가짜 뉴스와 관련한 선행연구에 따르면 Facebook과 같은 소셜 미디어의 사용은 기본적으로 사용자의 뉴스에 대한 인식을 취약하게 만드는 환경을 구성한다. 사람들은 정보 탐색과 같은 특정한 목적을 염두에 두고 앱을 열기보다는 앱을 실행한 이후에 주어지는 정보를 통해 소셜 미디어의 사용 목적을 정당화한다. 이런 목적 없는 이용의 맥락에서 사람들은 뉴스에 대한 정보 판단을 취약하게 내리는 경향을 보였다Evans, 2017; Pennycook & Rand, 2019a, 2020. 또한 Facebook의 이용이 장기 기억에 대한 의존을 약화시키며, 이에 따라 연속적인 정보의 소비에 대한 맥락적 의심이 사라지고 반복적 노출에 대한 신뢰가 상승한다는 연구도 있었다Marantz, 2019; Stayton, 2018 ; Pennycook et al., 2018. 가짜 뉴스에 대한 반복적 노출이 신뢰감을 높이는 원인이 될 수 있다는 것이다. 특히 흥미로운 혹은 자극적인 기사에 대한 탐색과 자신의 취향에 맞는 피드백의 반복은 이러한 경향을 가속시키는 역할을 할 수 있다Krach, 2010.

이에 따라 소셜 미디어 서비스 제공 업체들은 협업과 자동화된 필터링 기술을 통해 가짜정보 탐색을 시도하고 있다. Facebook의 경우 로이터와 협력 업무를 구축했으며, 계정에 게시된 게시물이나 기사에서 허위 정보가 감지되면 사용자에게 경고하고, 필요한 경우 게시물을 삭제한 다음 사용자에게 공유된 정보가 가짜임을 경고하는 알림을 보낸다. 또한 Facebook은 사용자가

90일이 지난 기사의 공유를 시도할 경우 알림 메세지를 보내며, 이를 통해 사용자의 뉴스 전파 행위에 신중함을 부여하려 한다. Instagram은 COVID-19와 관련된 가짜 뉴스 및 잘못된 정보에 초점을 맞춰 앱의 탐색 섹션에서 찾을 수 있는 잘못된 정보 게시물을 제거하며, 여러 가짜 뉴스에 대한 탐색을 수행하고 있다. Twitter는 자신의 게시물에 유해언어가 포함될 수 있는 경우 사용자에게 경고하고 트윗을 실제로 게시하기 전에 수정할 수 있는 기능을 제공했으며2020년 5월경, 트윗이 게시되기 전에 리트윗하는 기사를 실제로 읽었는지 묻는 알림을 제공하기도 했다2020년 6월경. 플랫폼 차원의 대응은 소셜 미디어 플랫폼에 머무르지 않는다. 인도 정부는 코로나 바이러스 대유행과 관련한 가짜 정보의 확산을 막기 위해 코로나 바이러스에 대한 정보를 담은 Whatsapp 챗봇을 운영하기도 했다.

이와 같은 플랫폼 차원의 노력은 대부분 협업에 기초하고 있지만, 기본적으로 알고리즘에 기반한 탐색 작업이 이용되고 있다. 이는 여러 가지 기술적 시도를 불러왔다. 초기 모델이 머신 러닝 기술의 응용이라면, 이후 딥러닝 모델과의 결합이 이루어지고 플랫폼 특징 및 목적이 복합적으로 응용되면서 탐색 기술이 발전되는 경향이 보인다. 특히, 소셜 미디어의 네트워크 연결의 특성은 정보 전파의 과정에서 가짜뉴스를 탐색할 수 있는 새로운 가능성을 보여준다.

알고리즘에 기반하여 가짜뉴스를 탐지하는 방법은 목표와 방법론에 따라 다양한 접근이 있을 수 있다. Shu와 동료들은 〈그림 8-1〉에서 가짜뉴스 탐지의 여러 접근법을 소개하고 있다Shu et al., 2017

먼저 데이터 기반Data-oriented의 접근법은 데이터가 가진 여러 특성을 바탕으로 한 연구이다. 예를 들어 가짜뉴스를 특징하는 데이터셋을 만드는 연구는 후속 데이터 기반 가짜뉴스 연구에 큰 도움이 된다. 소셜 미디어에서 가짜뉴스는 시간에 따라 특정한 패턴을 가지고 확산되는데 이들 패턴을 이해하는 것은 가짜뉴스를 초기에 감지하는 데 도움이 된다. 심리적 관점에서의 연구도 가능하다. 예컨대, 에코체임버 효과는 소셜미디어에 퍼지는 가짜뉴스에 중요한 역할을 하는데 데이터에 기반해 에코체임버 효과를 파악하는 방법이 그 사례가 될 수 있다.

특징 기반Feature-oriented 접근은 여러 데이터 소스로부터 가짜뉴스를 탐지하는 데 효과적인 방법이다. 주로 자연어 처리NLP; Natural Language Processing에 기반한 이 연구는 뉴스의 콘텐츠를 분석하여 텍스트 정보에서 가짜뉴스를 판별하는 데 도움이 되는 특징을 추출하여 이를 바탕으로 가짜뉴스 여부를 판단하게 된다. 최근에는 이미지 처리Image Processing 기술의 발전으로 인하여 이미지에서 특징을 추출하고 이를 바탕으로 가짜뉴스를 판별하는 연구도 수행되고 있다. 최근에 큰 발전이 있었던 단어 임베딩 및 딥러닝과 같은 기술은 텍스트 특징 추출에 더 좋은 성과를 보여주고 있다.

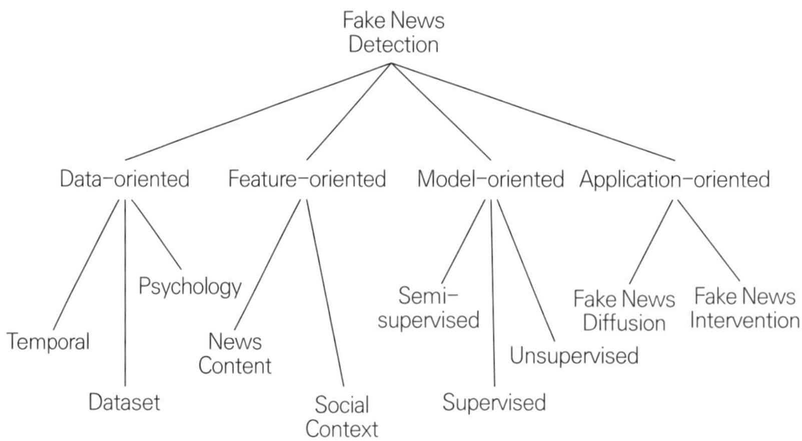

그림 8-1 소셜 미디어에서 가짜뉴스를 탐지하는 여러 방법(Shu et al., 2017, p.32)

모델 기반Model-oriented의 가짜뉴스 탐지 연구는 앞에서 언급한 특징 추출feature extraction에 기반하고 있지만 더욱 향상된 결과를 만들어 내고 있다. 추출된 특징을 바탕으로 Naive Bayes, 의사결정트리, 로지스틱회귀, SVMSupport Vector Machine 등의 분류 알고리즘을 통해 주어진 데이터가 가짜뉴스인지 아닌지를 판별한다. 그러나 대부분의 가짜뉴스가 사실과 거짓이 혼재되어 있기 때문에 참/거짓으로 가짜뉴스를 판별하기보다는 가짜뉴스일 가능성을 확률적 분포로 예측하여 제시하는 것이 효과적일 것이다. 최근의 인공신경망은 이러한 분류 작업에도 좋은 결과를 보여주고 있다. 인공신경망에 기반한 언어모델인 BERT 등장으로 기존의 NLP 접근에 비해 큰 성능의 향상이 있었다.

애플리케이션 기반Application-oriented 접근은 가짜뉴스 탐지를 넘어선 다른 영역에서의 연구를 수행한다. 가짜뉴스 확산에서는 소셜미디어에서의 가짜뉴스 확산 경로와 패턴을 파악한다. 일부 초기 연구에 의하면 온라인 소셜 네트워크를 통해 정보가 확산될 때 실제 정보와 가짜 정보가 서로 다른 패턴을 따른다는 사실이 밝혀졌다. 예를 들어 사회적 차원, 라이프사이클, 전달자의 신원파악 여부 등이 그것인데, 정보의 전달과 수용이 이들에 의해 달라진다는 것이다. 따라서 가짜뉴스의 탐지에 사회적인 요인에 대한 연구가 함께 수행될 필요성이 있다고 볼 수 있다. 또한 가짜뉴스 개입과 관련한 연구는 가짜뉴스 확산과정에서 확산 범위를 최소화하는 사전 개입 방법이나 대응적 개입 방법을 통해 가짜뉴스의 영향을 줄이는 것을 목표로 할 수 있다.

| 5 | 알고리즘 팩트체킹의 사례

가) 클레임 버스터ClaimBuster

클레임 버스터는 미국의 텍사스 대학University of Texas at Arlington, 듀크대학Duke University, 스탠포드 대학Stanford University, 그리고 구글이 공동으로 연구 중인 프로젝트로 주어진 문장이 "주장Claim"인지의 여부를 기계학습을 통해 판단한다. 〈그림 8-2〉는 클레임 버스터의 프로세스를 보여준다. 클레임 버스터는 소셜 미디어, 정치 토론, 웹페이지, 뉴스 기사 등에서 문장을 수집한 후, "검증이 필요한 주장"인지 여부를 판단하여 레이블을 붙인다. 이 과정은 크라우드소싱을 통해 모집된 참여자들이 수행했으며 주어진 문장을 "중요한 주장", "중요하지 않은 주장", "주장 아님" 의 세가지로 분류한다. 이렇게 수집된 데이터는 기계학습을 위한 학습자료Ground Truth로 사용된다. 기계학습 알고리즘은 학습자료를 통해 각각을 구성하는 특징, 예컨대 통계적으로 "중요한 주장"으로 분류가 가능하게 만드는 언어적 특징을 추출해 Feature Vector를 구성한다. 이것은 새로운 문장이 주어졌을 때 판단을 돕는 예측모델로 사용된다. 특정 문장이 제시되면 Feature Vector를 바탕으로 이 문장이 앞서의 분류기준인 "중요한 주장", "중요하지 않은 주장", "주장 아님" 세 개 중 어느 곳에 적합한지를 확률적 분포로 예측하여 제시한다.

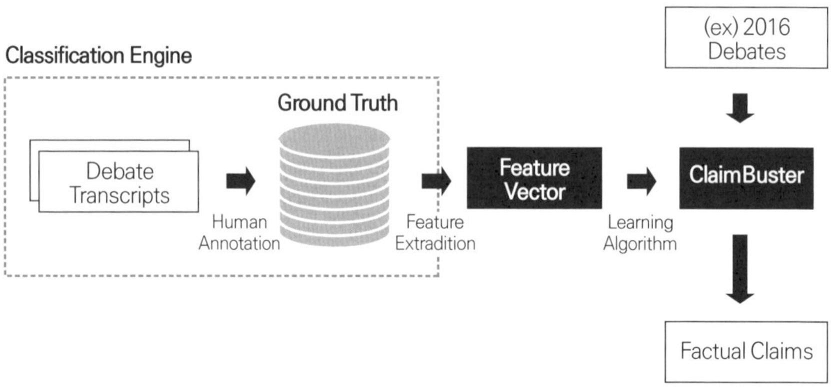

그림 8-2 클레임버스터의 작동 프로세스

이 예에서 볼 수 있듯이 클레임 버스터는 엄밀히 말하면 팩트체킹을 하는 것이 아니라, 팩트체킹을 위한 주장을 판별하는 알고리즘이다. 팩트체킹은 "주장", "근거", "판단"의 세가지 요소에 의해 이루어진다. 주장을 판별하는 단계에서는 주어진 문장이 팩트체킹이 필요한 문장인지 아닌지를 파악한다. 판단을 내리기 위해서는 주장을 뒷받침하는 근거 데이터가 제시가 되어야 한다. 클레임 버스터는 이 세 요소 중 주어진 문장이 주장인지 여부를 판단하여 팩트체킹에 활용하도록 돕는다.

나) FEVER.ai

FEVER는 Fact Extraction and Verification 의 약어로 알고리즘 기반의 팩트체킹을 위한 데이터셋이다. 최근 연구되는 알고리즘 팩트체킹이 모두 비슷한 접근을 하고 있는데, 일반적으로 저널리즘 영역에서 이야기하는 팩트체킹보다는 협의의 개념인 팩트 추출 및 팩트 검증에 초점을 맞추고 있다. FEVER에서 제공하는 데이터넷은 Wikipedia 등에서 수집한 영문 기반의 185,445개의 주장과 이를 뒷받침할 수 있는 근거evidence로 구성이 되어 있다. 한 개의 주장당 1~5개의 근거를 함께 포함한다. FEVER가 데이터셋을 제공하면서 베이스라인 모델을 함께 공개하고 있지만, 기본적으로 FEVER의 목적은 여러 연구자들이 공개된 데이터셋을 이용해 우수한 알고리즘을 개발하는 챌린지를 개최하는 데 있다. 해마다 전 세계의 연구진들이 참여하여 FEVER의 데이터셋을 활용한 알고리즘을 개발하고 공개한다.

FEVER가 작동되는 방식은 〈그림 8-3〉과 같다. "The Rodney King riots took place in the most populous county in the USA."이라는 주장이 제시되었을 때 위키피디아의 Los_Angeles_Riots와 Los_Angeles_County 문서에서 "also known as the Rodney King riots", "occurred in Los Angeles County", "is the most populous county in the USA"라는 문장을 근거문장으로 찾아낸 후, 이들 근거문장이 주장을 뒷받침하는지를 평가한다Thorne, Vlachos, & Mittal, 2018.

이 과정을 수행하기 위해 알고리즘은 우선 주어진 데이터셋을 이용하여 분류 모델을 만든다. 주장과 연결된 근거문장의 관계를 고려하여 어떤 경우에 근거가 주장을 뒷받침하는지 어떤 경우에 그렇지 못한지를 모델링한다. 이 학습과정은 초기에는 주로 전통적인 자연어 처리 방식에 의존하였으나 최근에는 인공신경망 알고리즘에 기반한 모델을 사용하여 성능을 끌어올리고 있다.

학습 모델이 만들어지면 이를 이용하여 알고리즘은 새로 제시된 문장(주장)을 평가한다. 우선 주장이 실렸을 것으로 예상되는 문서를 찾고, 문서에서 해당 주장을 뒷받침할 수 있을만한 근거문장을 추출한다. 그리고 이를 바탕

Claim: The Rodney King riots took place in the most populous county in the USA.

[wiki/Los_Angeles_Riots]

The 1992 Los Angeles riots, also known as the Rodney King riots were a series of riots, lootings, arsons, and civil disturbances that occurred in Los Angeles County, California in April and May 1992.

[wiki/Los_Angeles_County]

Los Angeles County, officially the County of Los Angeles, is the most populous county in the USA.

Verdict: Supported

그림 8–3 FEVER 데이터셋을 이용한 팩트체킹

으로 근거가 주장을 뒷받침하는지 여부를 역시 인공신경망 알고리즘을 통해 판단한다.

FEVER의 접근법은 현재로서는 매우 현실적이면서도 발전된 방법이지만 한계가 존재한다. 근거문장을 찾기 위한 방법이 기존에 존재하는 문서에 국한되어 있기 때문에 근거문장을 찾을 수 없다면 주장의 참, 거짓 여부를 판단할 수가 없다. 따라서 여러 문서를 종합해서 논리적 추론을 할 수는 없고, 근거가 이미 문서화되어 있어야지만 특정 주장의 진실을 파악할 수 있는 것이다. 근거의 레퍼런스로 사용하는 문서의 신뢰도 여부도 이슈가 될 수 있다. 대부분의 해외 연구는 영문 위키피디아를 레퍼런스로 하고 있는데 위키피디아에 잘못된 정보가 기재되어 있다면 팩트체킹에도 오류가 발생할 수밖에 없다. 한글 위키피디아의 경우 신뢰도가 영문에 비해 현저히 떨어지고 데이터의 양도 많지 않기 때문에 한글 팩트체킹에서는 한글 위키피디아를 사용

하기 어렵다는 문제가 있다.

다) 한글 기반의 알고리즘 팩트체킹 노력

한글 기반의 알고리즘 팩트체킹 연구는 그동안 거의 이루어지지 못했다. 가장 큰 이유는 FEVER와 같은, 연구에 필요한 한글 데이터셋이 존재하지 않기 때문이다. 최근 서울대학교 연구진은 FEVER와 유사한 접근의 초기 알고리즘 팩트체킹 연구를 소개하였다. 총 2만여개의 테스트 데이터셋이 공개되었으며, 이를 기반으로 작성된 베이스라인 모델이 소개되었다.

서울대에서 공개한 한글 Fact Verification 데이터셋은 FEVER와 마찬가지로 주장과 근거문장으로 구성되어 있다. 베이스라인 모델은 BERT 기반의 언어모델을 사용하여 데이터를 학습하였다. 다음의 표는 서울대 연구팀이 공개한 베이스라인 모델의 팩트체킹 사례를 소개한 것이다.

표 8-2 베이스라인 모델의 팩트체킹 사례

입력: '한류'라는 단어는 H.O.T의 베이징 공연 이후 처음 나왔다 예측: 참 확률: 0.9733979105949402 근거 문서: H.O.T. 근거 문장 (Top 2) - 1997년 CCTV 채널1에서 방영된 드라마 《사랑은 뭐길래》 이후 일어난 한류 열풍은 H.O.T., 클론 등 가수의 인기까지 더해져 더욱 커다란 반향을 일으켰으며, 특히 H.O.T.의 베이징 공연은 중국 청소년 사이에 "H.O.T.패션 무조건 따라하기" 풍조를 가져왔을 만큼 폭발적인 반향을 일으켰고 이 공연 후에 중국 언론을 통해 '한류'란 단어가 처음으로 탄생했다 - 그들은 한국 대중문화에 대한 국외의 관심을 넓히는 데 일조했는데, 특히 그들의 노래에 담긴 메시지는 중국 청소년에게 큰 문화적 충격을 주었다
입력: 차가운 유리컵에 차가운 물을 붓거나, 뜨거운 유리컵에 뜨거운 물을 부으면 컵은 깨진다 예측: 거짓 확률: 0.8601599335670471 근거 문서: 유리 근거 문장 (Top 2) - 차가운 유리컵에 갑자기 뜨거운 물을 붓거나 반대로 뜨거운 유리컵에 차가운 물을 부으면 깨진다 - 이것은 뜨거운 물이나 차가운 물이 닿은 부분은 팽창하거나 수축하지만 뜨거운 물이나 차가운 물이 닿지 않는 바깥면은 그대로이므로 컵에 무리한 힘이 가해지기 때문이다

〈표 8-2〉의 첫 번째 사례에서는 한류와 관련된 주장을 알고리즘이 "참"으로 판단했다. 그 근거로서 H.O.T. 문서에서 두 개의 문장을 찾아 97%의 확

률로 근거문장이 주장을 뒷받침한다고 판단하였다. 반대로 두 번째 사례에서는 86%의 확률로 근거문장이 주장을 지지하지 않는 것으로 판단을 내렸다. 이 과정은 FEVER와 유사한 과정을 따르고 있는데, 먼저 입력된 주장 문장을 이용하여 관련있는 문서를 찾아내고, 문서 내에서 근거가 될만한 후보 문장들을 찾는다. 그런 후 이미 학습된 모델을 사용하여 주장과 근거문장 사이의 관계가 참인지 거짓인지를 판단한다.

현재 서울대가 공개한 데이터셋은 FEVER와 비교하면 매우 적은 편이다. 또한 초기 연구에서 서울대 연구팀이 레퍼런스로 삼은 정보의 소스는 한글 위키피디아였는데, 앞서 논의한 바와 같이 이 역시 신뢰성의 문제가 있어 많은 개선이 있어야 할 것이다.

4. 분석적 사고의 역할

앞서 소개한 법적 규제 장치 마련과 팩트체크 노력은 허위정보가 생산된 이후에 개입하는 사후 문제 해결전략이다. 그렇다면 허위정보에 대한 노출과 그 부작용이 발생하기 이전에 국민 개개인을 보호할 방법은 없을까? 즉 허위정보가 범람하는 시대에 개인 수준에서 거짓된 미사여구에 현혹되지 않기 위해서는 어떻게 해야 할까? 세상의 잡음으로부터 스스로를 보호하려면 어떤 의식적인 노력이 필요할까? 다수의 사회과학 연구들은 그 해법으로 분석적 사고analytic thinking 능력 배양을 제시한다. 실제로 최신 연구들은 가짜 뉴스가 횡행하고 사람들이 이에 쉽사리 속아 넘어가는 이유를 인문학적 성찰과 분석적 사고의 부재에서 찾고 있다. 개개인이 신중하게 생각한 뒤 판단하지 않기 때문에 주어진 정보가 참인지 거짓인지를 가려내지 못한다는 것이다. 나아가 비슷한 계통의 연구들은 분석적 사고의 실종으로 인해 사람들이 망상에 잘 빠지고, 음모론을 쉽게 믿고, 각종 그럴싸해 보이는 헛소리pseudo-profound bullshit에 대단한 의미가 있는 양 착각하게 된다고도 지적한다.

일련의 연구 흐름을 보면 가짜 뉴스가 난립하는 탈진실의 시대post-truth era를 헤쳐 나가기 위한 단기 처방전이 무엇인지는 명백하다. 바로 '과학적이고 분석적이며 독립적으로 사안을 판단할 수 있는 능력을 갖춘 시민들'을 양성하는 것이다. 문제는 분석적 사고를 하는 것이 말처럼 쉽지 않다는 것이다. 외부의 정보를 받아들일 때 자동 반사적으로 드는 생각, 즉 개인의 '감gut'을 억누르도록 시민들을 교육해야 하기 때문이다. 직관적 추론과 달리 분석적 추론은 순간적으로 떠오르는 생각을 최대한 배제하고 작업 기억working memory을 되새김질하는 과정을 요구한다. 이 과정을 거치는 것만으로도 쉽사리 가짜 뉴스의 꾐에 넘어가지 않을 수 있지만, 사람들은 굳이 미디어에서 접한 정보의 진위를 파악하기 위해 한 번 더 기억을 곱씹는 수고를 감수하지 않는다. 심지어 작업 기억을 잘 활용하지 않는 개인들은 유포된 뒤 거짓으로 판명이 난 허위정보조차 제대로 걸러내지 못한다는 연구결과도 있다.

그렇다면 이러한 인지적 어려움에도 불구하고 분석적 사고를 해야만 허위정보를 제대로 식별할 수 있는 것일까? 허위정보 수용에 있어 분석적 사고의 중요성을 이해하기 위해서는 먼저 인지심리학 이론 중 하나인 '이중 정보처리 이론dual-process theory'을 살펴보아야 한다. 이 이론에 따르면 인간의 정보처리 과정은 크게 두 가지 유형으로 나뉜다. 첫 번째 유형은 직관이나 본능에 의존해 판단을 내리는 과정이고, 두 번째 유형은 분석과 숙고 끝에 판단하는 과정이다De Neys, 2012; Evans & Stanovich, 2013; Kahneman, 2011; Pennycook, Fugelsang, & Koehler, 2015. 이 이론의 고전적인 관점에 입각하면 대개 두 번째 유형인 분석적 추론이 더 건강한 개인의 의사결정을 이끈다. 즉, 단순히 감을 따를 때보다는 한 번 더 선행지식을 떠올리고 정보의 앞뒤가 맞는지 검증할 때 인식론적으로 의심스러운 주장들에 대해 회의적 시각을 견지할 수 있다는 의미다. 고전적인 관점은 이런 회의적 시각을 잃지 않아야만 개인이 초자연적 현상, 망상, 음모론, 그럴싸한 헛소리를 무턱대고 믿지 않고 선별적으로 수용할 수 있다고 본다.

매사추세츠 공과대학교 경영대학MIT Sloan School of Management의 데이비드 란드David Rand 교수의 최신 연구들은 이 같은 고전적인 관점의 연장선에서 분석적 사고가 가짜 뉴스와의 사투에 있어 얼마나 중요한지를 보여준다Pennycook & Rand, 2019a, 2019b, 2020. 란드 교수의 연구들은 이중 정보처리 이론의 첫 번째 유형을 주로 택하는 개인들이 두 번째 유형을 택하는 개인들보다 가짜 뉴스에 취약하다고 일관되게 제시한다. 다시 말해, 사람들이 분석적 사고를 잘 하지 않기 때문에 때때로 노골적이고 뻔한 가짜 뉴스마저 믿게 된다는 게 그의 핵심 주장이다. 한 예로, 미국 미네소타대 심리학자인 마이클 브론스타인Michael Bronstein 등이 란드 교수와 2019년 발표한 연구에 따르면 사람들이 가짜 뉴스를 믿고, 망상에 가까운 아이디어delusion-like ideation나 독단주의dogmatism, 종교적 근본주의Religious Fundamentalism에 심취하게 되는 주된 이유는 분석적 사고가 부족하기 때문이다Bronstein, Pennycook, Bear, Rand, & Cannon, 2019. 아울러 망상에 잘 빠지는 자, 독단주의자, 종교적 근본주의자들은 분석적 사고를 하지 않기 때문에 가짜 뉴스를 잘 믿는다는 연결고리도 연구를 통해 드러났다.

란드 교수를 비롯한 학자들은 연구를 수행할 때 개인마다 다르게 나타나는 분석적 사고를 측정하기 위해 주로 예일대 마케팅 교수인 셰인 프레데릭Shane Frederick 등이 MIT 재직 시절 만든 CRT인지 성찰 테스트, Cognitive Reflection Test 문항을 사용한다. 이런 테스트 없이 개인을 상대로 자가 설문을 진행하면 오류가 발생할 수 있기 때문이다. 직관적인 개인들은 대체로 본인이 분석적이 아니라는 사실을 인정할 만큼 스스로에 대해 깊이 성찰하지 않는다. 사람들은 대개 자신의 인지 역량을 과대평가하며, 스스로를 분석적이라고 평가한다. 이에 자가 설문의 대안으로 개인의 분석적 사고를 객관적으로 측정하기 위해 자주 사용되는 게 CRT로, 그 문항의 예를 들어보면 다음과 같다.

"야구 방망이와 공 가격의 합은 1.1달러다. 방망이는 공보다 1달러 비싸다. 그렇다면 공의 가격은?"

이 질문을 받고 순간적으로 답을 떠올리면 공의 가격이 0.1달러, 즉 10센트라고 착각하기 쉽다. 가장 먼저 뇌리를 스쳐 지나가는 답이기 때문이다.

그러나 곰곰이 따져보면 공의 가격이 10센트일 경우 방망이의 가격이 1.1달러가 되어 총합이 1.2달러임을 알아차릴 수 있다. 이처럼 아주 간단한 산수라 할지라도 직관에만 의존할 경우 오답을 내놓을 가능성이 있지만, 신중하게 셈을 다시 해보면 금세 실수를 깨닫게 된다.

물론 CRT 문항에 대해 오답을 내놨다고 낙담할 필요는 없다. 누구나 즉흥적으로 떠오르는 답에 더 끌리게 마련이다. 다만 이러한 경향성을 얼마나 억누르고 직관에 반하는 사고를 한 번 더 하느냐 마느냐가 CRT 점수의 차이를 가져올 뿐이다. 실제로 어떤 연구에서는 해당 질문에 대해 야구공 가격이 10센트라고 답한 사람이 전체 표본의 65%에 달할 정도로 사람들은 대체로 답을 찾기 위해 고심하지 않는 것이 드러나기도 했다Pennycook, Cheyne, Koehler, & Fugelsang, 2016. 이런 경향성을 가리켜 행동과학자들은 종종 '인지적 구두쇠cognitive miser'라는 표현을 쓴다Fiske & Taylor, 2013; Stanovich, 1999; Stanovich & West, 2000. 말 그대로 사람들이 생각하는 데 인색하고, 많은 에너지와 자원을 들이는 인지적 과정을 대체로 피하려 한다는 뜻이다. 그럼에도 불구하고 개인차가 존재하는 만큼 CRT의 정답을 맞힐 확률이 얼마나 높은지는 사람이 얼마나 분석적으로 사고하는지를 가늠하는 유용한 지표가 될 수 있다. 가령 CRT 점수가 현저히 낮은 사람이 있다면, 분석적으로 사고할 능력과 의지가 부족하다고 추측할 수 있다.

그렇다면 CRT 점수가 높고 분석적인 사고를 하는 개인은 가짜 뉴스를 잘 믿지 않고 허위정보를 효과적으로 걸러낼 수 있을까? 모든 연구들이 이 같은 가설을 뒷받침하는 것은 아니다. 동기화된 추론motivated reasoning과 관련된 선행 연구들은 분석적인 사고를 하는 개인들이 동기화된 추론을 통해 더 이념적으로 편향되고 극단적인 믿음을 갖기 쉽다고 주장한다Kahan et al., 2012; Drummond & Fischoff, 2017 특히, 기후변화나 총기 규제 등을 다룬 연구에서는 분석적 사고가 개인이 원래 가지고 있는 신념, 행동, 이념을 교정하기보다는 강화한다고 설명한다Kahan, 2013. 이런 시각에 따르면 분석적인 개인들은 추론 능력을 활용해 자신의 신념을 정당화하고, 본인이 원래 믿고 있는 바를 어떻게든 관철하려 한다. 이를 허위정보 교정의 맥락에 접목해 보면 분석적으로 사고하는 개인들은 허위정보를 접하더라도 자신의 정치적 이념과 일치할 경우 그 정보가 정확하다고 자기 자신과 타인을 설득해 버릴 가능성이 있다.

그러나 란드 교수는 실증 연구를 바탕으로 분석적으로 사고하는 개인이 동기화된 추론을 통해 자신의 정치적 이념과 일치하는 허위정보를 더 잘 정당화하고 수용할 것이라는 가설은 뒷받침되지 않았다고 설명했다. 그는 캐나다 리자이나대 행동과학자인 고르단 페니쿡Gordan Pennycook과 2019년 발표한 연구에서 분석적인 개인들일수록 정치적 이데올로기와 관계없이 뉴스 헤드라인이 가짜인지 진짜인지를 더 정확히 판별하기 때문에 허위정보를 더 잘 거부한다는 반대의 결과를 발견했다Pennycook & Rand, 2019a. 연구에 따르면 분석적인 개인은 진실을 담고 있는 뉴스 헤드라인을 봤을 때는 정확하다고 판단했고, 거짓을 담고 있는 뉴스 헤드라인을 봤을 때는 정확하지 않다고 판단했다. 심지어 분석적 개인들은 자신의 정치적 성향과 일치하는 경우 그렇지 않은 경우보다 뉴스 헤드라인의 참, 거짓 여부를 더 정확히 맞히는 것으로 나타났다. 다시 말해, 자신의 정치적 신념을 뒷받침하는 뉴스라고 해서 맹목적으로 믿는 것이 아니라, 아무리 정치적 신념에 부응할지라도 타당하지 않으면 가짜 뉴스임을 의심하고 받아들이지 않았다는 의미다.

이 같은 페니쿡과 란드의 연구는 결국 누가 허위정보를 가장 잘 믿는지를 결정하는 게 정치적 성향보다는 얼마나 직관을 이겨내고 분석적 사고를 하는지에 달려 있다는 시사점을 던진다. 허위정보에 가장 취약한 이들은 인지적으로 게으른 집단일 가능성이 크다는 얘기다. 이런 관점에서 허위정보를 믿는다는 것은 합리적, 과학적으로 사고하는 데 실패했다는 방증이다. 이들은 기후변화 관련 정보처럼 복잡한 지식을 요구하는 경우에는 일반 대중이 분석적으로 사고해봤자 주장의 진위를 가리기가 어렵지만, 일반적인 허위정보는 다르다고 풀이한다. 조금만 시간을 가지고 숙고하면 사실관계를 따져볼 수 있는 허위정보의 수용에 있어서는 분석적 사고가 힘을 발휘할 수 있다는 것이다.

소셜미디어에서 광범위하게 유포되는 허위정보의 뚜렷한 특징 중 하나는 그 기저에 있는 주장들이 굉장히 타당성plausibility이 낮다는 점이다. 보통 허위정보는 오로지 온라인에서 확산을 일으키겠다는 목적을 위해 조작된 정보이기 때문에 조금만 곰곰이 따져 봐도 금세 거짓임이 탄로 난다. 이에 페니쿡과 란드 교수는 CRT가 높은 개인들, 즉 분석적인 개인들은 이 타당성을 뉴스 정확도를 인식하는 하나의 단서로 삼을 것이라는 가설을 세우고 이 역시 파헤쳐 봤다Pennycook & Rand, 2019a. 그 결과 실제로 타당성이 낮은 정치 뉴스 헤드라인을 보면 분석적인 개인들은 이를 부정확하다고 인식했고, 타당성이 높은 뉴스는 정확하다고 인식하는 것으로 나타났다.

물론 분석적인 개인이 똑같은 미디어 정보에 노출됐을 때 참과 거짓을 잘 구분해내는 데에는 다른 제3의 매개 변수가 작용했을 것이란 의심을 해볼 수 있다. 실제로 이를 두고 몇 가지 추측이 제기돼 왔다. 하나는 분석적인 개인일수록 뉴스의 출처에 신경을 많이 쓰고 신뢰할 만한 정보원인지에 주의를 기울이기 때문에 참과 거짓을 잘 구분할 확률이 높아진다는 설명이다. 개인이 정말로 뉴스의 진위를 가리는 안목이 있다기보다는 뉴욕타임즈 같은 주류언론의 보도인지, 잘 알려지지 않은 매체에서 인용된 정보인지 등을 판단 기준으로 삼기 때문에 상대적으로 분별력 있어 보인다는 것이다. 이 같은 관측에 따르면 분석적인 개인이 허위정보를 덜 믿는 것은 더 명망이 있는 정보원을 선호하는 단순 휴리스틱스의 결과물일 뿐이다. 다른 하나는 분석적인 개인이 아무래도 뉴스 문해력이 높고 선행지식을 많이 갖고 있어 뉴스의 내용에 친숙하다는 이점이 작용한다는 설명이다. 이 설명대로라면 분석적 사고를 하는 사람들은 다양한 뉴스 헤드라인을 이미 접했기 때문에 진위를 잘 식별할 뿐이다. 이 경우에도 미디어 식별능력의 차이가 진짜 사고력과 정보를 보는 안목 차이에서 비롯했다고 보기는 어렵다.

그러나 2020년 란드 교수와 동료들은 위 두 가지 추측이 모두 성립하지 않음도 보였다Pennycook & Rand, 2020. 출처를 숨긴 뒤 개인들에게 뉴스 헤드라인의 진위를 판별해보도록 하고, 올바른 정보 못지않게 친숙한 허위정보들을 이용해 같은 실험을 진행한 것이다. 실험 결과, 출처 기반 휴리스틱, 친숙함 모두 분석적 사고와 미디어 진위 식별능력 간 관련성에 영향을 미치지 않았음이 확인됐다. 이는 분석적 사고를 하는 개인이 뉴스의 진실성에 가까이 다가갈 수 있는 배경은 단지 팩트체크 정보를 더 많이 접하고 해당 분야에 박식해서가 아니며, 정보의 출처를 더 면밀하게 확인해서도 아니라는 것을 보여준다. 순간의 판단에 의지하고 싶은 충동을 이기고 심사숙고해 정보를 수용하려는 인지적 노력이 힘을 발휘한 결과다.

앞서 소개한 연구결과들을 종합하면 사람들이 허위정보를 얼마나 잘 믿는지, 혹은 그럴싸하게 꾸며낸 헛소리를 얼마나 심오하다고 느끼는지, 초자연적 현상이나 음모론 등을 얼마나 믿는지는 개개인의 분석적 사고에 달려 있음을 알 수 있다. 일련의 발견은 허위정보의 유포를 저지하려는 기관들에도 상당한 함의를 던진다. 일반 대중을 상대로 허위정보의 위험성을 경고하는 방식보다는 취약 집단을 선별해 주의를 촉구하는 접근이 더 효과적일 수 있기 때문이다. 이처럼 분석적 사고는 허위정보를 빠르게 감지하는 데 도움이 될 뿐만 아니라, 거짓이 판치는 시대에 우리 스스로를 지켜낼 수 있는 좋은 처방이다. 그리고 어떻게 개개인의 성찰할 수 있는 능력과 의지를 키워줄 것인지를 고민하는 일은 우리에게 남겨진 숙제다.

5. 논의 및 결론

호주의 심리학자 스테판 레반도프스키Stephan Lewandowski와 동료들이 주장한 바에 따르면, 탈진실의 시대는 지난 수십년간 진행되어온 몇 가지 거대한 사회적 경향들societal mega-trends의 산물이다Lewandowski et al., 2017. 그 경향들이란 경제적 불평등, 물질주의, 정치적 양극화, 사회적 자본의 고갈, 미디어 환경의 진화, 과학자등 전문가 집단에 대한 신뢰 저하 등이다. 최근 연구에서 필자는 한국 사람들이 소셜미디어를 많이 사용할수록 "인유두종바이러스HPV 백신 접종이 청소년들을 성적으로 문란하게 만들고, 백신을 접종한 사람들은 성관계시 피임기구 사용을 꺼린다"는 허위 정보를 더욱 믿게 되는데, 아무리 그러한 허위 정보를 믿는다 하더라도 정부를 신뢰한다면 "정부가 청소년들이 저렴하게 혹은 무료로 인유두종바이러스 백신을 접종할 수 있도록 지원해야한다"고 생각한다는 사실을 발견했다Oh & Lee, 2019. 즉 정부가 국민들로부터 신뢰만 받고 있다면 정부 정책과 관련된 허위 정보가 여론을 호도함으로써 공동체의 안녕에 위협을 가할지 모른다고 염려할 필요는 없다. 탈진실의 시대에도 중요한 것은 여전히 신뢰이다. 또 다른 최근 연구에서 필자는 암관련 정보에 대해 과부하information overload를 경험한 사람일수록 암과 관련된 허위 정보를 더욱 강하게 믿는다는 사실을 발견했다Lee, Kim, & Ko, 2021. 그런데 흥미롭게도 이러한 관계가 의사와 빈번하게 대화하는 집단에서는 관찰되지 않았다. 이는 전문가 집단과의 원활한 커뮤니케이션이 정보 처리 과정에서 발생할 수 있는 인지적 과부하의 문제를 상쇄시킬 수 있음을 의미한다. 이러한 일련의 연구들에 근거하여 필자는 코로나19 위기 국면에서 발생하는 인포데믹 역시 국민들의 정부에 대한 신뢰를 높이고 전문가의 권위를 회복함으로써 일정 부분 해결할 수 있다고 본다.

다만 문제는 시간이다. 경제학자 존 메이너드 케인즈John Maynard Keynes가 지적한 바와 같이 "장기적으로 우리는 모두 죽는다"In the long run we are all dead Keynes, 1923/1971. 단기적으로 허위 정보의 부작용을 최소화하기 위해서는 개개인들을 움직일 수밖에 없다. 사회역학자들social epidemiologists 사이에서 회자되는 유명한 비유가 하나 있는데 이는 코로나19 위기에 직면해있는 우리들에게 던지는 함의가 상당하다. 강의 상류upstream에서 계속해서 아이들을 물속으로 던져 익사시키려고 하는 연쇄 살인마가 있다고 가정해보자. 우리는 강을 타고 떠내려 오는 아이들을 쉴 새 없이 건져 올려야만 한다. 상류에 있는 범인이 진짜 원인이고 문제를 해결하기 위해서는 범인을 잡아야만 하지만 하류downstream로 떠내려 오는 아이들을 건져 올리는 일 역시 소홀히 해서는 안 된다. 가짜 뉴스 그리고 인포데믹 문제도 그러하다. 사회의 병리 현상들, 즉 잘못된 사회 구조에 관심을 기울이고 이를 혁신하고자 노력해야 한다. 그것이 사회과학자에게 부여된 사회공학자로서의 책무일 것이다. 다만 당장 코로나바이러스감염증-19와 관련된 허위정보를 믿는 탓에 적절한 방역 수칙들을 따르지 않아 본인은 물론 다른 공동체 구성원들의 건강과 생명까지 위협하는 사람들을 어떻게 할 것인가? 정치적, 종교적 신념 때문에 코로나바이러스감염증-19에 대해 적절한 수준의 위험 인식을 가지고 있지 못한 사람들을 어떻게 할 것인가? 지금 당장 이들에게는 개인적, 심리적 차원의 적극적인 개입이 필요하다. 이 글에서 해법으로 제안한 법적 규제, 팩트체크 노력, 그리고 분석적 사고 배양 등은 바로 이러한 맥락에서 이해되길 바라며 글을 마무리하고자 한다.

제 9 장

소셜헬스 증진을 위한 AI 빅데이터 교육 프로그램

김효중 | 연세대학교 정보대학원 석사과정
김희웅 | 연세대학교 정보대학원 교수

1. 서론

인공지능 시대에는 일자리 구조에 근본적인 변화가 일어나며, 특히 단순한 업무의 자동화와 함께 창의성이 필요한 업무를 중심으로 새로운 일자리가 창출되는 등 직무 변화 및 일자리 이동이 가속화되고 있다. 맥킨지에서 발간한 2019년 연간 보고서에 따르면, 2030년까지 전 세계 일자리의 15~30%가 자동화되며, 한국의 경우 기존 일자리 700만 개가 감소하고 동시에 신규 일자리 730만 개가 창출될 수 있다고 전망하였다김정민·허정, 2019. 글로벌 컨설팅 회사 Paysa에서 시총 상위 20개 회사의 최근 AI 인재 확보를 위한 과감한 투자 경향을 확인할 수 있는 자료를 제시하였다(아래 〈그림 9-1〉 참조).

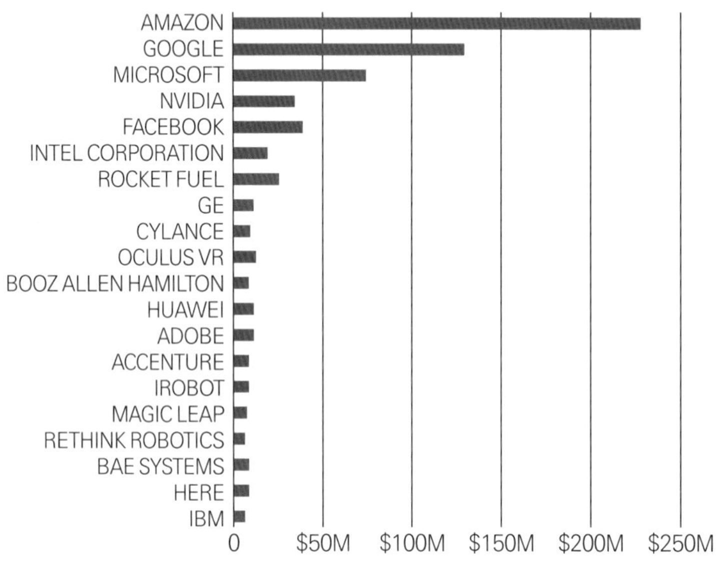

그림 9-1 시총 상위 20개 기업의 AI 인재 투자 규모 그래프(출처: Paysa.com)

소셜헬스 분야도 이러한 일자리 구조의 변화 흐름 속에서 예외가 될 수 없다. 소셜헬스에 영향을 미치는 교육, 근로, 노인복지, 온라인 커뮤니티 및

SNS, 신체적 건강, 그리고 전자정부에 이르기까지 소셜헬스 전 분야는 빠르게 디지털 트랜스포메이션이 진행되고 있으며, 그에 따른 디지털 신기술을 가진 인력 수요 또한 급증하고 있다최병삼, 2019. 구체적인 사례로, SK텔레콤과 지방자치단체, 그리고 사회적 기업이 연합하여 론칭한 ICT 기반 돌봄 서비스 관련 정보〈그림 9-2〉 참조에서 확인할 수 있다. 해당 서비스는 기존의 면대면 기반의 노인 돌봄 시스템에서 탈피하여, ICT 기술을 활용한 지능형 노인 돌봄 서비스를 제공하는 것을 특징으로 한다. 이처럼 노인복지 및 돌봄의 공공 서비스 영역에도 이제는 신기술을 활용하는 역량을 갖춘 인재를 요구하는 상황이다.

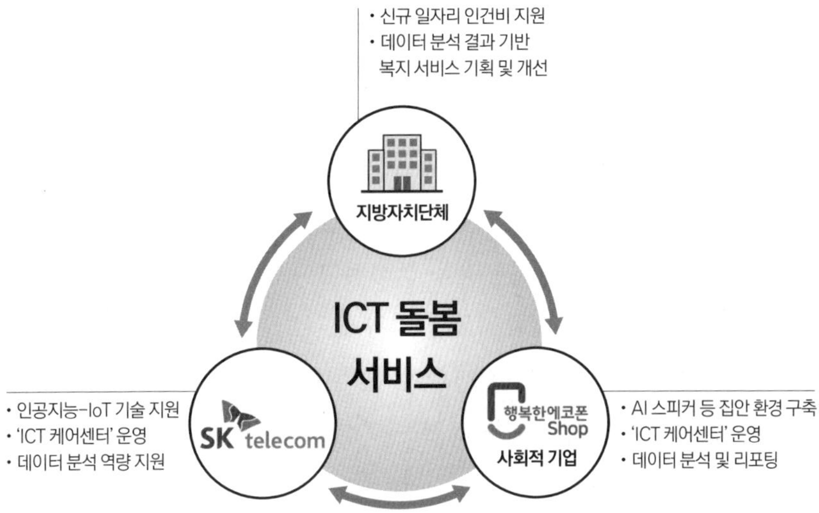

그림 9-2 ICT 돌봄 서비스 개요(출처: SK텔레콤 홈페이지)

사회 전반에 걸친 일자리 구조 변화에 발맞춰 사회에 필요한 인재를 적재적소에 공급하기 위해서는 현재까지 진행되어 온 인재 양성 혹은 교육 프로그램을 점검하고 보완 및 개선책을 고민해 볼 필요가 있다. 특히, AI 빅데이터 분야와 같이 4차 산업혁명 신기술 관련 분야는 비교적 최근에 각광 받고 있는 학문 분야로서, 실무에 적합한 역량이 교육과정 내 충분히 반영되어 있는지 확인하는 것은 유의미한 활동이 될 것으로 기대한다.

2. AI 빅데이터와 결합한 소셜헬스 필요성

| 1 | 사회적 역할을 담당하는 인공지능

4차 산업혁명에 따른 신기술이 경제 및 산업 전반에 영향을 미치면서 동시에, 사회적 역할 및 생활 부문에까지 깊게 스며들고 있다. 즉, 인공지능과 데이터사이언스 관련 기술을 통해, 신서비스를 개발하여 부가가치를 창출하는 비즈니스 모델 개발 이외에도 다양한 가치 실현을 위한 사회적 기업에서의 인공지능과 데이터사이언스 관련 기술 활용 사례가 늘고 있다.

한국전력공사는 SK텔레콤과 함께 '인공지능 활용 사회 안전망 서비스'를 개발하여 시범 운영하고 있다. 1인 취약가구들의 사회안전망 강화를 위해 제주 서귀포시 주민을 대상으로 1인 가구 안부살핌 서비스를 제공하고 있다. 이는 인공지능 기술로 전력사용량을 분석하고 통화기록을 활용해 일상 생활 패턴과 다른 비정상 패턴을 탐지하면 지자체 복지담당 공무원에게 경보를 통보해 사고를 사전에 방지하는 서비스이다유성민, 2020.

한편, 사이버불링으로 어려움을 겪는 학생들을 지원하고 사고를 예방하는 데에도 인공지능 기술을 활용하고 있다. 인스타그램은 인공지능 기술을 활용해 비방 목적 게시물이나 악성 콘텐츠를 찾아 자동으로 신고하는 기능을 도입하였다. 자동신고 기능은 스토리와 둘러보기뿐 아니라 비공개 계정의 사진 게시물에도 적용된다. 신고된 사진이나 게시물에 포함된 비방용 문구 등을 검토한 결과, 인스타그램의 가이드라인을 준수하지 않는 경우 삭제 조치된다. 인스타그램은 최근 인스타그램을 활용한 사이버불링이 급증하고 있는 문제를 해결하는 데 기여하고자 해당 서비스를 제공하게 되었다고 발표하였다조성배·신신애·강동석, 2020.

이처럼, 인공지능 기술의 활용은 기존에 적절히 대응하지 못하였거나, 혹은 방치된 요소를 해결하는 데 크게 기여하고 있다. 인공지능 기술이 소셜헬스를 증진하는 데 큰 역할을 하고 있다고 평가할 수 있는 것이다.

| 2 | 소셜헬스 분야 신서비스 및 콘텐츠 개발

인공지능과 데이터사이언스 관련 기술을 활용하여, 디지털 신서비스를 개발하고 부가가치를 창출하는 비즈니스 모델 개발이 최근 활발히 진행되고 있다.

대표적인 사례로 에듀테크 분야를 들 수 있다. 교육에 디지털 신기술을 접목해 기존 교육 서비스를 개선하거나 새로운 가치를 제공하는 발전이 진행되고 있다. 세계 교육 시장은 2020년 6조 5천억 달러 수준에서 2025년 8조 1천억 달러, 2030년에는 10조 달러에 달할 것으로 전망되고 있다. 이 중 에듀테크 시장은 2018년 1,530억 달러에서 2025년 3,420억 달러의 시장규모를 형성할 것으로 예측되고 있다(〈그림 9-3〉 참조).

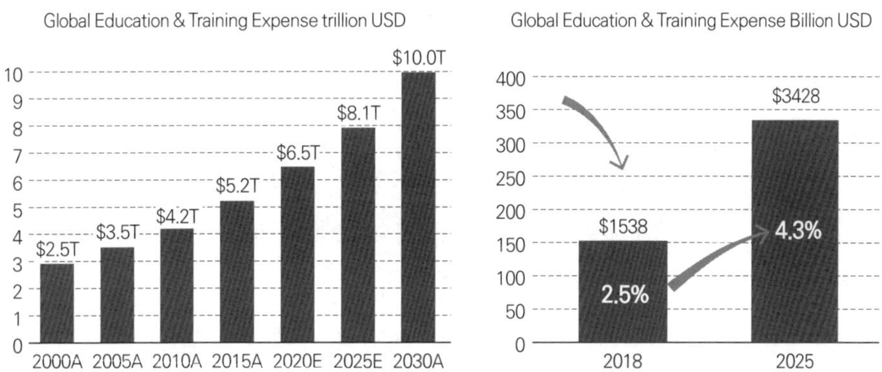

그림 9-3 세계 교육시장 규모 추세(좌)와 에듀테크 시장 규모(우)(출처: Holon IQ(2020))

에듀테크 산업은 의사소통과 정보관리를 용이하게 함으로써 학습 성과를 제고시키는 방향으로 발전해 나가고 있다. 특히 코로나19 시대 속에서 비대면 강의가 보편화 되고, 이를 위해 비대면 교육 플랫폼이 적극적으로 활용되고 있다. 이는 기존의 주입식 강의에서 양방향 소통을 원활하게 하는 데 크게 기여하였다.

코로나19 사태는 디지털전환 시대의 우리나라 교육 현실이 부족한 점을 여실히 드러냈고, 동시에 이를 개선하는 데 큰 기여를 할 수 있었다. 교육부문의 디지털 트랜스포메이션에 대한 국민적 공감대 형성, 교육현장의 문제해결을 위한 에듀테크의 다양한 시도, 그리고 이를 수용할 수 있는 제도의 개선에 대한 사회적 논의가 적극적으로 이루어지고 있기 때문이다공영일, 2020.

이처럼 인공지능 기술 등 디지털 신기술을 기반으로 한 소셜헬스 분야의 신서비스 개발 및 콘텐츠 개발의 흐름은 해당 산업의 성장 측면 이외에도, 다양한 사회적 변화와 개혁을 이끌어 낸다는 점에서 상당히 의미 있는 요소로 평가할 수 있다.

3. AI 빅데이터 교육 프로그램 현황(국내)

| 1 | AI 빅데이터 고급 인재 및 융복합 인재 양성을 위한 정부 계획

과학기술정보통신부와 4차산업혁명위원회에서 2018년에 발표한 'I-Korea 4.0 실현을 위한 인공지능 R&D 전략'에는 2025년까지 AI 빅데이터 관련 인재 양성 및 교육 방안에 대한 전략이 담겨 있다. 인공지능 대학원 신규 지정 등 인공지능 고급인재 양성과 더불어 산업 분야별 인공지능 융복합 인재 양성 등 인적확보에 주력하는 안으로 구성되어 있다.

인공지능 대학원은 2022년까지 AI 석·박사급 세계적 선도연구자 350명을 양성하기 위한 대학원 신설을 추진하고 있으며, 이를 위해 연간 20억 원 수준을 투자할 계획을 하고 있다. 또한, AI 핵심기술을 개발할 수 있는 세계 최고 수준의 연구 인력을 양성할 수 있는 AI 커리큘럼을 마련하고 산학협력 측면에서 기업 수요기반의 연구개발 및 현장 중심의 석·박사급 고급 인재를 양성하기 위해 산학협력 활동 강화를 적극적으로 추진하고 있다.

한편, AI 프로젝트형 교육을 통해 인공지능 융복합 인재 양성에도 적극적으로 투자할 계획을 하고 있다. 인공지능 분야 6개월 집중 교육훈련으로 산업 맞춤형 청년 인재 600명 규모 양성을 추진하고, 취업 연계 강화를 위해 참여기업의 수요 등을 교육과정에 적극적으로 반영한 후 수료생 중 50% 이상을 참여기업에서 채용하는 조건을 부여하는 방안을 추진하고 있다. 참여기업에는 4년간 20~50억 원에 달하는 금액을 심사를 통해 지원하고 75% 이상 채용 기업에 운영비 5% 이내 성과보수를 제공하는 방안을 추진하고 있다. 아래 〈표 9-1〉은 AI 프로젝트형 교육 프로그램의 예시 참고 자료로 제공된 것이다.

표 9-1 AI 프로젝트형 교육 커리큘럼 예시 자료(출처: 과학기술정보통신부)

구분	주요 내용
AI 기초교육(288시간)	알고리즘 설계, 데이터베이스 모델링, 신경망의 원리(CNN, RNN), 딥러닝의 구조·원리 등
AI심화 응용교육(192시간)	자율주행시스템 분석·설계, 의료영상진단시스템 동작원리·설계 등
기업실무프로젝트(480시간)	2개 프로젝트(① AI 스피커 알고리즘 개발, ② 객체 인식·추적 시스템 개발) 중 1개를 선택해야 하며, 최고 전문가 멘토링 진행

요약하면, 인공지능 대학원을 통한 고급 인재 양성과 실무형 인공지능 융복합 인재 양성이라는 두 축을 통해 필요 인력을 양성하는 것이 핵심 인재 양성 전략으로 볼 수 있다. 그 외에 주목할 만한 프로그램 중 하나가 글로벌 역량을 갖춘 AI 인재 양성을 위해 글로벌 AI 선도 기업과 기관의 '레지던시 프로그램' 중심으로 2022년까지 100여 명 규모 정도 참가 지원을 하는 것이다. 이는 국내 AI 우수 인재를 대상으로 다국적 기업 내부에서 우수 인력과 함께 실제 데이터를 활용한 AI 연구가 이뤄지도록 집중적으로 지원하기 위해 추진되는 정책으로 평가된다(최일수·신은종, 2019).

| 2 | 국내 인공지능(AI) 대학원 교육 프로그램 현황

2019년 과학기술정보통신부가 인공지능 대학원 지원사업을 한 이후 2020년 가을학기까지 최종 8개교를 선정했고, 2022년까지 총 10개교 설립을 목표로 진행되고 있다. 현재까지 설립되어 운영되고 있는 8개교와 관련하여 전임 교원 현황, 개설 교과목 수와 이수학점에 관한 정보를 아래 〈표 9-2〉에서 확인할 수 있다. 추가로, 서울대에서 설립한 데이터 사이언스 대학원의 정보 또한 포함하였다.

표 9-2 국내 인공지능(AI) 대학원 교육 프로그램 현황

학교명	전임 교원 현황(목표 정원)	개설 교과목 수	이수학점(석사/박사)
서울대 * 데이터 사이언스 대학원	9(15)	21	24 / 36
KAIST(한국과학기술원)	13(27)	27	33 / 60
성균관대	15(20)	53	24 / 51
고려대	8(25)	48	24 / 70
POSTECH(포항공과대)	15(25)	53	28 / 60
한양대	14(30)	26	26 / 58
연세대	8(18)	58	30 / 54
UNIST(울산과학기술원)	8(40)	35	28 / 60
GIST(광주과학기술원)	8(30)	20	미선발 / 60

상기 대학원의 교육과정은 주로 수학을 기반으로 선형대수, 확률통계학, 최적화, 해석학 등에 초점이 맞춰진 교육과정으로 구성되어 있다. 동시에 컴퓨팅 능력을 확장할 수 있는 다양한 프로그래밍 강의가 포함되어 있다. 인공지능의 교육과정의 핵심적인 특징은 수학적 계산 능력과 컴퓨터 역량의 함양을 목표로 구성되어 있다.

한편, 카이스트, 유니스트 등 국가 과학기술 중심 대학일수록, 컴퓨팅 능력과 수리적 해석 능력을 강조하는 경향이 강했으며, 일반 종합대에 소속되어 있을수록 인문, 사회 과학의 학문 간 융복합을 이루는 교과목이 편성되어 있는 특징을 가지고 있다김동규, 2020.

| 3 | 교육 프로그램 비교 분석-서울대와 KAIST

서울대 데이터 사이언스 대학원과 KAIST 인공지능 대학원은 학생 선발부

터 교육 프로그램 구성까지 상당히 다른 측면이 있다. 서울대는 학부 전공에 상관없이 논리적 사고 능력을 갖춘 학생을 선발하여, 기존 전공 지식에 데이터 사이언스 전문성을 더해 각자의 분야에서 AI 시대에 선제적으로 대응할 수 있는 능력을 갖춘 인재 양성을 표방하고 있다.

한편, KAIST 인공지능 대학원은 AI 코어core 기술 역량을 세계 상위권 또는 선진국 수준에 올려놓는 것에 핵심 목표를 두고 있다. 산업에 응용하는 분야보다는 코어기술에 집중해 한국의 인공지능 기술의 세계 선도에 이바지하고자 한다. 이러한 목표 속에서 정송 KAIST AI 대학원장은 철저하게 코어 기술을 위주로 '누가 공부할 준비가 잘 돼 있느냐'만 보고 선발하고 있다고 밝혔다. 따라서 최고 수준의 수학 능력과 컴퓨팅 능력을 갖춘 학생을 대상으로 선발하고 있으며, 특히 선형대수, 확률통계, 최적화 및 해석학 등 AI의 수학적 기반을 가지면서 프로그래밍 능력이 출중한 학생을 중심으로 선발하고 있다고 전했다. 교육과정 역시 철저히 수리적 계산 공학 능력과 컴퓨터 프로그래밍 개발 중심으로 구성되어 있으며, 전임 교수진 역시 전 세계적으로 AI 코어를 잘하는 사람으로만 선발하였고, 앞으로도 그 기조는 유지할 것이라고 밝혔다.

정리하면 서울대 데이터 사이언스 대학원은 다양한 학업적 배경을 가지고 있으며 이에 인공지능 기술이 더해져, 산업에서 부가가치를 창출하는 일련의 교육과정으로 구성되어 있다면, KAIST 인공지능 대학원은 철저하게 AI Core 기술 중심 대학원으로서, 기술 연구와 개발에 전력을 다하는 것으로 볼 수 있다.

서울대와 KAIST 대학원에 소속된 전임 교원의 박사 학위 전공 분야아래 〈표 9-3〉 참조를 보면 서울대가 KAIST보다 다양한 전공으로 구성되어 있음을 확인할 수 있다.

표 9-3 각 대학원에 소속된 전임 교원의 박사 학위 전공 분야 현황

서울대 데이터사이언스 대학원		KAIST 인공지능 대학원	
차상균 교수	컴퓨터공학	정송 교수	컴퓨터공학
신효필 교수	언어학	김기응 교수	컴퓨터공학
이재진 교수	컴퓨터공학	김범준 조교수	컴퓨터공학
김용대 교수	통계학	김범준 교수	컴퓨터공학
최병선 교수	통계학	서민준 조교수	컴퓨터공학
Wen-Syan Li 교수	컴퓨터공학	신기정 조교수	컴퓨터공학
이승근 부교수	생물통계학	신진우 부교수	수학
김형신 조교수	컴퓨터공학	양은호 부교수	컴퓨터공학
오민환 조교수	경영학	윤세영 조교수	전기전자공학
		이주호 조교수	컴퓨터공학
		주재걸 부교수	컴퓨터공학
		최윤재 조교수	컴퓨터공학
		최재식 부교수	컴퓨터공학
		황성주 부교수	컴퓨터공학

두 대학원의 전임 연구진의 학문적 배경의 차이는 곧 교육 프로그램 구성의 차이를 의미하기도 한다. 두 대학원의 교육 프로그램 특징을 살펴보기 위해 프로그램 내용을 제시하고자 한다(〈표 9-4〉 참조).

과목명으로 교육 프로그램 내용을 예측하기에는 다소 무리가 있지만, 두 대학원의 프로그램 구성은 다소 다르다는 것은 쉽게 알 수 있다. 서울대의 경우에는 데이터 사이언스 기술 개발 외에도 창업 과목, 캡스톤 프로그램 등 실제 응용 분야와 관련된 교과목을 확인할 수 있다. 한편, KAIST는 일부 음악과 헬스케어에 응용하는 과목이 있지만, 철저하게 코어Core 기술 개발 중심으로 교과목이 구성되어 있다고 평가할 수 있다.

표 9-4 각 대학원에 개설된 교육 프로그램 현황

서울대 데이터사이언스 대학원	KAIST 인공지능 대학원
데이터사이언스를 위한 컴퓨팅	인공지능을 위한 기계학습
확률과 통계	심층학습
데이터 기반 혁신과 창업	인공지능을 위한 수학
캡스톤 프로젝트	인공지능을 위한 최적화
AI의 윤리적 함의	인공지능을 위한 고급 기계학습
데이터사이언스 세미나	고급 심층학습
빅데이터 및 지식 관리 시스템	컴퓨터 비전을 위한 심층학습 기법
머신러닝 및 딥러닝	자연어 처리를 위한 심층학습 기법
시각적 이해를 위한 기계학습	추천 시스템
자연어 빅데이터 분석 방법론	그래프 마이닝 및 소셜 네크워크 분석
확장형 고성능 컴퓨팅	인공지능 기반 시계열 분석
소프트웨어 플랫폼	인공지능을 위한 병렬분산계산
강화학습	불확실성 하에서의 연속의사결정
앰비언트 인공지능 플랫폼	심층 강화학습
데이터분석과 시각화	인공지능 머신러닝 시스템과 응용
고급통계분석	인공지능의 해석 및 상호작용 기법
데이터사이언스를 위한 학습이론	베이지안 기계학습
시공간 데이터 분석 및 처리	머신러닝의 음악적 응용
유전체 데이터 분석 방법	헬스케어를 위한 기계학습
자연어 처리의 응용	데이터 마이닝 및 검색
데이터사이언티스트를 위한 금융공학	-

4. AI 빅데이터 교육 프로그램 현황(해외)

| 1 | AI 빅데이터 고급 인재 양성에 관한 국제적 동향

현재 AI 빅데이터 고급 인재 양성을 위해 기술 선진국들의 전략은 치밀하게 기획되고 진행되고 있다. 특히, 영국, 미국 그리고 중국이 AI 분야에 막대한 자본을 투하하며, 인재 양성에 열을 올리고 있다고재원, 2020.

우선, 영국은 전 세계에서 인공지능 관련 교육에 가장 열을 올리는 나라 중 하나로 평가받고 있다. 영국은 국제적으로 AI 대학원이 가장 많은 나라로

손꼽힌다. 2019년 기준 AI 대학원은 23개에 이른다. 정부 차원에서도 석/박사 인재 양성을 위해 매년 약 2억 파운드3051억 원를 투자하고 있으며, 기업의 투자도 줄을 잇고 있다. 대표적인 AI 대학원 중 한 곳인 영국 유니버시티칼리지런던대UCL에서는 인지신경과학을 중심으로 연구가 활발히 진행되고 있다. '알파고'를 만들어 낸 딥마인드의 설립자이자 CEO인 데미스 허사비스도 UCL 출신으로 알려져 있다. 그는 UCL에서 인지신경과학 분야 박사 학위를 받았다.

한편, 미국의 유명 AI 대학원 역시 인재 양성에 집중하고 있다. MIT, Carnegie Mellon Univ. Stanford 등 여러 미국 대학들이 AI 교육에 투자를 집중하고 있다. 구글의 AI 부문을 이끄는 제프 딘은 워싱턴대에서 컴퓨터 공학 박사를 받았다. 애플의 AI 부문은 스탠퍼드대 컴퓨터공학 박사 학위를 받은 아담 코츠가 이끌고 있다.

한편, 국내 서울대와 KAIST가 산업 응용 분야와 코어기술 중심으로 각자의 경쟁력을 갖듯이, 국제적으로도 차별화된 교육 프로그램을 가지고 경쟁력을 확보해 나가기도 한다. 따라서, AI 대학원으로 국제적 명성을 가진 UCL영국의 교육 프로그램과 데이터 사이언스 대학원으로 경쟁력을 가진 Univ. of Texas, Austin에 대한 각각의 사례를 비교 분석해 보는 것도 의미가 있다고 볼 수 있다.

| 2 | University College London(UCL) – Foundational Artificial Intelligence

UCL은 인지신경과학 분야의 인공지능에 특화된 대학원으로서, 관련 교육 프로그램으로 구성된 것이 특징이다. 즉, 대부분의 인공지능 대학원이 전반적인 수리적 계산과 컴퓨팅 영역을 교육한다면, UCL은 인지신경과학 연구에 필요한 컴퓨팅 Core 기술 중심으로 구성된 것이 특징이다. 아래 〈표 9-5〉를 통해, UCL 교육 프로그램 구성 내용을 확인할 수 있다.

≫ 표 9-5 UCL Foundational Artificial Intelligence Program Structure

Index	Program
1	Reinforcement Learning
2	Advanced Topics in Machine Learning
3	Approximate Inference and Learning in Probabilistic Models
4	Graphical Models
5	Information Retrieval and Data Mining
6	Introduction to Deep Learning
7	Introduction to Machine Learning
8	Inverse Problems in Imaging
9	Machine Vision
10	Probabilistic and Unsupervised Learning
11	Supervised Learning
12	Multi-agent Artificial Intelligence

| 3 | University of Texas, Austin Information Technology Management

본 대학원 프로그램은 인공지능 코어 기술을 개발함과 동시에 이를 산업 분야에 응용하는 것을 포함하는 것을 목표로 구성되어 있다. 따라서, 교수진 구성 역시 컴퓨터 공학 분야 이외에도 수학, 통계학, 경영학 등 다양한 전공으로 구성된 것이 특징이다. 교육 프로그램은 Core 기술 능력 개발을 위한 과정과 비즈니스 환경에 응용하는 과정 등 융·복합적 학문 분야로 제공되고 있는 것이 특징이다. 이러한 특징으로 본 프로그램은 UCL보다, 컴퓨터 공학과 수리적 계산 분야의 비중은 상당히 감소한 형태임을 확인할 수 있다. 아래 〈표 9-6〉을 통해, 교육 프로그램 구성 내용을 확인할 수 있다.

표 9-6 UTA Information Technology Management Program Structure

Index	Program
1	Process Innovation
2	Application Programming
3	Cognitive Computing
4	Optimization and Simulation for Decision
5	Statistical Foundations of Business Analytics
6	Introduction to Deep Learning
7	Introduction to Machine Learning
8	Data Exploration and Visualization
9	Advanced Programming & App Development
10	Deep Reinforcement Learning
11	Supervised Learning
12	Data Analysis
13	Neural Networks for NLP
14	Multimodal Machine Learning
15	Multimedia Databases and Data Mining

5. 코로나19 시대의 효과적 AI 빅데이터 교육 프로그램 제안

| 1 | 소셜헬스를 위한 AI 빅데이터 교육 프로그램 필요성

국내 인공지능 데이터 사이언스 대학원과 글로벌 인공지능 대학원 사례를 통해, 포스트 코로나19 시대에서 경쟁력을 확보하기 위한 각국의 국가적 투자와 노력을 살펴볼 수 있었다. 이러한 노력 속에서, 인공지능의 코어core 기술이 우리 미래를 지배해 나갈 것으로 예측해 볼 수 있다. 특히 비대면 디지털화를 급속도로 앞당긴 코로나19로 인해 그 미래는 더욱 빠르게 접하게 될 수 있다.

코어Core 기술만으로는 우리 생활에서의 변화를 체감할 정도로 빠르게 바꾸기는 어려울 것이다. 결국, 해당 기술과 비즈니스가 결합하여야, 우리가 체감할 수 있는 상품 혹은 서비스로 구현되어 우리 삶을 변화시켜 나갈 수 있기 때문이다. 따라서, 국내의 서울대 데이터 사이언스 대학원 교육과 미국의 UTA 교육 프로그램 또한 AI의 상용화 측면에서 필요하다고 볼 수 있다.

산업사회에서는 그 이전에 비해 공업이 경제활동의 중심에 들어왔으며, 이는 공업 관련 교육과정을 기계, 화학, 전기 전자, 컴퓨터 등 세분된 교육 프로그램 개발로 이어지게 하였다. 앞으로 다가오는 4차 산업혁명 속에서 인공지능이 우리 삶 속에 더욱 깊이 파고들수록 사회 각 분야에서 요구하는 인공지능의 모습에 맞춰 AI 연구는 세부적으로 변할 것이다. 따라서, 소셜헬스에 영향을 미치는 교육, 근로, 노인복지, 온라인 커뮤니티 및 SNS, 신체적 건강, 그리고 전자정부에 이르기까지 인공지능의 역할에 관한 연구와 개발은 점점 더 전문화·세분화되어 갈 것으로 볼 수 있다.

이에 선제적으로 대응하고자 하는 목표를 가지고 소셜헬스 관련 AI 분야에 대한 교육 프로그램 개발을 고민해 볼 필요가 있다.

| 2 | 해외 사례를 통한 AI 빅데이터 교육 프로그램 제안

(University College London(UCL) – Artificial Intelligence Enabled Healthcare)

UCL은 인지신경과학 관련 코어Core 기술을 연구하는 AI 대학원과 함께 이를 헬스케어에 응용하는 교육 프로그램을 운영하고 있다. 해당 교육 프로그램에서는 AI를 활용한 의학 진단과 수술 방법에 관한 기술을 연구하고 헬스케어 관련 공공 데이터를 머신러닝 기법을 활용하여 분석을 진행하기도 한다. AI 인지과학 분야의 국제적 코어Core 기술을 가진 대학이 AI를 활용하여 소셜헬스에 이바지하는 연구도 진행하는 교육 프로그램을 별도로 운영하고 있다는 점을 주목해 볼 필요가 있다. 이를 벤치마킹하여, 우리나라 역시 코어Core 기술을 개발하는 대학에서 AI 응용 산업 연구도 함께 진행하는 것을 고려해 볼 수 있다. 아래 〈표 9-7〉은 UCL Artificial Intelligence Enabled Healthcare 교육과정을 정리한 자료이다.

표 9-7 UCL Artificial Intelligence Enabled Healthcare Program Structure

Index	Program
1	Principles of Health Data Science
2	Data Methods for Health Research
3	Machine Learning in Healthcare and Biomedicine
4	Advanced Statistical Analysis
5	Advanced Statistics for Records Research
6	Principles of Epidemiology Applied to Electronic Health Records Research
7	Information Retrieval and Data Mining
8	Graphical Models
9	Advanced Machine Learning for Healthcare
10	Computational Genetics of Healthcare

UCL Artificial Intelligence Enabled Healthcare 교육과정은 헬스케어를 중심 주제로 인공지능 기술을 개발하고 활용하는 형태로 구성된 것을 확인할 수 있다. 또한, UCL은 인공지능 대학원과 연계성을 매우 강조하여, 교차 수강도 권장되고 있다. 이를 통해, 인공지능 코어Core 기술과 응용 산업의 시너지를 기대하고 있으며, 단순히 기술에만 머무르는 것이 아니라 실제적인 상품과 서비스로 구현되도록 한다고 볼 수 있다.

현재 우리나라는 코어Core 기술 연구 중심의 인공지능 대학원을 육성해 나가고 있다. 여기에 그치지 않고, 소셜헬스와 관련된 응용 분야를 전문적으로 다루는 교육 프로그램이 병존한다면 상호 간 더 큰 시너지를 낼 수 있을 것으로 기대한다. 2020년 9월에 첫 문을 연 연세대 인공지능 대학원은 AI 플랫폼 연구를 지향하고 있다이윤정, 2020. 연세대가 강점을 가진 의료와 바이오 분야에 특화해 지능형 서비스 개발 연구를 진행하는 것이다. 이처럼 응용 산업 분야와 연계한 교육 프로그램 개발을 향한 움직임이 나타나고 있어 상당히 고무적이라고 평가할 수 있다.

제 10 장

코로나19와 환경: 인간의 건강과 환경의 상호 취약성 인식, 그리고 장기적 대책

김민정 | 연세대학교 소셜오믹스 연구센터 전임연구원

코로나19 바이러스 감염 사례들이 처음 전 세계 곳곳에서 발견되기 시작한 지 1년여의 시간이 흐르는 동안, 각국 정부와 국제기구, 학계는 주로 의학적 측면에서 이 팬데믹감염병의 전 세계적 유행 상황에 대처할 방안을 강구하는 데 주목해왔다. 그러한 노력의 성과로 보다 정확하고 신속한 진단 키트들이 개발되고, 2021년도에는 백신이 전세계로 보급되기 시작했으며, 치료제에 대한 임상시험들도 계속되고 있다. 그러나 이러한 의료적 차원의 대응은 말 그대로 특정 바이러스에 대한 "사후적 대응reaction"에 불과하다. 언제든지 또 다른 변이, 혹은 새로운 종류의 바이러스들이 창궐할 수 있다는 점을 고려하면, 의료적인 사후 대응만으로는 부족하다. 감염병의 팬데믹이 재발하는 것을 방지하려면 그 근본적 원인을 찾아 해결하려는 예방적proactive인 장기 대책이 필요하고, 또 현재의 팬데믹 상황으로 인해 발생한 부수적인 피해들이 다시 팬데믹 상황에 악영향을 주는 악순환의 고리를 끊으려는 노력도 필요하다.

감염병 창궐의 원인으로는 여러 가지가 있지만, 많은 학자들은 그중에서도 환경 파괴로 인한 병원균pathogen의 전파력 상승과 전파 방식의 변화, 바이러스의 변이 등을 중요한 원인으로 지적해왔다e.g., Heffernan, 2018; Di Marco et al., 2020; Patrozou, 2015; Tollefson, 2020; McMichael et al., 1996. 이미 1990년대부터 세계보건기구World Health Organization: WTO를 비롯한 많은 전문가들은 기후변화와 환경 파괴가 인간의 건강에 직간접적으로 미치는 악영향에 대해 경고해왔다McMichael et al., 1996. 전문가들은 인간이 환경 변수에 대해 상당한 취약성을 가지고 있으며, 이러한 취약성은 곡류 생산량이나 영양 성분의 변화를 통해 인간의 건강에 미치는 간접적 영향에서부터 폭염이나 홍수 등에 의한 사망에 이르기까지 매우 다양한 방식으로 존재함을 끊임없이 지적해왔다. 그리고 환경 문제가 인간의 건강을 위협하는 주요한 방식 중의 하나가 바로 전염병, 감염병의 전파력을 상승시키고 바이러스의 변이를 일으킬 수 있다는 것이다. 코로나19 팬데믹은 그동안 학계에서 꾸준히 제기되어 왔으나 정책적 관심의 사각지대에 있었던 이러한 인간 건강에 대한 환경의 영향력을 논의의 중심부로 끌어오는 결정적 계기가 되고 있다Tollefson, 2020.

코로나19 팬데믹은 반대로 환경에 막대한 영향을 미치고 있기도 하다. 팬데믹의 환경에 대한 긍정적 영향으로는 전 세계적인 사회적 거리두기와 경제 활동의 축소, 항공편 이용 감소 등으로 인해 대기 오염과 수질 오염이 완화되었다는 점이 있다Henriques, 2020; Le Qu r et al., 2020; Wang & Su, 2020; Zambrano-Monserrate, Ruanob, & Sanchez-Alcalde, 2020. 반면 팬데믹 장기화로 인한 일회용품 사용 증가와 재활용 감소, 마스크 쓰레기로 인한 오염 문제Silva et al. 2021; Zambrano-Monserrate et al., 2020 등은 코로나19가 환경에 미치는 부정적 영향들이다.

이처럼 코로나19 바이러스와 같은 감염병 팬데믹과 환경 문제는 서로 연결되어 있는 현상들이며Silva et al., 2021, 환경 문제가 감염병에 영향을 주기도 하고, 반대로 감염병 팬데믹이 환경 문제에 영향을 주기도 한다Shakil, Munimb, Tasniac, & Sarowar, 2020. 이 글에서는 두 현상이 구체적으로 어떻게 서로 연결되어 있으며, 어떠한 영향을 주고받는지에 대한 학계의 연구들을 살펴본다.

인간 건강과 환경 문제가 어떠한 상호 영향력과 취약성을 가지고 있는지를 이해함으로써 우리는 인류의 건강을 위협하는 리스크 요소들을 보다 정확하게 평가하고 이 요소들을 줄이기 위해 가장 효과적인 접근법이 무엇인지를 계획할 수 있다McMichael, Woodruff, & Hales, 2006. 따라서 이러한 상호 영향력에 대한 인식을 바탕으로 포스트 코로나 시대의 환경 문제에 대한 대응과 적응 전략은 어떻게 세워야 하는지, 코로나19 바이러스의 종식 이후의 경제 회복이 환경 문제를 악화시키지 않도록 하는 방법은 무엇인지를 고민해볼 필요가 있다.

전례 없는 규모와 기간에 걸친 감염병 팬데믹은 인간의 건강과 생명, 그리고 환경에 현상적 영향을 미칠뿐 아니라, 건강과 환경을 대하는 시민들의 인식을 중대하게 전환시키는 계기로도 작용할 것이다. 전 세계적으로 코로나19 확진자와 그로 인한 사망자의 수가 급증하면서 기후 변화와 같은 환경 관련 이슈에 대한 시민들의 관심과 우선순위가 낮아질 것이라는 예측과는 달리, 여전히 일반 시민들은 기후 변화를 심각한 문제로 인식하고 있다Leiserowitz et al., 2020. 또한 전문가들은 팬데믹의 경험이 발생 가능성은 낮지만 그 파급력은 높은low-probabilityhigh consequence: LP-HC 전 지구적 재난 상황에 대하여 사회적 · 정책적 대응이 얼마나 중요한지를 사회가 깨닫는 계기가 될 수 있다고도 본다Botzen, Duijndam, & van Beukering, 2020. 팬데믹으로 인한 환경 오염의 현상적 완화는 일시적이고 단편적일 가능성이 높은 반면, 이러한 인식의 전환이 오히려 장기적으로는 환경 문제 해결에 더 막대한 효과를 낼 수 있을 것이다Klenert, Funke, Mattauch, & O'Callaghan, 2020.

이 장에서는 이처럼 인간의 건강과 환경 간의 밀접한 연관 관계를 코로나19로 대표되는 감염병 팬데믹 상황을 통해 설명하고자 한다. 우선 환경 문제들이 팬데믹에 미치는 영향에는 어떤 것들이 있는지 알아보고, 반대로 코로나19 대유행 이후 일어난 환경적 변화들에 대해 살펴본다. 이러한 변화에는 긍정적인 변화와 부정적인 변화가 모두 포함된다. 이러한 현상적 상호 영향 외에도 감염병 대유행의 경험이 환경 문제, 기후변화를 바라보는 사람들의 인식에 어떠한 영향을 미쳤는지도 알아본다. 마지막으로 코로나19, 그리고 앞으로 인류가 직면하게 될 수많은 질병과 인류의 건강을 위협하는 여러 가지 요인들에 대한 장기적 대응이라는 관점에서 기후변화 문제에 접근해야 할 필요성을 피력할 것이다.

1. 환경 문제가 팬데믹에 미치는 영향

환경 문제와 인간 건강의 연관성은 사실 그다지 새로운 개념은 아니다. 수질 오염으로 인해 오염된 식수와 생활용수를 사용하게 되었을 때 걸릴 수 있는 여러 가지 수인성 질병, 미세먼지로 인한 호흡기 질환, 기후변화로 잦아진 폭염에 의한 열사병, 가뭄으로 식량이 부족해져 걸리는 영양실조 등 여러 측면에서 환경 오염과 인류의 건강이 밀접하게 연관되어 있다는 사실을 우리는 이미 인지하고 있으며 최근에는 이에 대한 정책적 관심도 높아지고 있다Haines, Kovats, Campbell-Lendrum, & Corvalan, 2006; Di Marco et al., 2020. 그러나 환경 문제가 코로나19와 같은 전염병에 미치는 영향은 비교적 최근까지 학문적·정책적 관심을 받지 못했다. 기후변화와 전염병에 관한 연구는 2009–2018년 사이에 이루어진 연구가 1999년부터 2018년까지 이루어진 연구의 거의 세 배에 달했으며Li, Zhou, Huang, & Guan, 2020, 이러한 연구들이 환경적 변화와 전염병 창궐의 인과관계에 대한 과학적 증거들을 제시했음에도 불구하고 정책적 관심은 거의 존재하지 않았다Di Marco et al., 2020.

대다수 신종감염병과 최근에 인류가 경험한 거의 모든 팬데믹은 동물, 특히 야생동물로부터 시작된 것으로 밝혀진 바 있으며, 이러한 야생동물과 가축 혹은 인간 간의 직간접적 접촉을 통해 전염되는 경우가 많았다. 또한 전염병들은 인구 밀도, 야생종의 생물다양성과 상관관계를 보였고, 삼림 파괴, 축산업의 과도한 확대 등과도 높은 연관성을 갖는 것으로 나타났다Di Marco et al., 2020; Tollefson, 2020. 특히 인간의 활동 영역이 점차 야생동물 활동 지역으로 넓어지면서 생물 다양성이 감소되는 것이 사스SARS, 조류 독감, 코로나19 등과 같은 인수공통 감염병 창궐의 원인이 될 수 있다는 것을 생물학자들은 수십 년 동안 경고해왔으나 이러한 경고는 학계 밖에서 전혀 관심을 얻지 못했다Jones et al., 2008; Tollefson, 2020. 자연 상태였던 토지가 도시화되고 생물 다양성이 감소하면 박쥐나 설치류와 같은 소수의 종들이 기존의 다양한 생물종들을 대체하여 살아남게 되고, 이 동물들은 인간에게 전염될 수 있는 병원균의 숙주가 된다Jones et al., 2008. 많은 생물학자들과 동물학자들은 이러한 근본적인 원인에 대한 심층적 논의는 없이 오직 바이러스 그 자체를 통제하기 위한 백신이나 치료제 개발에 대한 연구와 지원만 이루어지는 것에 대해 우려를 표하고 있다Tollefson, 2020. 생물다양성의 감소와 신종감염병 사이의 복잡한 연쇄작용과 인과관계에 대한 연구 없이는 언제든 또 다른 형태의 팬데믹이 시작될 수 있기 때문이다.

삼림 파괴로 인한 생물 다양성 감소 외에 기후변화가 팬데믹에 간접적 영향을 미칠 수 있다는 주장도 제기된다Heffernan, 2018. 코로나19와 같은 신종감염병과 기존에 인류에게 알려졌던 감염병 모두 기후변화 때문에 더 자주 창궐하거나, 더 치명적으로 나타날 수 있다는 것이다Altizer et al., 2013; del Rio Vilas et al., 2013;

Heffeman, 2018. Hefferman2018은 감염병이나 질병의 직접적인 요인, 증상, 감염 이유 등에 대해서는 이미 많은 연구가 이루어지고 있으나 그러한 질병에 대한 환경적 영향에 대해서는 무관심하다는 점을 문제로 제기한다. 그는 특히 기후변화가 질병 요인들 간, 혹은 서로 다른 질병 간의 시너지 효과와 상호작용을 더욱 부추겨서 이른바 '폭포 효과cascade effect'를 만들어낼 수 있다는 가능성을 제시한다. 마치 폭포가 시간이 흐름에 따라 에너지와 모멘텀을 쌓아가는 것처럼 기후변화 역시 축적되어 감염병의 유행과 재발 패턴, 혹은 그 심각성에 변화를 일으킬 수 있다는 것이다.

그러나 기후변화의 다양한 요인들과 이 요인들 사이의 복잡한 상호관계로 인해 기후변화의 인과관계 모델을 확립하는 것이 어려운 일인 것과 마찬가지로, 질병의 요인들은 대개 하나가 아닌 여러 가지인 경우가 많고 그 요인들이 복잡한 상호작용을 통해 특정한 질병을 만들어내는 것이 일반적이다. 따라서 기후변화와 질병 사이의 인과관계를 과학적으로 명료한 모델로 만들어내는 것이 쉬운 일은 아니다Morgan & Wall, 2009. 특히 이 둘 사이의 인과관계를 연구하기 위해서는 질병에 대한 이해가 현재처럼 인체에만 국한되는 것에서 벗어나 보다 광범위하게 이루어져야 하는데, 이러한 융합적 연구에는 여러 가지 현실적인 장벽들이 많이 존재한다. 최근 들어 기후변화와 건강의 상관관계에 관한 연구들이 시도되고는 있으나, 여전히 이 두 변수 간의 상호작용과 인과관계에 대해 우리가 알고 있는 지식은 매우 적은 수준이다Heffeman, 2018; McMichael, 2013.

환경 문제와 감염병 사이의 관계를 명확히 규명할 수 있다면 이 글의 서두에서 언급한 바와 같이 질병에 대한 사후적 대응의 차원에서 벗어나 선제적이고 예방적으로 새로운 감염병의 창궐이나 기존의 바이러스 재발을 막는 데 큰 도움이 될 것이다Altizer et al., 2013. 이는 단순히 질병을 어떻게 치료하고 예방할 것인가의 논의에서 한 단계 더 나아가 질병에 대한 접근법, 질병에 관한 패러다임을 변화시켜야 하는 작업이다. 이는 환경과 감염병에 대한 방법론적 이해뿐 아니라 개념적인 이해까지도 모두 변화시켜야 가능하므로 결코 간단한 과정은 아니다Heffernan, 2018. 그러나 환경과 인간 건강의 밀접한 연관관계를 적극적으로 밝히고 과학적 근거를 바탕으로 복합적인 측면에서 감염병, 질병, 그리고 인간 건강 일반에 접근할 수 있다면 인류의 건강을 위협하는 다양한 질병에 대해 더욱 효과적이고 효율적으로 대비하고 대응할 수 있을 것이다. 현대의 인류가 거의 경험해보지 못한 전염병의 팬데믹은 오랜 시간 동안 외면되어 온 인간 건강에 환경이 미치는 영향에 대해 더욱 체계적으로 논의하고 이를 정책적으로 반영하는 중대한 전환점이 될 수 있다Tollefson, 2020.

2. 코로나19 팬데믹 이후의 환경적 변화들

환경이 감염병에 미치는 영향들이 있는 동시에 감염병의 전 세계적 대유행으로 인해 일어난 환경적 변화들도 무시할 수 없다. 사람 간 전파를 최소화하기 위한 노력으로 사회적 거리두기가 전 지구적으로 시행되고, 해외 이동이 급감하면서 그 부수적 효과로 대기 오염과 수질 오염이 다소 완화되는 등 환경에 의도하지 않은 긍정적 영향이 나타났다. 그러나 동시에 감염을 우려해 일회용품을 많이 사용하고 마스크 쓰레기가 양산되면서 쓰레기 문제는 더욱 심각해지는 현상도 동시에 일어나고 있다.

| 1 | 대기 오염과 수질 오염의 감소

코로나19 대유행으로 감염자 및 사망자가 급증하고 경제 상황이 심각한 수준으로 악화되는 등 부정적인 결과들이 연일 보도되는 가운데, 감염병 팬데믹이 가져온 뜻밖의 환경 문제 개선 효과는 단연 눈에 띄는 뉴스였다. 수십 년에 걸친 다양한 노력에도 불구하고 쉽게 개선될 여지가 보이지 않았던 탄소 배출량이나 대기 중 이산화질소 농도, 미세먼지, 해양오염, 해양 생물의 멸종 위기 등의 다양한 환경 문제들이 일거에 개선되는 양상을 보인 것이다. 물론 이러한 환경 문제 개선은 강력한 사회적 거리두기와 경제활동 위축으로 인한 일시적인 현상에 불과하다는 분석이 지배적이다. 그러나 환경 문제의 일시적 개선이라는 결과 자체만큼이나 주목해야 할 것은 바로 인간의 이동패턴이나 경제활동의 양식, 에너지 믹스를 변화시킬 때, 그리고 그 변화가 충분히 광범위할 때, 그동안 불가능하다고만 여겨졌던 환경 문제의 완화가 가능하다는 사실을 전 세계가 동시에 목격하고 경험했다는 점이다.

코로나19로 인한 사회적 거리두기가 환경 문제를 완화시키는 현상이 가장 먼저 관찰된 곳은 중국이다. 중국에서는 이동과 외출을 엄격히 금지한 지역들을 중심으로 발전소와 공장들이 가동을 중지하고 차량 이동이 급격히 감소했는데, 이러한 변화들이 일어남에 따라 대기 중 이산화질소와 초미세먼지 농도가 감소한 것이 관찰되었다ESA, 2020a; CAMS, 2020. 강력한 사회적 거리두기와 봉쇄 조치 등으로 중국 외에 프랑스, 이탈리아, 스페인 등의 유럽 국가들에서도 이산화질소 농도가 줄어든 것으로 관찰된 바 있다ESA, 2020b; Henriques, 2020.

코로나19가 장기화되고 점차 그 전염의 규모가 커지면서 전 세계적으로 주요 산업시설들이 멈추고 회사나 상점들이 문을 닫게 되었고, 산업이나 경제 분야뿐 아니라 일상에서의 이동도 급감하면서 많은 지역에서는 온실가스 배출량도 급격히 줄어드는 현상이 목격되었다Zambrano-Monserrate et al., 2020. 중국에서는 2020년 초부터 이미 외출 금지 및 자제 명령이 내려진 지역들이 생겨나면서 2019년에 비해 온실가스 배출량이 25% 가량 감소했으며, 6개의 주요 발전소에서 2019년 사사분기에 비해 석탄 사용량이 40%나 감소하기도 했다Henriques, 2020. 전체적으로 에너지 사용량이 줄어들면서 중국 에너지원의 상당 부분을 차지하는 석탄 사용량이 감소했고, 이에 따라 이산화탄소와 같은 온실가스 배출량이 감소했다는 분석이다Wang & Su, 2020.

대기오염물질의 감소 외에 해양 오염의 완화와 멸종 위기의 해양 생물종 부화 등의 순기능도 있었다. 코로나19 대유행 이후 국가 간 감염을 최소화하기 위해 해외여행이 어려워지고 해변 관광지 출입이 제한되는 등의 조치들이 취해지자 관광객들이 사라진 해변가에 멸종 위기의 바다거북들이 대거 산란하는 일이 브라질, 인도, 멕시코 등 세계 각지에서 일어났다박종익, 2020; Zambrano-

Monserrate et al., 2020.

이 모든 현상들은 코로나19가 환경에 미친 예상치 못한 긍정적 영향이었다. 그러나 이는 단기적인 현상에 불과하며, 전염병 대유행으로 인한 정상적인 경제활동의 중단과 인구 이동의 제한이 인류가 지향하는 오염 물질 감축의 방향이라고 할 수는 없다Henriques, 2020. 봉쇄 정책으로 인한 중국의 대기 오염 완화를 관찰한 연구자들은 이러한 오염의 완화가 봉쇄 기간에만 발생하며, 지역 봉쇄가 풀려 산업시설들이 운영을 재개하고 경제활동과 이동이 다시 시작되면 감소했던 에너지 소비량은 다시 봉쇄 이전 수준으로 증가한다는 것을 목격했다Wang & Su, 2020.

우리가 코로나19로 얻은 환경에 대한 긍정적인 효과는 단기적인 환경 오염 완화 현상보다는 오히려 경제활동과 환경 오염의 상관 관계를 더욱 명확히 경험했다는 점이다Wang & Su. 2020. 이러한 경험은 여전히 존재하는 기후변화 회의론자들에게 인간의 경제활동이 기후변화에 얼마나 직접적으로 영향을 미치고 있는지, 그리고 경제활동 패턴을 변화시키는 것이 얼마나 환경적으로 막대한 효과를 낼 수 있는지를 인식하게 만드는 계기가 되었을 것이다. 따라서 코로나19의 대유행이라는 극단적인 위기 상황이 특정 환경 문제 완화에 얼마나 도움을 주었는지를 연구하는 것도 물론 중요하지만, 인간의 경제활동과 환경의 관계를 보다 종합적이고 체계적으로 분석하는 이론적 작업도 수반되어야 할 것이다Wang & Su, 2020.

| 2 | 일회용품 사용 증가와 마스크로 인한 생태계 파괴

앞서 언급한 바와 같이 코로나19 팬데믹이 대기 오염이나 수질 오염 완화 등에 긍정적으로 작용하기도 했으나, 동시에 엄청난 양의 일회용품과 마스크 등 의료용품이 사용되면서 전 세계는 심각한 쓰레기 문제와 생태계 파괴 문제도 경험하고 있다. 물건을 매개로 한 감염을 차단하고 비말 감염을 최소화하기 위해 사용하는 수많은 일회용품은 정부의 별다른 규제 없이 사용되며, 오히려 정책적으로 사용이 권장되기도 한다. 감염 전파를 막기 위한 불가피한 정책적 조치지만, 이 때문에 발생하는 환경적 악영향은 막대하다.

기존에 전 세계적으로 일회용품 사용을 제한하거나 재활용과 다회용품으로의 대체를 권장해왔던 정책적 기조들은 팬데믹으로 인해 중단되거나 유명무실해진 경우가 많다. 미국 일부 도시에서는 재활용 센터를 중심으로 집단감염이 발생하는 것을 방지하기 위해 재활용 프로그램을 중단하기도 했으며, 확진자가 급증한 유럽 일부 국가들에서는 확진자들의 분리수거 배출을 금지해 지속가능한 쓰레기 관리 체계가 제대로 작동하지 못했다. 마트나 카페 등에서는 기존에 장바구니, 텀블러의 사용을 권장해왔으나 소비자들이 이를 통한 감염을 우려하고 사업자들도 업장에서의 집단감염의 가능성을 최소화하기 위해 코로나19 유행 이후에는 일회용 포장과 일회용컵으로 전환한 경우가 많았다. 또한 다수의 사람들이 같은 공간에서 식사하는 식당보다는 집에서 배달을 시켜먹는 경우가 급증하면서 플라스틱 용기의 사용 역시 급격히 늘었다Zambrano-Monserrate et al., 2020. 이처럼 감염 우려로 인한 생활 패턴의 변화는 일회용 플라스틱의 사용량을 급증시켰는데, 포장에 사용되는 일회용 플라스틱을 생산하는 스페인 기업은 코로나19 이후 판매량이 이전에 비해 40% 정도 증가하기도 했을 정도이다Prata et al., 2020.

일상생활에서의 일회용품 사용 증가와 함께 의료폐기물과 마스크 등 개인위생용품 폐기물의 양이 급증한 것도 환경에 막대한 악영향을 미치는 것으로 판단된다. 코로나19 확진자들이 전 세계적으로 늘면서 각 의료기관에서 배출하는 의료폐기물의 양도 팬데믹 이전보다 크게 늘었다. 요르단의 한 병원에서는 평상시보다 약 10배에 달하는 양의 의료폐기물이 배출되기도 하였으며, 스페인 카탈루냐 지역에서는 약 350%, 중국에서는 약 370% 배출량이 증가했다. 이렇게 평시보다 의료폐기물 배출량이 급증하면서, 폐기 절차가 까다로운 의료폐기물들을 제대로 절차를 거쳐 폐기하지 못하는 지역들이 생겨나기도 했다Silva et al., 2021. 의료기관에서의 폐기물 급증과 함께 일반 시민들의 개인 위생용품 사용 급증으로 인한 쓰레기 문제도 심각하게 나타났다. 전 세계 사람들의 코로나19 감염을 예방하기 위해서는 월 1290억 개의 마스크와

650억 개의 장갑이 필요할 것으로 예측되는데Prata et al., 2020, 이를 잘못 폐기함으로써 발생할 수 있는 교차 감염을 막기 위해 대부분의 정부 기관들은 마스크를 비롯한 개인 위생용품들을 일반 쓰레기로 배출하도록 권장한다. 이렇게 배출된 위생용품들은 소각되거나 매립될 확률이 높으며, 마스크는 해안가로 떠밀려와 해양을 오염시키고 해양 생물들의 생존을 위협하기도 한다Silva et al., 2021.

코로나19 감염 우려로 인해 소비자들이 일회용 플라스틱을 다시 많이 사용하기를 원하는 선호 변화가 생겼는데, 플라스틱 생산 업체들은 이러한 소비자 선호 변화를 정부에 대한 로비에 활용하기도 한다. 이들은 개인위생의 중요성과 교차 감염의 위험성을 강조해 코로나19 팬데믹 중에는 다회용기나 다회용 봉투가 적절하지 않다는 점을 피력한다. 이로 인해 일부 지역에서는 일회용 플라스틱 사용 금지 법안 통과가 미뤄지거나 폐기되기도 하였다Silva et al. 2021.

코로나19 팬데믹이 종식되기 전에는 일회용품, 의료폐기물, 개인위생용품 폐기물의 양을 줄이기는 힘들 것이다. 또한 백신 접종에도 불구하고 코로나19를 완전 종식시키는 데는 매우 긴 시간이 걸릴 것으로 예측되므로, 매립이나 소각을 하더라도 환경에 악영향을 덜 미치는 소재의 개발이나 교차 감염의 가능성을 최소화하는 분리수거 재활용 시스템의 구축이 장기적으로 반드시 필요할 것으로 보인다.

3. 코로나19 팬데믹 경험과 기후변화에 대한 인식 변화

팬데믹 초기 기후변화 연구자들은 코로나19에 대한 환경 문제의 영향, 그리고 코로나19로 인한 환경 문제 악화 외에도 심각한 전 지구적 위기상황으로 인해 기후변화에 대한 관심도와 위기 인식이 감소할 것을 우려했다Henriques, 2020; Leiserowitz et al., 2020. 날마다 모든 국가에서 확진자와 사망자가 속출하고 그 전파의 속도는 점차 빨라졌으며, 백신과 치료제 개발은 요원한 상태에서 당장 각 도시에서 사람이 죽고 사는 문제가 기후변화와 같은 장기적이고 지리적으로 멀게 느껴지는 문제보다 훨씬 중요하게 인식될 것으로 예상했기 때문이다.

'제한된 우려finite pool of worry' 가설Weber, 1997; 2006에 따르면 사람들의 특정한 리스크에 대한 걱정이 늘어날수록 다른 위험요소에 대한 우려는 적어진다. 사람들의 인식 속에 존재하는 다양한 위험 요소들이 기본적으로 경쟁관계에 있다는 전제 하에, 그 중 더욱 시급하고 중대한 위험에 대해 사람들이 우려하게 되면 상대적으로 다른 위험들에 대해서는 덜 걱정하게 된다는 것이다. 예컨대 국제금융위기와 같은 중대한 위기 상황에는 사람들이 경제적 리스크에 대해 많이 걱정을 하게 되므로 기후변화에 대한 우려는 줄어들게 될 수 있다Weber, 1997; Whitmarsh, 2011. 따라서 코로나19 팬데믹의 심각성과 시급성으로 미루어보아 코로나19에 대한 우려가 커지고 상대적으로 기후변화 문제에 대한 심각성 인식은 줄어들 것이라고 예상했던 것이다Leiserowitz et al., 2020.

그러나 실제 미국에서 비슷한 시기2020년 4월경에 조사된 미국인들의 코로나19에 대한 우려와 기후변화에 대한 우려를 살펴보면, 두 위험요소에 대해 미국인들은 모두 우려하고 있는 것으로 나타났다. 기후변화에 대해 "매우 걱정된다"라고 답한 응답자의 비율이 2019년 11월 시행된 조사에 비해서는 약간 감소했으나, 그 이외의 항목들에서는 대부분 이전 조사와 거의 차이가 없었다. 또한 기후변화 문제 해결을 위한 시민 참여 등과 같은 항목에서는 역대 최대치의 수준으로 조사되기도 했다. 즉 실제로 코로나19 팬데믹으로 인해 기후변화에 대한 사람들의 위기 인식 수준이 줄어들지 않았다는 것이다Leiserowitz et al., 2020.

코로나19의 전 세계적인 대유행이 오히려 환경과 지속가능한 개발, 인간 건강 일반에 대한 인식과 논의를 더욱 심화시키고 확장한 측면도 있다Gautam & Hens, 2020. 특히 학계에서는 코로나19 팬데믹과 기후변화 위기의 유사성과 그 유사성으로 인해 사람들이 기후변화 문제에 대해 갖는 인식이 변화될 가능성에 주목한다. 우선 코로나19와 기후변화는 모두 LP-HC의 성격을 갖는 리스크로, 그 발생 가능성이 낮기 때문에 사람들은 해당 리스크를 과소평가하는 경향이 있다. 이는 주로 가용성 편향availability bias에서 기인하는 것으로 분석되는데, 이는 사람들이 분석대상인 현상과 유사한 과거의 경험을 바탕으로 해당 현상이 발생할 가능성을 평가하려는 경향이라 할 수 있다. 특히 복잡하고 복합적인 원인들로 인해 일어나는 현상에 대해서는 가장 쉽게 이용할 수 있고 가장 단순한 시나리오들만이 고려될 가능성이 높다Tversky & Kahneman, 1973.

이러한 종류의 리스크에 대해 일반인들은 전문가들의 위험성 분석과 적절한 대응전략들을 믿지 않거나 회피하는 경향들을 보여주는데, 그러한 경향을 반전시킬 수 있는 것은 바로 자신의 개인적인 경험이다Botzen et al., 2020. 코로나19와 기후변화 같은 LP-HC 리스크와 관련된 사건을 본인이나 친구, 가족 등이 경험했을 때 해당 리스크를 위기로 인식하고 이에 대응해야 할 필요성을 느낄 확률이 높아진다는 것이다Botzen et al., 2020; Spence, Poortinga, Butler, Pidgeon, 2011. 그러나 이러한 개인적 경험을 한 이후에는 이미 해당 리스크를 막거나 멈추기에 너무 늦어버리는 경우가 많다. 대응을 미루면 치러야 할 비용이 더 늘어나게 되는 것이다Klenert et al., 2020. 이번 코로나19 팬데믹을 통해 모든 사람들이 이러한 현상들을 확실히 목격하였는데, 이것이 또 다른 LP-HC 리스크인 기후변화 대응에도 교훈으로 작용해 기후변화에 대한 사람들의 인식을 획기적으로 전환시킬 수 있을 것으로 기대된다Botzen et al., 2020.

이외에도 코로나19 팬데믹과 기후변화는 모두 사회의 가장 취약한 계층에게 더욱 치명적이라는 점에서도 유사하다Botzen et al., 2020; Klenert et al., 2020. 모두가 위기 상황을 동시에 경험한다고 해도 그 타격은 결국 사회적 약자들이 가장 심각하게 입게 되기 때문이다. 따라서 팬데믹과 기후변화 모두 그 대응 전략을 세우는 데 있어서 이러한 차이들을 인식하고 이러한 이해에 기반하여 대응 정책들이 현상 완화는 물론 사회적인 불평등, 불공정도 완화시킬 수 있도록 충분한 고려가 필요할 것이다Botzen et al., 2020.

마지막으로 코로나19 팬데믹과 기후변화가 공유하는 유사성은 바로 그 문제의 이해와 해결을 위해서는 다양한 방식의 국제 협력이 필요하다는 점이다Henriques, 2020; Klenert et al., 2020. 앞서 살펴본 환경 문제의 일시적 개선 등의 현상적 변화보다 더 주목해야 할 것은 바로 전 세계가 동시에 직면한 극심한 위기 상황에 개인과 정부 레벨 모두에서 신속하고 중대한 행동의 전환으로 대응한 경험을 통해 협력에 대한 인식을 변화시킬 수 있다는 것이다. 물론 그러한 전 지구적 협력과 대응이 완벽하거나 완전하지는 않았으나, 팬데믹을 통제하고, 백신을 개발하고, 팬데믹으로 인한 피해를 구제하는 등 여러 가지 목표들을 실현하는 데 도움을 줄 수 있었다. 기후변화에 대한 국제 협력이 그 효용이나 현실성에 있어 많은 회의적 시선들을 양산하고 있는 상황에서, 팬데믹 상황에서처럼 행위자들이 의지만 가진다면 중대한 전환들이 매우 빠르게 일어날 수 있다는 것을 전 인류가 목격한 것이다Herrero & Thornton, 2020.

4. 인류의 건강을 위한 장기적 대응으로서의 기후변화 문제 접근

이 장의 서두에서 언급한 바와 같이, 코로나19 팬데믹 이전에는 기후변화 문제와 인간 건강의 상관관계에 대한 과학적 증거들에도 불구하고 기후변화 문제는 정책적 사각지대에 머물러 있었다. 세계보건기구WHO는 기후변화로 인한 사망자가 매년 15만 명 이상인 것으로 추산했으며, 이는 이상기온으로 인한 심폐 기능 이상, 전염병 감염, 가뭄이나 홍수 등으로 인한 영양실조 등 다양한 원인에서 기인한다Patz, Campbell-Lendrum, Holloway, & Foley, 2005. 기후변화와 인간 건강 사이의 상호 영향을 고려해 인류의 건강을 위협하는 요인들을 제거한다는 측면에서 기후변화 문제에 접근해야 할 필요성이 바로 여기에 있다.

그러나 가장 광범위하고 대표적인 기후변화 대응 전략이라 할 수 있는 지속가능한 발전 목표sustainable development goal: SDG도 환경적 변화가 인간 건강에 직접적으로 영향을 미칠 수 있다는 점을 거의 고려하지 않은 채로 설정되었다Di Marco et al., 2020. 이처럼 지속가능한 발전 목표가 환경과 인간 건강 간의 상관관계를 제대로 반영하지 못했기 때문에 목표 달성을 위해 사용되어야 할 예산은 인간의 생존과 건강을 해치는 기후변화 관련 재난을 사후 복구하는 데 쓰여왔으며, 코로나19 팬데믹 이후 거의 모든 세부 목표들은 위협받게 되었다. 코로나19의 경험은 현존하는 기후변화 대응 전략들이 팬데믹과 같은 세계적 위기 상황에 대해 얼마나 취약한지를 여실히 보여주었다Naidoo & Fisher, 2020. 따라서 환경적 변화와 질병의 관계에 대한 융합적 이해와 논의 없이는 지속가능한 발전 목표도 질병 예방의 목표도 모두 제대로 달성할 수 없다는 것을 인지해야 한다Di Marco et al. 2020.

앞서 팬데믹으로 인한 강력한 사회적 거리두기와 봉쇄 조치 등에 의해 온실가스 배출량이 전 세계적으로 감소했다는 사실을 살펴보았다. 그러나 비정상적이고 비일상적인 경제활동 축소와 위축에 의한 온실가스 배출량 감소는 단기적이고 일시적인 현상에 불과할 가능성이 크다. 실제 이러한 배출량 감소는 기온을 낮추는 효과는 매우 미미할 것으로 예상되며Forster et al., 2020, 경제 에너지 운송 시스템 등의 근본적이고 장기적인 탈탄소 지향적 변화 없이는 지속되기 어려울 것으로 예측되고 있다Forster et al., 2020; Le Qu r et al., 2020. 백신 접종이 대부분의 국가들에서 거의 완료되면 사람들은 다시 팬데믹 이전과 같은 방식으로 경제활동을 하고 이동을 할 것이며 에너지를 사용할 것이다. 그리고 과거 글로벌 위기 상황의 경험으로 미루어볼 때, 곧 온실가스 배출량은 팬데믹 이전 수준, 혹은 그 이상으로 급증할 수 있다. 예컨대 2008-2009년 세계금융위기 때에도 산업 활동이 위축되면서 온실가스 배출량이 1.3% 가량 감소하였다. 그러나 2010년 들어 경제가 회복되면서 온실가스 배출량은 역대 최대 수치를 기록한 바 있다. 이번 팬데믹 역시 그 배출량의 감소가 산업 시설 운영 축소와 사람들의 이동 감소에서 비롯되었다는 점에 미루어보아 비슷한 패턴으로 온실가스 배출량이 급증할 가능성이 높다Henriques, 2020. 또한 코로나19로 인한 산업 분야의 위축을 해결하기 위해 일부 국가들에서 그린 뉴딜 프로그램의 이행이 미뤄지거나 신재생에너지 연구와 보급 등에 차질이 생기면서 오히려 팬데믹 이전 수준보다 배출량이 더 증가할 위험이 있다Le Qu r et al., 2020.

코로나19 이후의 경제 회복 전략이 그 어느 때보다도 "지속 가능한" 것이어야 하는 이유가 바로 여기에 있다. 지금의 경제 산업 부양 정책들이 어떤 방식으로 설정되느냐에 따라 기후변화의 향후 수십 년 동안의 궤적이 정해질 것이기 때문이다Forster et al., 2020. 환경 기후 학자들은 모두 포스트 코로나 시대의 경제 회복 정책이 친환경적이며 저탄소, 혹은 탈탄소의 방향으로 계획되어야 한다는 점을 강조한다Forster et al., 2020; Rosenbloom & Markard, 2020. 코로나19 팬데믹으로 인해 석탄 사용량이 줄어들고 유가가 하락하는 등의 변화가 일어났는데, 정부는 화석 연료 기업들을 구제해주는 대신, 그러한 일시적 감소 추세를 더욱 촉진하고 에너지 믹스 자체를 보다 친환경적인 에너지원 위주로 변화시키는 방향으로 나아가야 한다는 것이다. 정부의 지원은 이 과정에서 발생하는 노동자나 지역 사회의 손해를 보상하는 쪽으로 이루어져야 한다는 주장이다Rosenbloom & Markard, 2020. 학자들은 경제 복구 예산을 저탄소 에너지 전환에 투자하고, 이를 위해 새로운 사회기반시설을 확충하고 비 화석 연료의 생산과 저장, 보급 기술을 혁신하며 새로운 비즈니스 모델을 구상할 것을 제안한다. 또한 코로나19 이후 재택근무, 온라인 회의, e-커머스 등의 분야가 급성장한 것을 바탕으로 물리적 이동을 감소시키는 산업 경제 구조를 구축할 수도 있을 것이다Rosenbloom & Markard, 2020.

5. 결론 및 제안

코로나19 팬데믹이라는 전 지구적인 위기를 경험한 것은 물론 그 자체로 많은 이들에게 비극이었으나, 이 비극을 극복하는 과정에서 세계인들은 인식의 전환과 행동의 전환을 경험했다. 코로나19라는 특정 바이러스의 팬데믹은 백신을 통한 집단면역 형성과 치료제 개발 등을 통해 언젠가는 종식될 것이다. 그러나 또 다시 이러한 위기 상황을 겪지 않기 위해서는 근본적인 사회 경제 시스템이 바뀌어야 할 것이다. 그러한 시스템적 변화의 하나가 바로 인간의 건강과 환경 문제의 연계성을 인지하고 이를 바탕으로 산업 경제 에너지 분야 전반을 변화시키는 일이다.

이 글에서는 환경적 변화들이 감염병 팬데믹에 미치는 악영향과 팬데믹의 결과로 나타나는 다양한 환경적 변화들에 대해 살펴보았다. 그리고 이와 같은 단기적, 비일상적인 환경적 변화 외에도 코로나19 사태를 겪으며 근본적으로 환경과 인간 건강에 대한 인식 자체가 변화할 가능성에 대해서도 알아보았다. 이를 바탕으로 포스트 코로나19 시대의 경제 회복 정책들이 장기적으로 인간의 건강을 또 위협하게 되는 악순환을 막기 위해 기후변화 등 환경적 문제들을 고려해야 한다는 제안도 덧붙였다.

포스트 코로나19 시대의 회복 과정은 또한 취약계층, 그리고 취약 지역에 대한 이해와 지원도 포함해야 한다. 기후변화와 코로나19는 모두 전 세계적인 공통의 위기 상황이지만, 이에 대한 대응과 적응 측면에서는 국가, 지역, 사회, 계층에 따라 차이가 극심하다. 두 위기 상황 모두 대응에 천문학적 비용이 들고 고도의 기술적 투자가 필요하며 정부의 통치력과 외교력 등이 결정적으로 작용한다. 따라서 경제 발전 수준이 낮거나 정부의 기능이 제대로 작동하지 못하는 사회는 그 위기의 타격이 더 클 수밖에 없다. 또한 사회 내에서도 취약 계층은 위기에 대응하기 어렵다. 이미 기후변화의 영향에 취약한 지역들이 코로나19 대유행 이후 더욱더 그 취약성을 노정하고 있다는 증거들이 발견되는 가운데, 이들 지역이 기후변화와 팬데믹 위기 상황을 폭발적으로 악화시키는 뇌관이 되지 않도록 국제적 협력과 지원이 필요한 상황이다McMichael et al., 2006; Phillips et al., 2020.

제 11 장

결론

소셜오믹스 연구센터 편집부
연세대학교 소셜오믹스 연구센터(e-mail: socialomics@yonsei.ac.kr)

1. 연구요약

이 저서는 코로나19 팬데믹 상황에서 사회적 건강, 곧 소셜헬스social health의 관점에서 우리 사회의 현황을 점검하고, 포스트 코로나19 시대에 요구되는 소셜헬스 연구의 주요 과제들을 가족 및 사적 영역, 사회적 관계, 커뮤니티 및 정책환경의 세 층위에 걸쳐 살펴보았다.

이 연구의 결과를 요약하면 다음과 같다,

첫째, 코로나19 시대에서 효과적인 정책 수립을 위해서는 코로나19로 인해 사회구성원의 건강 수준이 실제로 어떻게 변화하였는지 살펴보는 작업이 필요할 것이다. 본 저서의 2장에서는 사회적 건강의 경험적 측정 가능성에 대한 사례로서, 코로나19의 추이에 따른 소셜미디어 상의 우울 경향 분석을 통한 소셜헬스 지수의 개발 방안을 탐색하였다. 코로나19의 대유행으로 사회적 거리두기가 강화되면서 소위 '코로나 블루Corona Blue'라고 불리는, 장기화된 사회경제적 침체에 따른 기회의 제한과 인간관계의 단절에서 비롯된 우울감과 불안감, 스트레스의 증가가 사회구성원들에게 나타나고 있다. 본 연구는 소셜미디어 텍스트데이터에서 나타난 이용자들의 우울 경향 키워드 분석을 통해 구성원들의 우울 경향 수준을 측정할 수 있는 측정도구를 개발함으로써 우리 사회 전반의 심리적 건강 수준의 추이를 시기별로 지표화하였다. 분석 결과, 2020년부터 2021년까지 코로나19가 확산된 이래로 뚜렷한 '코로나 블루' 현상을 확인할 수 있었다. 다시 말해, 코로나19 확진자 수가 증가하거나 정부의 사회적 거리두기 단계가 강화될 때 소셜미디어 상의 우울 경향 지수 역시 증가 추세가 나타냈다. 본 연구가 제시한 소셜미디어 빅데이터 기반의 우울 경향 지표는 사회구성원의 심리적 건강 수준을 집합적이면서 실시간으로 파악할 수 있게 해준다는 점에서 우리 사회의 동향을 읽어내는 데 필요한 경험적 근거를 제시한다.

둘째, 코로나19 시대에 가족과 사적 영역에서 제기될 수 있는 변화 및 주요 쟁점들을 살펴봄으로써 어떻게 건강한 가족을 지속할 수 있을지를 탐색하였다.

3장에서는 코로나19 시대에서 부부관계의 불화와 갈등이 증가하고 있는 상황을 고려하여, 심리학적 관점에서 부부관계의 결정요인에 대한 기존 실증 연구의 정리와 이론적 고찰을 제시하였다. 부부관계에 대한 이해는 크게 정서적 측면, 행동적 측면, 동기적 측면으로 나눌 수 있다. 정서적 측면은 배우자와의 관계에서 형성된 긍정적 또는 부정적 정서의 경험을 지칭하며, 이에 따르면 부부간 긍정적 정서를 많이 경험할 때, 배우자와의 관계 유지에 필요한 적절한 정서조절이 가능할 때, 그리고 상대 배우자와 지지적 반응을 공유할 때 건강한 부부관계의 형성이 가능하다. 한편, 행동적 측면의 이해는 두 배우자 간의 행동적 교류에서 나타난 특성에 주목한다. 부부간의 활발한 의사소통은 부부관계에 중요한 역할을 수행하며, 특히 갈등과 충돌의 상황에서도 배우자와의 적극적인 의사소통을 교류하는 것이 이러한 대화를 회피하거나 수동적인 용서로 대응하는 것보다 더 부부관계에 긍정적 영향을 미치는 것으로 나타났다. 또한 활발한 성생활 역시 부부관계 증진을 위한 필수 요인임을 나타냈다. 마지막으로 동기적 측면은 부부관계의 특징을 형성하는 데 기여하는 개인들의 내적 동기에 주목한다. 이러한 관점에 따르면, 배우자와의 관계형성에 있어 개인이 자주권을 갖고 행동할 때, 배우자와 자기 확장의 기회를 공유하고 함께 목표를 성취할 때, 배우자와 안정감 있게 공통된 지식체계를 형성할 때, 그리고 부부관계에서 나타난 상황들에 대해 접근적 동기와 회피적 동기를 적절하게 활용할 때 건강한 부부관계 형성에 더 효과적인 것으로 나타났다.

4장에서는 코로나19 시대의 양육환경의 변화와 아동의 사회정서적 발달에 대한 경험적 분석결과를 제시했다. 코로나19는 사회의 다양한 부분에 커다란 영향을 미쳤지만, 특히 가족 내 돌봄과 양육환경에 있어 큰 변화를 야기하고 있다. 감염병 확산 방지를 위한 사회적 거리두기가 강화되면서, 교육 및 돌봄 중 상당 부분이 부모의 역할로 전가되었고 가정 내 양육부담이 증가하고 있다. 이에 따라 증가된 양육부담으로 인해 부모, 특히 주 양육자 역할을 맡고 있는 어머니의 건강에 부정적 영향이 나타나고 있으며, 이러한 심리적 스트레스에 노출된 부모로부터 양육되는 아동 역시 사회정서적인 부적응이 나타날 것으로 우려된다. 또한 코로나19에 따른 외출 제한으로 아동의 신체활동이 제한되는 대신 미디어 노출시간이 증가함에 따라 아동의 행동적 문제 역시 나타날 가능성이 높다. 이 연구는 코로나19 대유행 이후 사회적 거리두기를 경험한 부부를 대상으로 설문조사를 실시하였으며, 분석 결과 코로나19 이전과 비교할 때 코로나19 이후로 부모들의 자녀의 양육부담과 경제적 부담이 증가했고, 불안, 우울 등 부모의 정서상 스트레스가 자녀의 부정적 적응과 미디어 노출 시간 증가와 같은 행동적 문제 증가와 밀접한 관련이 있음을 밝혀냈다. 따라서 코로나19로 인한 가정 내 양육부담이 증가하면 아동의 사회정서적 발달에도 부정적 영향을 미칠 수 있다는 경험적 증거를 제시하였다.

셋째, 코로나19는 개인과 개인들의 교류와 관계 맺기, 즉 사회적 관계의 특성에도 커다란 영향을 미친다.

5장에서는 차별과 혐오, 집단 간 갈등의 뇌과학적 기제를 이론적 틀에서 살펴보았다. 사회적 갈등의 해소는 건강한 사회를 유지하기 위한 핵심적인 기능이다. 사회적 갈등이 발생하는 요인에는 여러 가지 원인이 있으나, 가장 미시적 수준에서 살펴보면 인간의 인지적 과정에서 나타날 수 있는 심리적 요인과 뇌신경학적 기제로부터 찾을 수 있다. 인간의 이성과 합리성에는 인지적 편향이 존재하며, 인간의 뇌과학적 기제와 관련하여 안정성과 유연성 사이에서 자신의 동기와 이익에 부합하는 방향으로 편향된 합리성이 발휘됨으로써 사회적 가치계산이 나타난다. 집단간 갈등은 바로 이런 개인들의 편향된 사회적 가치판단에서 경쟁적 집단과 상호과정하는 과정 속에 증폭된다고 볼 수 있다. 우리 사회의 만연한 차별과 혐오, 사회적 갈등을 줄이고, 건강한 관계맺기를 통한 소셜헬스를 증진시키기 위해서는 개인과 집단 간의 균형있는 상호작용 형성과 더불어, 신체-심리-사회 간의 유기적 연결성을 강화시켜야 할 것이다,

6장에서는 코로나19 팬데믹 상황에서 우리 사회의 신뢰지형이 어떻게 변화하였는지에 대한 경험적 분석을 제시하였다. 신뢰 문제는 코로나19의 다양한 사회적 영향력 중에 특히 사회구성원들의 연대의식과 소속감에 직결되는, 위기 대응을 위한 사회통합의 핵심이 된다는 점에서 특히 중요하다. 신뢰는 국가수준에서 그 사회가 코로나19 위기에 어떻게 대응하고 있는지에 따라 달라질 수 있으며, 사회전반의 신뢰수준뿐만 아니라 다양한 개인 및 조직에 대한 신뢰 역시 그 유형에 따라 다양하게 나타날 수 있다. 본 연구는 사회적가치연구원이 실시한 '사회문제인식조사' 자료를 활용하여 팬데믹 전후 신뢰수준의 변화를 측정하였다. 분석결과, 우리 사회에서 코로나19 이후 전반적으로 가족, 정부, 사회안전망 등에 대한 신뢰는 증가한 반면, 외국인, 낯선 사람, 타국가 등에 대한 신뢰는 감소한 경향이 나타났다. 또한 신뢰수준의 변화는 성별, 연령, 교육수준, 소득 등 사회인구학적 특성에 따라 집단별로 다르게 나타났는데, 사회경제적 지위가 높은 집단과 그렇지 않은 집단 사이의 신뢰수준 변화에서 차이가 발생하면서 사회경제적 불평등의 심화에 따라 우리 사회의 신뢰 수준 역시 계층별로 양극화될 가능성을 시사하였다.

넷째, 코로나19는 커뮤니티와 제도적 환경에 따라 그 부정적 영향력이 커지기도 하고 감소하기도 한다. 따라서 위기대응을 위한 효과적 커뮤니티 환경의 구축이 코로나19 위기를 타개하는 데 무엇보다 급선무일 것이다.

7장에서는 소셜미디어상의 건강한 의견표명이 형성될 수 있는 조건들을 살펴보았고, 이와 같은 온라인 상의 사회적 자본의 형성이 코로나19와 같은 사회적 위기 상황에서 긍정적인 원동력을 발휘할 가능성을 역설하였다. 특히 온라인 상의 여론형성과 의견표명 과정이 사회적 건강의 증진에 기여할 수 있는가는 특정 개인이 다수의 의견과 대립되는 의견을 얼마나 공개적으로 자유롭게 표출할 수 있는지와 관련된, 투명한 사회적 소통을 위한 커뮤니티 환경의 구축 여부와 연결된다고 볼 수 있다. 온라인 공간에서의 의사소통 및 정보교류 역시 오프라인과 마찬가지로 개인 간의 관계망을 통한 사회적 자본의 축적으로 이루어지므로 의견표명에 대한 여론분위기 형성의 특성을 살펴볼 필요가 있다. 이 연구는 온라인 상의 공개적 의견표명의지를 결정하는 요인을 개인이 가진 SNS 사회적 자본과 현재 여론분위기 일치도, 이슈에 대한 사회적 거리도 등을 통해 살펴보았으며, 다양한 의견표명과 자유로운 사회적 여론의 교류가 가능한 건강한 커뮤니티 환경의 구축이 소셜헬스를 증진하기 위한 기초토대임을 시사하였다.

8장에서는 코로나19 위기 상황에서 소셜미디어의 허위정보, 오정보 전파로 인한 특히 인포데믹infodemic이 중대한 사회적 문제를 야기하고 있다는 점을 지적하고, 이와 같은 허위정보를 파악하고 차단할 수 있는 제도적·기술적 대응책이 무엇인지 살펴보았다. 코로나19 사태에서 우리는 허위정보의 확산으로 인한 일련의 피해들을 경험하고 사회적 비용을 치룬 바 있다. 소셜미디어는 특성상 신뢰할 수 있는 정보와 그렇지 않은 정보를 식별하기 어려운 정보과잉의 상황에 놓여 있기 때문에, 팩트체크에 기반한 미디어의 역할이 매우 중요해진다. 이와 같은 허위정보의 효과적 대응을 위해 제도적으로는 국내외 언론보도기관을 중심으로 팩트체크를 위한 플랫폼 구축과 협력적 관계 참여가 형성되고 있으며, 기술적으로는 AI 알고리즘을 활용한 가짜뉴스의 탐지와 팩트체킹 기법이 개발되고 있다. 이와 같은 제도적 노력과 기술적 개발 외에도, 본 연구는 개인 수준에서 분석적 사고능력의 배양과 팩트체크를 위한 인지적 노력이 오정보 확산을 방지하고 건강한 커뮤니티 환경을 구축하는 데 핵심적인 역할을 수행한다고 강조하였다.

9장에서는 코로나19 이후로 장기화된 경기침체에 대응하기 위해서는 4차 산업혁명의 핵심이 되는 ICT 기술 기반의 일자리 구조 개편이 필요함을 역설한다. 이를 위해서는 우리나라의 AI 빅데이터 교육의 확충이 시급히 요구된다. 본 장에서는 우리나라에서 시행 중인 AI 빅데이터 관련 교육 프로그램의 현황과 고급 인재 양성의 동향을 살펴보았으며, AI 빅데이터 교육 프로그램의 확충이 특히 향후 미래사회에서 사회적 건강에 필요한 잠재력을 길러내는 데 중요한 토양을 제공한다는 점을 보여주었다.

10장에서는 코로나19 위기로 제기된 환경과 인간의 건강 문제의 상호관계를 다루고, 팬데믹 상황의 장기화에 대비한 환경정책 수립의 필요성을 강조하였다. 코로나19 팬데믹과 같이 전 세계의 인류를 위협하는 전염병 창궐에는 다양한 요인이 있겠으나 현대사회가 직면한 환경 파괴의 문제와도 밀접한 관련이 있다. 환경정책은 인간의 건강문제와 맞물려 있음에도 불구하고 그동안 우리 사회의 건강 위협 요인에 있어 핵심적 사안으로 다루고 있지 않은 편이었다. 코로나19로 인해 기후변화와 환경오염에 따른 환경 위기가 전 인류의 건강과 생명에 직결된다는 문제의식이 증가하고 있다. 따라서 이번 코로나19 팬데믹뿐만 아니라 향후 미래사회에서 발생할 잠재적 위험을 대응하기 위해서는 전 지구적 협력관계의 구축을 통한 중장기적인 환경정책의 수립이 무엇보다 중요할 것이다.

요약하면, 코로나19 팬데믹 시대에서 우리 사회의 건강을 회복하고 증진하기 위한 노력들은 단순히 개개인의 방역행동이나 정부의 정책적 역할에 그쳐서는 안된다. 그보다 우리 사회의 집합적인 위기 대응능력의 증진을 목표로 하면서, 가족 및 일상생활, 사회적 관계, 커뮤니티 및 제도적 환경의 다양한 영역으로부터 사회적 건강을 결정하는 하위단계의 조건들을 검토하고 배양하는 과정에서부터 하나씩 이뤄져야 할 것이다.

2. 포스트 코로나19 시대를 대비하여: '건강한 사회'를 위한 소셜헬스 연구의 가능성

2020년 3월 12일 WHOWorld Health Organization가 코로나바이러스감염증19COVID-19의 '범세계적 전염병 대유형팬데믹, pandemic'을 선언한 이후 2021년 오늘날까지 코로나19는 여전히 종식되지 않은 채 우리 사회에 커다란 영향을 미치고 있다. 마스크 착용과 집합금지, 안전안내문자로 대표되는 코로나19 대응의 생활방역체계인 '사회적 거리두기'는 이제 우리 일상생활의 익숙한 일부가 되고 있으며, 팬데믹의 장기화를 대비한 비대면 온라인 서비스의 확장이 이루어지고 재난기본소득제 실시에 대한 본격적인 논의가 정책영역에서 등장하는 등 이전 사회와 질적으로 다른 미래사회의 정책대응의 양상을 예고하고 있다. 이 시점에서 우리 사회가 추구하고자 하는 '건강함'의 의미를 기존의 개인 중심의 건강으로부터 사회적 건강으로 그 시야를 확장시킴으로써 '코로나19'라는 불확실한 거시적 위기에 탄력적인 사회로의 재구성을 위한 공동체의 집합적 대응능력을 길러낼 필요가 있을 것이다.

이 저서는 코로나19 시대에서 우리 사회의 현황과 직면 과제를 가족 및 사적 영역, 사회적 관계, 커뮤니티 및 제도적 환경의 수준으로 나누어 '소셜헬스(사회적 건강)'의 관점에서 살펴보았다. 소셜헬스 연구는 건강을 단순히 개인차원에서의 건강함으로 볼 뿐만 아니라, 사회공동체 수준에서의 집합적 대응능력과 지속가능한 회복능력의 관점에서 건강문제를 바라본다. 이러한 점에서 소셜헬스 연구는 건강연구의 시야를 개인으로부터 사회의 지평으로까지 넓혀줄 뿐만 아니라, 포스트 코로나19 시대를 대비한 사회공동체의 회복과 중장기적 위기관리의 사회내구성 구축에 요구되는 정책적 통찰력을 가져다주는 데 기여할 수 있다.

이 저서의 연구결과들은 코로나19가 우리 사회의 건강 수준에 다양한 영역에서 영향 미치고 있음을 보여주며, 동시에 팬데믹 위기극복의 가능성이 결국 우리 사회가 잠재적으로 갖고 있는 구성원들의 공동체적 건강함에 의해 결정될 가능성을 있음을 시사한다. 가족과 일상생활, 사적 영역에서의 스트레스 증가는 다음 세대의 발달에도 부정적 영향을 미친다. 또한 사회적 관계에서의 혐오, 차별 증가에 따른 집단간 갈등은 구성원 간 신뢰 형성을 약화시키고 팬데믹 위기 타개에 반드시 필요한 사회통합 수준을 저해시킨다. 특히 커뮤니티 및 제도적 환경이 위기대응에 필요한 조건들을 어느 범위까지 구축하고 있는지에 따라 이러한 부정적 현상이 완충 또는 악화되는 수준이 달라질 것이다. 이와 같이 가족 및 일상생활, 관계, 커뮤니티/제도적 수준의 건강함을 결정하는 요인들은 결국 '코로나 블루'와 같은 사회적 수준에서의 스트레스와 불안, 긴장감 등의 삶의 복리감과 안녕을 나타내는 거시적 추이에 반영된다고 볼 수 있다. 따라서 포스트 코로나19 시대에서 우리 사회에 남겨진 과제는 어떻게 하면 개인과 관계, 사회구조/제도에 걸친 다양한 층위에서 '건강함'의 조건들을 배양할 수 있는 요인들을 복합적으로 검토하고 다학제적 대응방안을 마련할 수 있는지에 달렸다고 볼 수 있다.

코로나19 팬데믹 위기는 우리 사회의 지형을 근본적으로 변화시키고 있다. 앞으로 포스트 코로나19 시대를 대비하여, 건강한 사회의 구축을 목표로 미래사회에 나타날 변화들을 예측하고 위기대응에 필요한 우리 사회의 잠재성을 길러내기 위한 근본적 방안들에 대해 충분히 성찰해나가야 할 것이다.

참고문헌

1장 서론

소셜오믹스 연구센터. (2019). 2018년 선정 사회과학연구(SSK)지원사업 (대형) 연차보고서. 연세대학교 소셜오믹스 연구센터.

울리히 벡(Ulrich Beck). (2019[1986]). 『위험사회: 새로운 근대성을 향하여』. (홍성태 옮김). 1판 10쇄. 서울: 새물결.

Cho, S. M., Park, C., & Song, M. (2020). The evolution of social health research topics: A data-driven analysis. *Social Science & Medicine*, 265, 113299.

WHO. (2014). Basic Documents: Forty-Eighth Edition. World Health Organization (WHO), Geneva, Switzerland. https://apps.who.int/gb/bd/PDF/bd48/basic-documents-48th-edition-en.pdf. (Accessed 7 March 2021).

2장 코로나19 시대와 소셜헬스 측정하기

국민건강보험공단 국정감사자료. (2020).

우울증. (2021년, 1월 24일). 검색일 1월 24일, 2021년, 출처 MSD: https://www.msdmanuals.com/ko-kr/

코로나우울. (2021년, 1월 24일). 검색일 1월 24일, 2021년, 출처 국립국어원: https://www.korean.go.kr/

코로나 우울감의 원인. (2021년, 1월 24일). 검색일 1월 24일, 2021년, 출처 국립정신건강센터: https://www.ncmh.go.kr/

Kim, G. E., Jo, M. W., & Shin, Y. W. (2020). Increased prevalence of depression in South Korea from 2002 to 2013. *Scientific reports*, 10(1), 1-9.

코로나바이러스감염증-19. (2021년, 1월 26일). 검색일 1월 26일, 2021년, 출처 네이버 지식백과: https://terms.naver.com/entry.nhn?docId=5912275&cid=43667&categoryId=43667

코로나바이러스감염증-19. (2021년, 1월 26일). 검색일 1월 26일, 2021년, 출처 질병관리청: http://ncov.mohw.go.kr/

코로나-19(2021년, 1월 26일). 검색일 1월 26일, 2021년, 출처 서울아산병원 홈페이지: http://www.

amc.seoul.kr/asan/healthinfo/disease/diseaseDetail.do?contentId=33922&tabIndex=0
코로나19신조어(2020년, 4월 10일). 검색일 1월 26일, 2021년, 출처 의협신문: https://www.doctorsnews.co.kr/news/articleView.html?idxno=134118

코로나19와 정신건강(2020년, 10월 30일). 검색일 1월 26일, 2021년, 출처 오마이뉴스: http://www.ohmynews.com/NWS_Web/Series/series_premium_pg.aspx?CNTN_CD=A0002687885

코로나19 심리상담(2020년 5월 27일). 검색일 1월 26일, 2021년, 출처 서울시 행정상담 전문기관 120다산콜센터 블로그: https://blog.naver.com/120seoulcall/221980268170

코로나19 한국인의 우울(2020년 9월 19일). 검색일 1월 26일, 2021년, 출처 경향신문: http://news.khan.co.kr/kh_news/khan_art_view.html?art_id=202009190600015

연세대학교 소셜오믹스 연구센터. 검색일 1월 26일, 2021년, 출처 연세대학교 소셜오믹스 연구센터 홈페이지: http://shi.yonsei.ac.kr/

독일 나코연구(2020년 10월 25일). 검색일 1월 26일, 2021년, 출처 나코 보건연구 홈페이지: https://nako.de/

Kim, G. E., Jo, M. W., & Shin, Y. W. (2020). Increased prevalence of depression in South Korea from 2002 to 2013. *Scientific reports*, 10(1), 1-9.

Devlin, Jacob, Ming-Wei Chang, Kenton Lee, and Kristina Toutanova. 2018. Bert: Pre-training of deep bidirectional transformers for language understanding. *arXiv preprint*, arXiv:1810.04805.

Vaswani, A., Shazeer, N., Parmar, N., Uszkoreit, J., Jones, L., Gomez, A. N., ... & Polosukhin, I. 2017. Attention is all you need. In Advances *in neural information processing systems*, 5998-6008.

3장 코로나 시대의 부부 관계 개선

연합뉴스 (2020, 04) 중국서 코로나19 '집콕'에 부부 갈등 커져 이혼 상담 급증. 한국경제. Retrieved from https://www.hankyung.com/international/article/202004229047Y

중앙선데이 (2012, 05) 섹스리스 부부. 중앙일보. Retrieved from https://news.joins.com/article/8230527

Aron, A., Lewandowski Jr, G. W., Mashek, D., & Aron, E. N. (2013). *The self-expansion model of motivation and cognition in close relationships*.

Aron, A., Norman, C. C., Aron, E. N., McKenna, C., & Heyman, R. E. (2000). Couples' shared participation in novel and arousing activities and experienced relationship quality. *Journal of personality and social psychology*, 78(2), 273.

Baumeister, R. F., Catanese, K. R., & Vohs, K. D. (2001). Is there a gender difference in strength of sex drive? Theoretical views, conceptual distinctions, and a review of relevant evidence. *Personality and social psychology review*, 5(3), 242-273.

Bloch, L., Haase, C. M., & Levenson, R. W. (2014). Emotion regulation predicts marital satisfaction: More than a wives' tale. *Emotion*, 14(1), 130.

Bodenmann, G., Ledermann, T., & Bradbury, T. N. (2007). Stress, sex, and satisfaction in marriage. *Personal Relationships*, 14(4), 551-569.

Butler, E. A., Lee, T. L., & Gross, J. J. (2007). Emotion regulation and culture: Are the social consequences of emotion suppression culture-specific?. *Emotion*, 7(1), 30.

Campos, B., Schoebi, D., Gonzaga, G. C., Gable, S. L., & Keltner, D. (2015). Attuned to the positive? Awareness and responsiveness to others' positive emotion experience and display. *Motivation and Emotion*, 39(5), 780-794.

Carstensen, L. L., Gottman, J. M., & Levenson, R. W. (1995). Emotional behavior in long-term marriage. *Psychology and Aging*, 10(1), 140.

Chervonsky, E., & Hunt, C. (2017). Suppression and expression of emotion in social and interpersonal outcomes: A meta-analysis. *Emotion*, 17(4), 669.

Coan, J. A., Schaefer, H. S., & Davidson, R. J. (2006). Lending a hand: Social regulation of the neural response to threat. *Psychological science*, 17(12), 1032-1039.

Cupach, W. R., & Comstock, J. (1990). Satisfaction with sexual communication in marriage: Links to sexual satisfaction and dyadic adjustment. *Journal of Social and Personal Relationships*, 7(2), 179-186.

Dehle, C., Larsen, D., & Landers, J. E. (2001). Social support in marriage. *American Journal of Family Therapy*, 29(4), 307-324.

Derlega, V. J., Metts, S., Petronio, S., & Margulis, S. T. (1993). *Sage series on close relationships. Self-disclosure*. Sage Publications, Inc

Dickinson, L. (1995). Autonomy and motivation a literature review. *System*, 23(2), 165-174.

Donnelly, D. A. (1993). Sexually inactive marriages. *Journal of Sex Research*, 30(2), 171-179. http://dx.doi.org/10.1080/00224499309551698

Driver, J. L., & Gottman, J. M. (2004). Daily marital interactions and positive affect during marital conflict among newlywed couples. *Family process*, 43(3), 301-314.

Farrell, A. K., Simpson, J. A., Overall, N. C., & Shallcross, S. L. (2016). Buffering the responses of avoidantly attached romantic partners in strain test situations. *Journal of Family Psychology*, 30(5), 580.

Fields, N. S. (1983). Satisfaction in long-term marriages. *Social Work*, 28(1), 3741. http://

dx.doi.org/10.1093/sw/28.1.37

Finkel, E. J., Molden, D. C., JohnSon, S. E., & Eastwick, P. W. (2009). *Regulatory focus and romantic alternatives. Psychology of self-regulation: Cognitive, affective, and motivational processes*, 319-335.

Gable, S. L., Reis, H. T., Impett, E. A., & Asher, E. R. (2004). What do you do when things go right? The intrapersonal and interpersonal benefits of sharing positive events. *Journal of personality and social psychology*, 87(2), 228.

Goldin, P. R., McRae, K., Ramel, W., & Gross, J. J. (2008). The neural bases of emotion regulation: reappraisal and suppression of negative emotion. *Biological Psychiatry*, 63(6), 577-586.

Gordon, C. L., Arnette, R. A., & Smith, R. E. (2011). Have you thanked your spouse today?: Felt and expressed gratitude among married couples. *Personality and Individual Differences*, 50(3), 339-343.

Gordon, A. M., & Chen, S. (2014). The role of sleep in interpersonal conflict: do sleepless nights mean worse fights?. *Social Psychological and Personality Science*, 5(2), 168-175.

Gordon, A. M., & Chen, S. (2016). Do you get where I'm coming from?: Perceived understanding buffers against the negative impact of conflict on relationship satisfaction. *Journal of Personality and Social Psychology*, 110(2), 239.

Gottman, J. M., & Krokoff, L. J. (1989). Marital interaction and satisfaction: A longitudinal view. *Journal of consulting and clinical psychology*, 57(1), 47.

Gross, J. J. (1998). Antecedent-and response-focused emotion regulation: divergent consequences for experience, expression, and physiology. *Journal of personality and social psychology*, 74(1), 224.

Gross, J. J. (2002). Emotion regulation: Affective, cognitive, and social consequences. *Psychophysiology*, 39(3), 281-291.

Gross, J. J., & John, O. P. (2003). Individual differences in two emotion regulation processes: implications for affect, relationships, and well-being. *Journal of personality and social psychology*, 85(2), 348.

Hadden, B. W., Rodriguez, L. M., Knee, C. R., & Porter, B. (2015). Relationship autonomy and support provision in romantic relationships. *Motivation and Emotion*, 39(3), 359-373.

Henderson-King, D. H., & Veroff, J. (1994). Sexual satisfaction and marital well being in the first years of marriage. *Journal of Social and Personal Relationships*, 11(4), 509-534. http://dx.doi.org/10.1177/0265407594114002

Henderson-King, D. H., & Veroff, J. (1994). Sexual satisfaction and marital well-being in the first years of marriage. *Journal of Social and Personal Relationships*, 11(4), 509-534.

Hendrick, S. S. (1981). Self-disclosure and marital satisfaction. *Journal of Personality and Social Psychology*, 40(6), 1150-1159.

Higgins, E. T. (1997). Beyond Pleasure and Pain.

Jakubiak, B. K., & Feeney, B. C. (2017). Affectionate touch to promote relational, psychological, and physical well-being in adulthood: A theoretical model and review of the research. *Personality and Social Psychology Review*, 21(3), 228-252.

Jakubiak, B. K., & Feeney, B. C. (2019). Hand-in-hand combat: Affectionate touch promotes relational well-being and buffers stress during conflict. *Personality and Social Psychology Bulletin*, 45(3), 431-446.

Jakubiak, B. K., & Feeney, B. C. (2019). Interpersonal touch as a resource to facilitate positive personal and relational outcomes during stress discussions. *Journal of Social and Personal Relationships*, 36(9), 2918-2936.

Johannes, C. B., & Avis, N. E. (1997). Gender differences in sexual activity among mid-aged adults in Massachusetts. *Maturitas*, 26(3), 175-184.

Kang, K. H. (2015, 05) '부부의 정' 깨는 발기부전, 가짜 약 손대는 건 위험. 헬스조선. Retrieved from http://health.chosun.com/site/data/html_dir/2015/05/19/2015051901828.html

Kelly, A. E., & McKillop, K. J. (1996). Consequences of revealing personal secrets. *Psychological Bulletin*, 120(3), 450.

Kennedy-Moore, E., & Watson, J. C. (2001). How and when does emotional expression help?. *Review of General Psychology*, 5(3), 187-212.

Kim, H. W. (2018, 05) 한국인 성생활 만족도, 18개국 중 17위 차지. Chosun. Retrieved from http://it.chosun.com/site/data/html_dir/2018/05/31/2018053101003.html

Kim, K. J., Feeney, B. C., & Jakubiak, B. K. (2018). Touch reduces romantic jealousy in the anxiously attached. *Journal of Social and Personal Relationships*, 35(7), 1019-1041.

Kluwer, E. S., Karremans, J. C., Riedijk, L., & Knee, C. R. (2020). Autonomy in relatedness: How need fulfillment interacts in close relationships. *Personality and Social Psychology Bulletin*, 46(4), 603-616.

Kumar, P. (1986). Psychological study of factors in marital happiness. *Indian Journal of Current Psychological Research*, 1, 7376.

Laurenceau, J. P., Barrett, L. F., & Pietromonaco, P. R. (1998). Intimacy as an interpersonal process: The importance of self-disclosure, partner disclosure, and perceived partner responsiveness in interpersonal exchanges. *Journal of personality and social psychology*, 74(5), 1238.

Laurenceau, J. P., Barrett, L. F., & Rovine, M. J. (2005). The interpersonal process model of intimacy in marriage: A daily-diary and multilevel modeling approach. *Journal of Family Psychology*, 19(2), 314.

Le, B. M., & Impett, E. A. (2013). When holding back helps: Suppressing negative emotions during sacrifice feels authentic and is beneficial for highly interdependent people. *Psychological Science*, 24(9), 1809-1815.

Lee, S. S. (2020, 08) [코로나 부부갈등 극복] 행복한 부부, 괜찮은 남편. 정신의학신문. Retrieved from http://www.psychiatricnews.net/news/articleView.html?idxno=19301

Lemay, E. P., & Clark, M. S. (2015). Motivated cognition in relationships. *Current Opinion in Psychology*, 1, 72-75.

Levenson, R. W., Haase, C. M., Bloch, L., Holley, S. R., & Seider, B. H. (2014). *Emotion regulation in couples*.

Levinger, G., & Senn, D. J. (1967). Disclosure of feelings in marriage. *Merrill-Palmer Quarterly of Behavior and Development*, 13(3), 237-249.

Lewandowski, G. W., & Ackerman, R. A. (2006). Something's missing: Need fulfillment and self-expansion as predictors of susceptibility to infidelity. *The Journal of social psychology*, 146(4), 389-403.

Little, K. C., McNulty, J. K., & Russell, V. M. (2010). Sex buffers intimates against the negative implications of attachment insecurity. *Personality and Social Psychology Bulletin*, 36(4), 484-498.

Litzinger, S., & Gordon, K. C. (2005). Exploring relationships among communication, sexual satisfaction, and marital satisfaction. *Journal of Sex and Marital Therapy*, 31(5), 409-424. http://dx.doi.org/10.1080/00926230591006719

Luchies, L. B., Finkel, E. J., McNulty, J. K., & Kumashiro, M. (2010). The doormat effect: when forgiving erodes self-respect and self-concept clarity. *Journal of personality and social psychology*, 98(5), 734.

M. Dunn, Peter R. Croft, Geoffrey I. Hackett, K. (2000). Satisfaction in the sex life of a general population sample. *Journal of Sex & Marital Therapy*, 26(2), 141-151.

MacNeil, S., & Byers, E. S. (2005). Dyadic assessment of sexual self-disclosure and sexual satisfaction in heterosexual dating couples. *Journal of Social and Personal Relationships*, 22(2), 169-181.

MacNeil, S., & Byers, E. S. (2009). Role of sexual self-disclosure in the sexual satisfaction of long-term heterosexual couples. *Journal of Sex Research*, 46(1), 3-14.

Maslow, A. H. (1958). A dynamic theory of human motivation. *Understanding Human*

Motivation, 2647

McNulty, J. K. (2008). Forgiveness in marriage: Putting the benefits into context. *Journal of Family Psychology*, 22(1), 171.

McNulty, J. K. (2011). The dark side of forgiveness: The tendency to forgive predicts continued psychological and physical aggression in marriage. *Personality and Social Psychology Bulletin*, 37(6), 770–783.

McNulty, J. K., & Russell, V. M. (2010). When "negative" behaviors are positive: A contextual analysis of the long-term effects of problem-solving behaviors on changes in relationship satisfaction. *Journal of personality and social psychology*, 98(4), 587.

McNulty, J. K., Wenner, C. A., & Fisher, T. D. (2016). Longitudinal associations among relationship satisfaction, sexual satisfaction, and frequency of sex in early marriage. *Archives of Sexual Behavior*, 45(1), 85–97.

Meltzer, A. L., Makhanova, A., Hicks, L. L., French, J. E., McNulty, J. K., & Bradbury, T. N. (2017). Quantifying the Sexual Afterglow: The Lingering Benefits of Sex and Their Implications for Pair-Bonded Relationships. *Psychological Science*, 28(5), 587–598.

Meltzer, A. L., Makhanova, A., Hicks, L. L., French, J. E., McNulty, J. K., & Bradbury, T. N. (2017). Quantifying the Sexual Afterglow: The Lingering Benefits of Sex and Their Implications for Pair-Bonded Relationships. *Psychological Science*, 28(5), 587–598.

Morokqff, P. J., & Gillilland, R. (1993). Stress, sexual functioning, and marital satisfaction. *Journal of Sex Research*, 30(1), 4353. http://dx.doi.org/10.1080/00224499309551677

Muise, A., Schimmack, U., & Impett, E. A. (2016). Sexual frequency predicts greater well-being, but more is not always better. *Social Psychological and Personality Science*, 7(4), 295–302.

Muraven, M., Rosman, H., & Gagn , M. (2007). Lack of autonomy and self-control: Performance contingent rewards lead to greater depletion. *Motivation and Emotion*, 31(4), 322–330.

Murray, S. L. (1999). The quest for conviction: Motivated cognition in romantic relationships. *Psychological Inquiry*, 10(1), 23–34.

Nam, Y., Kim, Y. H., & Tam, K. K. P. (2018). Effects of emotion suppression on life satisfaction in Americans and Chinese. *Journal of cross-cultural psychology*, 49(1), 149–160.

Navran, L. (1967). Communication and adjustment in marriage. *Family Process*, 6(2), 173–184. http://dx.doi.org/10.1111/j.1545-5300.1967.00173.x

Orehek, E., & Forest, A. L. (2016). When people serve as means to goals: Implications of a motivational account of close relationships. *Current Directions in Psychological Science*, 25(2), 79-84.

Pulfrey, C., Darnon, C., & Butera, F. (2013). Autonomy and task performance: Explaining the impact of grades on intrinsic motivation. *Journal of Educational Psychology*, 105(1), 39.

Rauer, A. J., & Volling, B. L. (2005). The role of husbands' and wives' emotional expressivity in the marital relationship. *Sex roles*, 52(9-10), 577-587.

Reis, H. T., Clark, M. S., & Holmes, J. G. (2004). Perceived partner responsiveness as an organizing construct in the study of intimacy and closeness.

Reissman, C., Aron, A., & Bergen, M. R. (1993). Shared activities and marital satisfaction: Causal direction and self-expansion versus boredom. *Journal of Social and Personal Relationships*, 10(2), 243-254.

Rossignac-Milon, M., Bolger, N., Zee, K. S., Boothby, E. J., & Higgins, E. T. (2020). Merged minds: Generalized shared reality in dyadic relationships. *Journal of Personality and Social Psychology*.

Rossignac-Milon, M., & Higgins, E. T. (2018). Epistemic companions: Shared reality development in close relationships. *Current opinion in psychology*, 23, 66-71.

Ruan, Y., Reis, H. T., Clark, M. S., Hirsch, J. L., & Bink, B. D. (2020). Can I tell you how I feel? Perceived partner responsiveness encourages emotional expression. *Emotion*, 20(3), 329.

Russell, V. M., & McNulty, J. K. (2011). Frequent sex protects intimates from the negative implications of their neuroticism. *Social Psychological and Personality Science*, 2(2), 220-227.

Segal, N., & Fraley, R. C. (2016). Broadening the investment model: An intensive longitudinal study on attachment and perceived partner responsiveness in commitment dynamics. *Journal of Social and Personal Relationships*, 33(5), 581-599.

Selcuk, E., Stanton, S. C., Slatcher, R. B., & Ong, A. D. (2017). Perceived partner responsiveness predicts better sleep quality through lower anxiety. *Social Psychological and Personality Scienc*e, 8(1), 83-92.

Shiota, M. N., Campos, B., Keltner, D., & Hertenstein, M. J. (2004). Positive emotion and the regulation of interpersonal relationships. *The regulation of emotion*, 68.

Soto, J. A., Perez, C. R., Kim, Y. H., Lee, E. A., & Minnick, M. R. (2011). Is expressive suppression always associated with poorer psychological functioning? A cross-cultural comparison between European Americans and Hong Kong Chinese. *Emotion*, 11(6), 1450.

Sprecher, S., & Hendrick, S. S. (2004). Self-disclosure in intimate relationships:

Associations with individual and relationship characteristics over time. *Journal of Social and Clinical Psychology*, 23(6), 857-877.

Stanton, S. C., Selcuk, E., Farrell, A. K., Slatcher, R. B., & Ong, A. D. (2019). Perceived partner responsiveness, daily negative affect reactivity, and all-cause mortality: A 20-year longitudinal study. *Psychosomatic medicine*, 81(1), 7.

Trudel, G. (2002). Sexuality and marital life: Results of a survey. *Journal of Sex and Marital Therapy*, 28(3), 229249. http://dx.doi.org/10.1080/009262302760328271

Winterheld, H. A., & Simpson, J. A. (2011). Seeking security or growth: A regulatory focus perspective on motivations in romantic relationships. *Journal of personality and social psychology*, 101(5), 935.

4장 코로나 시대의 아동 발달과 소셜헬스

서한. (19/12/24). 고등학생 하루 6.1시간 수면…아동 청소년 행복도 OECD 최하. 동아일보. https://www.donga.com/news/article/all/20191224/98952040/2 (검색일: 2021.01.20.)

은기수. (2020). 코로나 팬데믹과 자녀돌봄의 변화. 『노동리뷰』, 35-49.

전소영. (20/11/7). '코로나19' 장기화로 아동 우울감 심화…서울시, 복지시설에 심리정서사업 지원키로. 투데이신문. https://www.ntoday.co.kr/news/articleView.html?idxno=75626 (검색일: 2021.01.20.)

정익중·이수진·강희주. (2020). 코로나19로 인한 아동일상 변화와 정서 상태. 『한국아동복지학』, 69(4), 59-90.

최윤경. (2020). [이슈브리프] 코로나19와 아동 돌봄의 쟁점. 『젠더리뷰』, 57, 63-69.

Bignardi, G., Dalmaijer, E. S., Anwyl-Irvine, A. L., Smith, T. A., Siugzdaite, R., Uh, S., & Astle, D. E. (2020). Longitudinal increases in childhood depression symptoms during the COVID-19 lockdown. *Archives of disease in childhood*.

Boca, D. D., Oggero, N., Profeta, P., & Rossi, M. (2020). Women's work, housework and childcare, before and during COVID-19.

Carson, V., Chaput, J. P., Janssen, I., & Tremblay, M. S. (2017). Health associations with meeting new 24-hour movement guidelines for Canadian children and youth. *Preventive Medicine*, 95, 7-13.

Hamel, L., and A. Salganicoff. 2020. *Is There a Widening Gender Gap in Coronavirus Stress?* Washington, DC: Kaiser Family Foundation. https://www.kff.org/globalhealth-policy/poll-finding/kff-coronavirus-poll-march-2020

Moore, S. A., Faulkner, G., Rhodes, R. E., Brussoni, M., Chulak-Bozzer, T., Ferguson, L. J., ... & Tremblay, M. S. (2020). Impact of the COVID-19 virus outbreak on movement and play behaviours of Canadian children and youth: a national survey. *International Journal of Behavioral Nutrition and Physical Activity*, 17(1), 1-11.

Romero, E., L pez-Romero, L., Dom nguez- lvarez, B., Villar, P., & G mez-Fraguela, J. A. (2020). Testing the effects of COVID-19 confinement in Spanish children: The role of parents' distress, emotional problems and specific parenting. *International journal of environmental research and public health*, 17(19), 6975.

Russell, B. S., Hutchison, M., Tambling, R., Tomkunas, A. J., & Horton, A. L. (2020). Initial challenges of caregiving during COVID-19: caregiver burden, mental health, and the parentchild relationship. *Child Psychiatry & Human Development*, 51(5), 671-682.

5장 차별과 혐오의 뇌과학

Apps, M. A. J., McKay, R., Azevedo, R. T., Whitehouse, H., & Tsakiris, M. (2018). Not on my team: Medial prefrontal cortex responses to ingroup fusion and unfair monetary divisions. *Brain and Behavior*, 8(8), e01030. doi:ARTN 10.1002/brb3.1030

Bang, D., & Fleming, S. M. (2018). Distinct encoding of decision confidence in human medial prefrontal cortex. *Proc Natl Acad Sci USA*, 115(23), 6082-6087. doi:10.1073/pnas.1800795115

Barrett, L. F. (2017). The theory of constructed emotion: an active inference account of interoception and categorization. *Soc Cogn Affect Neurosci*, 12(1), 1-23. doi:10.1093/scan/nsw154

Bian, L., Sloane, S., & Baillargeon, R. (2018). Infants expect ingroup support to override fairness when resources are limited. *Proc Natl Acad Sci USA*, 115(11), 2705-2710. doi:10.1073/pnas.1719445115

de Zavala, A. G., Federico, C. M., Sedikides, C., Guerra, R., Lantos, D., Mrozinski, B., . . . Baran, T. (2020). Low Self-Esteem Predicts Out-Group Derogation via Collective Narcissism, but This Relationship Is Obscured by In-Group Satisfaction. *J Pers Soc Psychol*, 119(3), 741-764. doi:10.1037/pspp0000260

Hall, L., Strandberg, T., Parnamets, P., Lind, A., Tarning, B., & Johansson, P. (2013). How the Polls Can Be Both Spot On and Dead Wrong: Using Choice Blindness to Shift Political Attitudes and Voter Intentions. PloS one, 8(4), e60554. doi:10.1371/journal.

pone.0060554

Johansson, P., Hall, L., Sikstrom, S., & Olsson, A. (2005). Failure to detect mismatches between intention and outcome in a simple decision task. *Science*, 310(5745), 116-119. doi:10.1126/science.1111709

Jordan, J. J., Sommers, R., Bloom, P., & Rand, D. G. (2017). Why Do We Hate Hypocrites? Evidence for a Theory of False Signaling. *Psychol Sci*, 28(3), 356-368. doi:10.1177/0956797616685771

Jung, D., Sul, S., Lee, M., & Kim, H. (2018). Social Observation Increases Functional Segregation between MPFC Subregions Predicting Prosocial Consumer Decisions. *Sci Rep*, 8(1), 3368. doi:10.1038/s41598-018-21449-z

Kappes, A., Harvey, A. H., Lohrenz, T., Montague, P. R., & Sharot, T. (2020). Confirmation bias in the utilization of others' opinion strength. *Nat Neurosci*, 23(1), 130-137. doi:10.1038/s41593-019-0549-2

Kim, H.-y., Kim, H., & Han, S. (2016). I CAN stand this, but WE CAN'T: discontinuity between choices for self vs. group modulated by group competition during the ultimatum game. *Korean Journal of Cognitive Science*, 27(3), 407-420.

Kim, H. (2020). Stability or Plasticity? - A Hierarchical Allostatic Regulation Model of Medial Prefrontal Cortex Function for Social Valuation. *Front Neurosci*, 14, 281. doi:10.3389/fnins.2020.00281

Lambie, J. A., & Marcel, A. J. (2002). Consciousness and the varieties of emotion experience: a theoretical framework. *Psychol Rev*, 109(2), 219-259. doi:10.1037/0033-295x.109.2.219

Macrae, C. N., Moran, J. M., Heatherton, T. F., Banfield, J. F., & Kelley, W. M. (2004). Medial prefrontal activity predicts memory for self. *Cereb Cortex*, 14(6), 647-654. doi:10.1093/cercor/bhh025

Maier, S. U., & Hare, T. A. (2017). Higher Heart-Rate Variability Is Associated with Ventromedial Prefrontal Cortex Activity and Increased Resistance to Temptation in Dietary Self-Control Challenges. *J Neurosci*, 37(2), 446-455. doi:10.1523/JNEUROSCI.2815-16.2016

Mercier, H. (2016). The Argumentative Theory: Predictions and Empirical Evidence. *Trends Cogn Sci*, 20(9), 689-700. doi:10.1016/j.tics.2016.07.001

Nickerson, R. S. (1998). Confrmation bias: a ubiquitous phenomenon in many guises. *Review of General Psychology*, 2(2), 175-220.

Northoff, G., & Bermpohl, F. (2004). Cortical midline structures and the self. *Trends Cogn Sci*, 8(3), 102-107. doi:10.1016/j.tics.2004.01.004

Northoff, G., Heinzel, A., de Greck, M., Bermpohl, F., Dobrowolny, H., & Panksepp, J. (2006). Self-referential processing in our brain—a meta-analysis of imaging studies on the self. *Neuroimage*, 31(1), 440-457.

Philippi, C. L., Duff, M. C., Denburg, N. L., Tranel, D., & Rudrauf, D. (2012). Medial PFC Damage Abolishes the Self-reference Effect. *J Cogn Neurosci*, 24(2), 475-481. doi:DOI 10.1162/jocn_a_00138

Roccas, S., Klar, Y., & Liviatan, I. (2006). The paradox of group-based guilt: Modes of national identification, conflict vehemence, and reactions to the in-group's moral violations. *J Pers Soc Psychol*, 91(4), 698-711. doi:10.1037/0022-3514.91.4.698

Symons, C. S., & Johnson, B. T. (1997). The self-reference effect in memory: A meta-analysis. *Psychological Bulletin*, 121(3), 371-394. doi:Doi 10.1037/0033-2909.121.3.371

Taber, C. S., & Lodge, M. (2016). The Illusion of Choice in Democratic Politics: The Unconscious Impact of Motivated Political Reasoning. *Political Psychology*, 37, 61-85. doi:10.1111/pops.12321

Westen, D. (1998). The scientific legacy of Sigmund Freud: Toward a psychodynamically informed psychological science. *Psychological Bulletin*, 124(3), 333-371. doi:Doi 10.1037/0033-2909.124.3.333

Wildschut, T., Pinter, B., Vevea, J. L., Insko, C. A., & Schopler, J. (2003). Beyond the group mind: a quantitative review of the interindividual-intergroup discontinuity effect. *Psychol Bull*, 129(5), 698-722. doi:10.1037/0033-2909.129.5.698

Yoon, L., Kim, K., Jung, D., & Kim, H. (In Press). Roles of the MPFC and Insula in Impression Management under Social Observation. *Soc Cogn Affect Neurosci*.

Yoon, L., Somerville, L. H., & Kim, H. (2018). Development of MPFC function mediates shifts in self-protective behavior provoked by social feedback. *Nat Commun*, 9(1), 3086. doi:10.1038/s41467-018-05553-2

6장 코로나 바이러스 팬데믹과 한국 사회의 신뢰 지형의 변화

Balog-Way, Dominic H and Katherine A. McComas. (2020). "COVID-19: Reflections on Trust, Tradeoffs, and Preparedness." *Journal of Risk Research*, 23(7-8), 838-848.

Chuang, Ying-Chih, Ya-Li Huang, Kuo-Chien Tseng, Chia-Hsin Yen, & Lin-hul Yang. (2015). "Social Capital and Health-protective Behavior Intentions in an Influenza

Pandemic." *Plos One* 10(4): e0122970.

Coleman, James S. (1990). *Foundations of Social Theory*. Cambridge, MA.: Harvard University Press.

Devine, Daniel, Jennifer Gaskell, Will Jennings, & Gerry Stoker. (2020). "Trust and the Coronavirus Pandemic: What are the Consequences of and for Trust? An Early Review of the Literature." *Political Studies Review*, 1478929920948684.

Elgar, Frank J., Anna Stefaniak, & Michael J.A. Wohl. (2020). "The Trouble with Trust: Time-series Analysis of Social Capital, Income Inequality, and COVID-19 Deaths in 84 Countries." *Social Science & Medicine*, 263:113365.

Gambetta, Diego. (1988). *"Can We Trust Trust?" In Trust: Making and Breaking Cooperative Relations*, edited by Diego Gambetta. Cambridge: Basic Blackwell.

International Security and Development Center. 2020. Life with Corona Project. "Survey highlights week 27." https://lifewithcorona.org/survey-highlights-week-27/. Berlin: Germany.

Kim, Daniel, S. V. Subramanian, & Ichiro Kawachi. (2006). "Bonding versus Bridging Social Capital and Their Associations with Self-Rated Health: A Multilevel Analysis of 40 US Communities." *Journal of Epidemiology and Community Health*, 60, 116-122.

Kim, H. H. S., & Jung, J. H. (2021). Social isolation and psychological distress during the COVID-19 pandemic: A cross-national analysis. *The Gerontologist*, 61(1), 103-113.

Kye, Bongoh, & Sun-Jae Hwang. (2020). "Social trust in the midst of pandemic crisis: implications from COVID-19 of South Korea." *Research in social stratification and mobility*, 68: 100523.

Paxton, Pamela. (2007). "Association Memberships and Generalized Trust: A Multilevel Model across 31 Countries." *Social Forces*, 86, 47-76.

Song, E., & Yoo, H. J. (2020). Impact of social support and social trust on public viral risk response: A COVID-19 survey study. *International Journal of Environmental Research and Public Health*, 17(18): 6589.

Woelfert, Frederike S., & Jonas R. Kunst. (2020). "How Political and Social Trust Can Impact Social Distancing Practices During COVID-19 in Unexpected Ways." *Frontiers in psychology*, 11.

박찬웅. (2006).『시장과 사회적 자본』. 서울: 그린.

양미라·김해숙. (2020). "팬데믹 상황 (COVID-19)에서 사회적 지지가 불안에 미치는 영향: 사회신뢰의 매개효과."『한국융합학회논문지』, 11, 309-319.

임현철. (2019). 사회적자본과 안전인식 그리고 개인웰빙에 관한 연구: 사회적자본과 안전인식의 관계를 중심으로. 한국정책학회 하계학술발표논문집, 1, 1-22.

김경희. (2012). 국가와 공공선/공동선: 절대선과 개별선 사이의 마키아벨리. 『정치사상연구』, 18(1), 33-52.

김한경. (2021). “매출없이 7개월 버텼다” 소상공인 집단행동 소송 확산. 한국경제TV, https://news.naver.com/main/read.nhn?mode=LSD&mid=sec&sid1=102&oid=215&aid=0000930423

도정은·나은경. (2014). 북한 관련 언론 보도의 메시지 해석 수준 및 수용자의 시간적 거리감이 통일에 대한 태도와 전쟁 위험 인식에 미치는 영향. 『한국언론학보』, 58(1), 381-410.

송현수. (2021). 작년 ‘우울증 치료인원’ 100만 명 넘을 듯…‘코로나 블루’ 현실화. 부산일보, https://news.naver.com/main/read.nhn?mode=LSD&mid=sec&sid1=101&oid=082&aid=0001063116

신동인·곽기영. (2018). 사회적 담론에 관한 SNS 사용자의 의견표명 동기요인에 관한 연구: 자기검열과 자기감시를 중심으로. 『경영학연구』, 47(1), 125-152.

신동인·곽기영. (2019). 소셜미디어상에서의 침묵의 나선효과: SNS 자기표현 성향을 중심으로. 『경영학연구』, 48(5), 1363-1396.

신동인. (2020). SNS 사회적 자본과 여론분위기 지각이 공개적인 의견표명에 미치는 영향. 국내박사학위논문, 국민대학교 비즈니스IT전문대학원, 서울.

신동인·곽기영. (2021). SNS 사회적 자본이 여론형성 과정에 미치는 영향: 사회적 거리감의 조절효과와 조절된 매개효과 중심으로. 『경영학연구』, 50(2).

윤석민·조경민. (2011). 광우병 파동을 통해 본 한국사회 과학 커뮤니케이션의 문제. 『한국사회과학』, 33.

조유빈. (2020). 벼랑에 내몰린 2030, ‘코로나 우울’에 빠지다. 시사저널, https://news.naver.com/main/read.nhn?mode=LSD&mid=sec&sid1=101&oid=586&aid=0000019191

Adler, P. S., & Kwon, S. W. (2002). Social capital: Prospects for a new concept. *Academy of management review*, 27(1), 17-40.

Bourdieu, P. (1986). *The forms of Capital*. In J. G. Richardson (Ed.). Handbook of theory and Research for the Sociology of Education, Westport, CT, Greenwood Press, 241-258.

Boyd, D. M., & Ellison, N. B. (2007). Social network sites: Definition, history, and scholarship. *Journal of computer mediated Communication*, 13(1), 210-230.

Carson, R. C. (1969). *Interaction Concepts of Personality*. Chicago, IL, Aldine.

Chen, H. T. (2018). Spiral of silence on social media and the moderating role of disagreement and publicness in the network: Analyzing expressive and withdrawal behaviors. *New Media & Society*, 20(10), 3917-3936.

Coleman, J. S. (1988). Social capital in the creation of human capital. *American journal of sociology*, 94, 95-120.

Dalisay, F., Hmielowski, J. D., Kushin, M. J., & Yamamoto, M. (2012). Social capital and the spiral of silence. *International Journal of Public Opinion Research*, 24(3), 325-345.

Donath, J., & Boyd, D. (2004). Public displays of connection. *bt technology Journal*, 22(4), 71-82.

Ellison, N. B., Steinfield, C., & Lampe, C. (2007). The benefits of Facebook "friends:" Social capital and college students' use of online social network sites. *Journal of computer-mediated communication*, 12(4), 1143-1168.

Fujita, K., & Han, H. A. (2009). Moving beyond deliberative control of impulses: The effect of construal levels on evaluative associations in self-control conflicts. *Psychological Science*, 20(7), 799-804.

Fujita, K., Eyal, T., Chaiken, S., Trope, Y., & Liberman, N. (2008). Influencing attitudes toward near and distant objects. *Journal of experimental social psychology*, 44(3), 562-572.

Gilde Zúñiga, H., Jung, N., & Valenzuela, S. (2012). Social media use for news and individuals' social capital, civic engagement and political participation. *Journal of computer-mediated communication*, 17(3), 319-336.

de Zúñiga, H., Barnidge, M., & Scherman, A. (2017). Social media social capital, offline social capital, and citizenship: Exploring asymmetrical social capital effects. *Political Communication*, 34(1), 44-68.

Grace Shao. (2019). Social media has become a battleground in Hong Kong's protests. CNBC, https://www.cnbc.com/2019/08/16/social-media-has-become-a-battleground-in-hong-kongs-protests.html

Granovetter, M. S. (1973). The strength of weak ties. *American Journal of Sociology*, 78(6), 1360-1380.

Hampton, K. N., Sessions, L. F., & Her, E. J. (2011). Core networks, social isolation, and new media: How Internet and mobile phone use is related to network size and diversity. *Information, Communication & Society*, 14(1), 130-155.

Hampton, K. N., Shin, I., & Lu, W. (2017). Social media and political discussion: when online presence silences offline conversation. *Information, Communication & Society*, 20(7), 1090-1107.

Hargreaves, R. (2002). *The first freedom: A history of free speech*. Sutton Pub Limited.

Keum, H. (2010). The effects of social media on participatory social capital: A comparative study of bridging and bonding networks between Korean and American college students. *Korean Journal of Broadcasting and Telecommunication Studies*, 24(5), 9-46.

Kim, S. (2004). A critique of Bourdieu's, Coleman's and Putnam's concept of social capital. *Korean Journal of Sociology*, 38(6), 63-95.

Koohy, H., & Koohy, B. (2014). A lesson from the ice bucket challenge: using social networks to publicize science. *Frontiers in genetics*, 5, 430.

Lee, F. L., Chen, H. T., & Chan, M. (2017). Social media use and university students' participation in a large-scale protest campaign: The case of Hong Kong's Umbrella Movement. *Telematics and Informatics*, 34(2), 457-469.

Levi, M. (1996). Social and unsocial capital: A review essay of Robert Putnam's Making Democracy Work. *Politics & Society*, 24(1), 45-55.

Matthes, J., Knoll, J., & von Sikorski, C. (2018). The "spiral of silence" revisited: A meta-analysis on the relationship between perceptions of opinion support and political opinion expression. *Communication Research*, 45(1), 3-33.

Mill, J. S. (1972). *Utilitarianism, on Liberty, and Considerations on Representative Government (HB Acton, Ed.)*. London: Dent.

Nahapiet, J., & Ghoshal, S. (1998). Social capital, intellectual capital, and the organizational advantage. *Academy of management review*, 23(2), 242-266.

Neubaum, G., & Kr mer, N. C. (2017a). Monitoring the opinion of the crowd: Psychological mechanisms underlying public opinion perceptions on social media. *Media psychology*, 20(3), 502-531.

Neubaum, G., & Kr mer, N. C. (2017b). Opinion climates in social media: Blending mass and interpersonal communication. *Human Communication Research*, 43(4), 464-476.

Noelle-Neumann, E. (1974). The spiral of silence a theory of public opinion. *Journal of communication*, 24(2), 43-51.

Noelle-Neumann, E.(1993). *The Spiral of Silence: Public Opinion, our Social Skin*. University of Chicago Press, Chicago, IL.

O'Sullivan, P. B., & Carr, C. T. (2018). Masspersonal communication: A model bridging the mass-interpersonal divide. *New Media & Society*, 20(3), 1161-1180.

Ordo ez, M. A. M., & Nekmat, E. (2019). "Tipping point" in the SoS? Minority supportive opinion climate proportion and perceived hostility in uncivil online discussion. *New Media & Society*, 21(11-12), 2483-2504.

Oshagan, H. (1996). Reference group influence on opinion expression. *International journal of public opinion research*, 8(4), 335-354.

Phua, J., Jin, S. V., & Kim, J. J. (2017). Uses and gratifications of social networking sites for bridging and bonding social capital: A comparison of Facebook, Twitter, Instagram, and Snapchat. *Computers in Human Behavior*, 72, 115-122.

Portes, A. (1998). Social capital: Its origins and applications in modern sociology. *Annual review of sociology*, 24(1), 1-24.

Putnam, R. D. (2000). *Bowling alone: The collapse and revival of American community*. Simon and schuster.

Sinclair, B. (2012). *The Social Citizen: Peer Networks and Political Behavior*. University of Chicago Press, Chicago, IL.

Su, C. C., & Chan, N. K. (2017). Predicting social capital on Facebook: The implications of use intensity, perceived content desirability, and Facebook-enabled communication practices. *Computers in Human Behavior*, 72, 259-268.

Sunstein, C. R. (2005). *Why Societies Need Dissent* (Vol. 9). Harvard University Press, Cambridge, MA.

Trope, Y., & Liberman, N. (2003). Temporal construal. *Psychological review*, 110(3), 403.

Trope, Y., & Liberman, N. (2010). Construal-level theory of psychological distance. *Psychological review*, 117(2), 440.

Warren, A. M., Sulaiman, A., & Jaafar, N. I. (2015). Understanding civic engagement behaviour on Facebook from a social capital theory perspective. *Behaviour & Information Technology*, 34(2), 163-175.

Williams, D. (2006). On and off the'Net: Scales for social capital in an online era. *Journal of computer-mediated communication*, 11(2), 593-628.

Woolcock, M. (2001). The place of social capital in understanding social and economic outcomes. *Canadian journal of policy research*, 2(1), 11-17.

8장 코로나 관련 허위정보에 어떻게 대응할 것인가?

김수경. (2020). 감염병, 이념, 제노포비아: '코로나19'의 정치화와 반중(反中) 현상. 『다문화와 평화』, 14권 1호, 22-43.

김여라. (2020). 제20대 국회의 허위조작정보 관련 입법 현황 및 쟁점 (Nars 현안분석 제144호). 서울: 국회입법조사처.

김희섭·강보라. (2019). 국내외 허위정보 연구동향 비교분석. 『한국문헌정보학회지』, 53권 3호, 291-315.

류승희·정정주. (2020). 팩트체크 현황과 이슈에 대한 네트워크 분석 : 코로나19를 중심으로. 『사회과학 담론과 정책』, 13권 2호, 271-298.

문현숙. (2020,11,12). 허위조작정보 맞선 시민 참여형'팩트체크넷' 출범. 한겨레. Retrieved 21/01/26 from http://www.hani.co.kr/arti/society/media/969685.html#csidxad71884c7aa1c12a38762a89696eae9

박주현. (2020). 언론의 이념성향에 따른 '코로나19' 보도 프레임 비교 연구. 『한국언론학보』, 64(4), 40-85.

백강희. (2020). 팩트체크 보도의 가짜뉴스 판단 기준 검토. 『한국콘텐츠학회논문지』, 20(2), 172-181.

성욱제·정은진. (2020a). 코로나19 관련 허위정보의 유형 및 대응방안 분석. 『방송문화연구』, 32(2), 7-54.

성욱제·정은진. (2020b). 『코로나19와 허위정보: 유형분석과 대응방안 (KISDI Premium Report 20-05)』. 진천: 정보통신정책연구원.

안지수. (2019). 텔레비전 뉴스에서 팩트체크 코너가 미디어 신뢰에 미치는 영향 : 정보 유용성의 매개 효과. 『언론정보연구』, 56(4), 282-312.

염정윤·정세훈. (2018). 가짜뉴스에 대한 인식과 팩트체크 효과 연구. 『한국언론학보』, 62(2), 41-80.

오세욱·황구현. (2018). '팩트'의 형식적 구성 요건에 대한 탐색적 연구. 『언론정보연구』, 55(4), 54-98.

윤석민. (2020). 『미디어 거버넌스』. 파주: 나남.

이나연. (2018). 한국 언론의 팩트체크. 『언론정보연구』, 55(4), 99-138.

임현주. (2020, 09, 14). '코로나 공포' 부추기는 가짜뉴스…엄벌한다더니. MBC. Retrieved 21/01/26 from https://imnews.imbc.com/replay/2020/nwdesk/article/5910152_32524.html

정은령. (2018). 한국 팩트체크 저널리즘의 특징. 『언론정보연구』, 55(4), 5-53.

정은령·최지수·박유진. (2020). 코로나19 팩트체크 기사와 해설 기사의 차이에 대한 탐색적 연구: 맥락성과 투명성을 중심으로. 『사이버커뮤니케이션학보』, 37(3), 139-193.

최순욱·윤석민. (2017). 협업형 사실검증 서비스의 의의와 과제. 『사이버커뮤니케이션학보』, 34권 2호, 173-205.

최지수·윤석민. (2019). 가짜뉴스 거버넌스. 『사이버커뮤니케이션학보』, 36(1), 127-180.

Bronstein, M. V., Pennycook, G., Bear, A., Rand, D. G., & Cannon, T. D. (2019). Belief in fake news is associated with delusionality, dogmatism, religious fundamentalism, and reduced analytic thinking. *Journal of Applied Research in Memory and Cognition*, 8(1), 108-117.

De Neys, W. (2012). Bias and conflict: A case for logical intuitions. *Perspectives on Psychological Science*, 7(1), 2838.

Drummond, C., & Fischhoff, B. (2017). Individuals with greater science literacy and education have more polarized beliefs on controversial science topics. *Proceedings of the National Academy of Sciences*, 114, 95879592.

Evans, J. S. B. T., & Stanovich, K. E. (2013). Dual-process theories of higher cognition: Advancing the debate. *Perspectives on Psychological Science*, 8(3), 223241.

Fiske, S., & Taylor, S. (2013). *Social cognition: From brains to culture* (2nd ed.). New York,

NY: McGraw-Hill.

Full Fact (2020a). *Report on the facebook third-party fact-checking programme*. Retrieved 21/01/26 from https://fullfact.org/media/uploads/tpfc-2020.pdf

Full Fact (2020b). *The challenges of online fact checking*. Retrieved 21/01/26 from https://fullfact.org/media/uploads/coof-2020.pdf

Graves, L., & Amazeen, M. (2019, February 25). Fact-Checking as Idea and Practice in Journalism. *Oxford Research Encyclopedia of Communication*. Retrieved 21/01/26 from http://lps3.oxfordre.com.libproxy.snu.ac.kr/communication/view/10.1093/acrefore/9780190228613.001.0001/acrefore-9780190228613-e-808

Graves, L., & Cherubini, F. (2016). *The rise of fact-checking sites in Europe*. Oxford: Reuters Institute for the Study of Journalism.

Graves, L., Nyhan, B., & Reifler, J. (2015, 22 April). The diffusion of factchecking: Understanding the growth of a journalistic innovation. American Press Institute. Retrieved 21/01/26 from http://www.americanpressinstitute.org/wp-content/uploads/2015/04/The-Growth-of-Fact-Checking.pdf

Graves, L., Nyhan, B., & Reifler, J. (2016). Understanding innovations in journalistic practice: A field experiment examining motivations for fact-checking. *Journal of Communication*, 66(1), 102-138.

Guess, A., Nyhan, B., & Reifler, J. (2018). Selective exposure to misinformation: Evidence from the consumption of fake news during the 2016 US presidential campaign. *European Research Council*, 9(3), 4.

Hart, P. S., Chinn, S., & Soroka, S. (2020). Politicization and Polarization in COVID-19 News Coverage. *Science Communication*, 42(5), 679-697.

Hart, P. S., & Nisbet, E. C. (2012). Boomerang effects in science communication: How motivated reasoning and identity cues amplify opinion polarization about climate mitigation policies. *Communication research*, 39(6), 701-723.

Kahan, D. M. (2013). Ideology, motivated reasoning, and cognitive reflection. *Judgment and Decision Making*, 8(4), 407424.

Kahan, D. M., Peters, E., Wittlin, M., Slovic, P., Ouellette, L. L., Braman, D., & Mandel, G. (2012). The polarizing impact of science literacy and numeracy on perceived climate change risks. *Nature Climate Change*, 2(10), 732735.

Kahneman, D. (2011). *Thinking, fast and slow*. New York, NY: Farrar, Straus and Giroux.

Keynes, J. M. (1971). A Tract on Monetary Reform. In Johnson, E., & Moggridge, D. (Ed.), *The Collected Writings of John Maynard Keynes* (Vol. 4). London: Macmillan. (Original work published 1923)

Krach, S., Paulus, F., Bodden, M., & Kircher, T. (2010, April 17). The rewarding nature of social interactions. Retrieved from https://www.frontiersin.org/articles/10.3389/fnbeh.2010.00022/full

Lee, C. J., Kim, K. B., & Ko, Y. (2021). The role of health professionals in the cancer-related misinformation. Unpublished manuscript.

Lewandowsky, S., Ecker, U. K., & Cook, J. (2017). Beyond misinformation: Understanding and coping with the "post-truth" era. *Journal of applied research in memory and cognition*, 6(4), 353-369.

Lim, C. (2018). Checking how fact-checkers check. *Research & Politics*, 5(3), https://doi.org/10.1177/2053168018786848

Marantz, A. (2019, October 31). Facebook and the "Free Speech" Excuse. Retrieved from https://www.newyorker.com/news/daily-comment/facebook-and-the-free-speech-excuse

Marietta, M., Barker, D. & Bowser, T. (2015). Fact-Checking Polarized Politics: Does The Fact-Check Industry Provide Consistent Guidance on Disputed Realities?. *The Forum*, 13(4), 577-596. https://doi.org/10.1515/for-2015-0040

Nyhan, B., & Reifler, J. (2010). When corrections fail: The persistence of political misperceptions. *Political Behavior*, 32(2), 303-330.

Oh, S., & Lee, C. J. (2019, November). *Trust matters: How does social media exposure lead to public support for HPV vaccination-related policy?* Paper presented at the annual meeting for the Midwest Association for Public Opinion Research in Chicago, IL.

Pennycook, G., Cheyne, J. A., Koehler, D. J., & Fugelsang, J. A. (2016). Is the cognitivereflection test a measure of both reflection and intuition? *Behavior Research Methods*, 48, 341-348

Pennycook, G., Fugelsang, J. A., & Koehler, D. J. (2015). Everyday consequences of analytic thinking. *Current Directions in Psychological Science*, 24(6), 425432.

Pennycook, G., & Rand, D. G. (2017). Who Falls for Fake News? The Roles of Analytic Thinking, Motivated Reasoning, Political Ideology, and Bullshit Receptivity. SSRN Electronic Journal. doi: 10.2139/ssrn.3023545

Pennycook, G., & Rand, D. G. (2019a). Cognitive reflection and the 2016 US Presidential election. *Personality and Social Psychology Bulletin*, 45(2), 224-239.

Pennycook, G., & Rand, D. G. (2019b). Lazy, not biased: Susceptibility to partisan fake news is better explained by lack of reasoning than by motivated reasoning. *Cognition*, 188, 39-50.

Pennycook, G., & Rand, D. G. (2020). Who falls for fake news? The roles of bullshit receptivity, overclaiming, familiarity, and analytic thinking. *Journal of personality*, 88(2), 185-200.

Qiu, X., Oliveira, D. F., Shirazi, A. S., Flammini, A., & Menczer, F. (2017). Limited individual attention and online virality of low-quality information. *Nature Human Behaviour*, 1(7), 1-7.

Rogerson, K. S. (2013). Fact checking the fact checkers: Verification web sites, partisanship and sourcing. Paper presented at the 2013 American Political Science Association 2013, Chicago, IL.

Rothgerber, H., Wilson, T., Whaley, D., Rosenfeld, D. L., Humphrey, M., Moore, A. L., & Bihl, A. (2020, April 22). Politicizing the COVID-19 Pandemic: Ideological Differences in Adherence to Social Distancing. https://doi.org/10.31234/osf.io/k23cv

Shu, K., Sliva, A., Wang, S., Tang, J., & Liu, H. (2017). Fake News Detection on Social Media: A Data Mining Perspective. ACM SIGKDD *Explorations Newsletter*, 19(1), 22-36. https://doi.org/10.1145/3137597.3137600

Singer, J. B. (2018). Fact-checkers as entrepreneurs: Scalability and sustainability for a new form of watchdog journalism. *Journalism Practice*, 12(8), 1070-1080.

Stanovich, K. E. (1999). Who is rational?: *Studies of individual differences in reasoning*. Hove: Psychology Press.

Stanovich, K. E., & West, R. F. (2000). Individual differences in reasoning: Implications for the rationality debate?. *Behavioral and brain sciences*, 23(5), 645-665.

Stayton, J. (2018, February 18). Fake News Study Finds Truth Has 'Very Little Influence' On What We Believe. Retrieved from https://www.kut.org/post/fake-news-study-finds-truth-has-very-little-influence-what-we-believe

Tambuscio, M., & Ruffo, G. (2019). Fact-checking strategies to limit urban legends spreading in a segregated society. *Applied Network Science*, 4(1), 1-19.

Thorne, J., Vlachos, A., Christodoulopoulos, C., & Mittal, A. (2018). Fever: a large-scale dataset for fact extraction and verification. arXiv preprint arXiv:1803.05355.

Vosoughi, S., Roy, D., & Aral, S. (2018). The spread of true and false news online. *Science*, 359(6380), 1146-1151.

Walter, N., Cohen, J., Holbert, R. L., & Morag, Y. (2020). Fact-checking: A meta-analysis of what works and for whom. *Political Communication*, 37(3), 350-375.

Wood, T., & Porter, E. (2019). The elusive backfire effect: Mass attitudes' steadfast factual adherence. *Political Behavior*, 41(1), 135-163.

9장 소셜헬스 증진을 위한 AI 빅데이터 교육 프로그램

고재원. (20/9/26). [AI대학원] 난다 긴다 하는 AI전문가, 어디서 공부했나. 동아사이언스,

공영일. (2020). 에듀테크 산업 동향 및 시사점. 소프트웨어정책연구소, 월간SW중심사회 4월호.

김동규. (2020). 4차 산업혁명 미래 일자리 전망. 한국고용정보원.

김정민·허정. (2019). 채용공고 빅데이터 기반 SW분야 직업 및 직무변화 분석. 『정보과학회지』, 36(9), 15-21.

이윤정. (20/9/4). 한국의 8대 인공지능대학원 총 집합. AI TIMES.

조성배·신신애·강동석. (2020). 토픽 모델링을 이용한 개방형 혁신 연구동향 분석 및 정책 방향 모색. 『정보화정책연구』, 25(3), 52-73.

최병삼. (2019). 기업의 인재상에 기초한 대학생의 핵심역량 향상과 요인에 대한 연구, 서강대학교 박사학위논문.

최일수·신은종. (2019) 대학 졸업자의 취업성과 결정 요인에 관한 실증연구: 대학 취업교육 프로그램의 효과를 중심으로. 『경제교육연구』, 23(1), 23-49.

10장 코로나19와 환경 인간의 건강과 환경의 상호 취약성 인식, 그리고 장기적 대책

박종익. (20/10/30). '코로나의 역설'…인간 사라지니 멸종위기 바다거북 기록적 부화. 서울신문. https://nownews.seoul.co.kr/news/newsView.php?id=20201030601006&wlog_tag3=naver#csidxa08988bd533b81496d476762b2d81ca (검색일: 2021/2/27).

Altizer, S., Ostfeld, R. S., Johnson, P. T., Kutz, S., & Harvell, C. D. (2013). Climate change and infectious diseases: from evidence to a predictive framework. Science, 341(6145), 514-519.

Botzen, W., Duijndam, S., & van Beukering, P. (2021). Lessons for climate policy from behavioral biases towards COVID-19 and climate change risks. *World Development*, 137, 105214.

CAMS. (2020). "Amid Coronavirus outbreak: Copernicus monitors reduction of particulate matter (PM2.5) over China." Retrieved from https://atmosphere.copernicus.eu/amid-coronavirus-outbreak-copernicusmonitors-reduction-particulate-matter-pm25-over-china

ESA. 2020a. "COVID-19: nitrogen dioxide over China." Retrieved from https://www.esa.int/Applications/Observing_the_Earth/Copernicus/Sentinel-5P/COVID-19_nitrogen_ dioxide_over_China (검색일: 2021/2/27).

ESA. 2020b. "Coronavirus lockdown leading to drop in pollution across Europe." Retrieved from https://www.esa.int/Applications/Observing_the_Earth/Copernicus/Sentinel-5P/Coronavirus_lockdown_leading_to_drop_in_pollution_across_Europe

Forster, P. M., Forster, H. I., Evans, M. J., Gidden, M. J., Jones, C. D., Keller, C. A., ... & Turnock, S. T. (2020). Current and future global climate impacts resulting from COVID-19. *Nature Climate Change*, 10(10), 913-919.

Gautam, S., & Hens, L. (2020). COVID-19: Impact by and on the environment, health and economy. *Environ. Dev. Sustain*., 22, 495354.

Haines, A., Kovats, R. S., Campbell-Lendrum, D., & Corval n, C. (2006). Climate change and human health: impacts, vulnerability and public health. *Public health*, 120(7), 585-596.

Heffernan, C. (2018). Climate change and multiple emerging infectious diseases. *Veterinary Journal* (London, England: 1997), 234, 43.

Henriques, M. (2020). Will Covid-19 have a lasting impact on the environment. *BBC News*, London, March, 27.

Herrero, M., & Thornton, P. (2020). What can COVID-19 teach us about responding to climate change?. *The Lancet Planetary Health*, 4(5), e174.

Jones, K. E., Patel, N. G., Levy, M. A., Storeygard, A., Balk, D., Gittleman, J. L., & Daszak, P. (2008). Global trends in emerging infectious diseases. *Nature*, 451(7181), 990-993.

Klenert, D., Funke, F., Mattauch, L., & O'Callaghan, B. (2020). Five lessons from COVID-19 for advancing climate change mitigation. *Environmental and Resource Economics*, 76(4), 751-778.

Leiserowitz, A., Maibach, E., Rosenthal, S., Kotcher, J., Bergquist, P., Ballew, M., Goldberg, M., Gustafson, A., & Wang, X. (2020). *Climate Change in the American Mind: April 2020*. Yale University and George Mason University. New Haven, CT: Yale Program on Climate Change Communication.

Li, F., Zhou, H., Huang, D. S., & Guan, P. (2020). Global Research Output and Theme Trends on Climate Change and Infectious Diseases: A Restrospective Bibliometric and Co-Word Biclustering Investigation of Papers Indexed in PubMed (19992018). *International journal of environmental research and public health*, 17(14), 5228.

Di Marco, M., Baker, M. L., Daszak, P., De Barro, P., Eskew, E. A., Godde, C. M., ... & Ferrier, S. (2020). Opinion: Sustainable development must account for pandemic risk. *Proceedings of the National Academy of Sciences*, 117(8), 3888-3892.

McMichael, A. J. (2013). Globalization, climate change, and human health. *New England*

Journal of Medicine, 368(14), 1335-1343.

McMichael, A. J., Haines, J. A., Slooff, R., Sari Kovats, R., & World Health Organization. (1996). *Climate change and human health: an assessment* (No. WHO/EHG/96.7). World Health Organization.

McMichael, A. J., Woodruff, R. E., & Hales, S. (2006). Climate change and human health: present and future risks. *The Lancet*, 367(9513), 859-869.

Morgan, E. R., & Wall, R. (2009). Climate change and parasitic disease: farmer mitigation?. *Trends in parasitology*, 25(7), 308-313.

Naidoo, R., & Fisher, B. (2020). Reset sustainable development goals for a pandemic world. *Nature*, 583, 198-201.

Patrozou, E. (2015). Our changing world: Impacts on health and infectious diseases. *Virulence*, 6(6), 533.

Phillips, C. A., Caldas, A., Cleetus, R., Dahl, K. A., Declet-Barreto, J., Licker, R., ... & Carlson, C. J. (2020). Compound climate risks in the COVID-19 pandemic. *Nature Climate Change*, 10(7), 586-588.

Prata, J. C., Silva, A. L., Walker, T. R., Duarte, A. C., & Rocha-Santos, T. (2020). COVID-19 pandemic repercussions on the use and management of plastics. *Environmental Science & Technology*, 54(13), 7760-7765.

Le Quéré, C., Jackson, R. B., Jones, M. W., Smith, A. J., Abernethy, S., Andrew, R. M., ... & Peters, G. P. (2020). Temporary reduction in daily global CO 2 emissions during the COVID-19 forced confinement. *Nature Climate Change*, 10(7), 647-653.

Tversky, A., & Kahneman, D. (1973). Availability: A heuristic for judging frequency and probability. *Cognitive Psychology*, 5(2), 207232.

Rosenbloom, D., & Markard, J. (2020). A COVID-19 recovery for climate. *Science*, 368 (6490), 447.

Shakil, M. H., Munim, Z. H., Tasnia, M., & Sarowar, S. (2020). COVID-19 and the environment: A critical review and research agenda. *Science of the Total Environment*, 141022.

Silva, A. L. P., Prata, J. C., Walker, T. R., Duarte, A. C., Ouyang, W., Barcel , D., & Rocha-Santos, T. (2020). Increased plastic pollution due to COVID-19 pandemic: Challenges and recommendations. *Chemical Engineering Journal*, 405(126683): 1-9.

Spence, A., Poortinga, W., Butler, C., & Pidgeon, N. F. (2011). Perceptions of climate change and willingness to save energy related to flood experience. *Nature climate change*, 1(1), 46-49.

Tollefson, J. (2020). Why deforestation and extinctions make pandemics more likely.

Nature, 584(7820), 175-176.

Vilas, V. J. D. R., Voller, F., Montibeller, G., Franco, L. A., Sribhashyam, S., Watson, E., ... & Gibbens, J. C. (2013). An integrated process and management tools for ranking multiple emerging threats to animal health. *Preventive Veterinary Medicine*, 108(2-3), 94-102.

Wang, Q., & Su, M. (2020). A preliminary assessment of the impact of COVID-19 on environmentA case study of China. *Science of the total environment*, 728, 138915.

Weber, E. U. (1997). Perception and expectation of climate change. *Psychological perspectives to environmental and ethical issues in management*, 314-341.

Weber, E. U. (2006). Experience-based and description-based perceptions of long-term risk: Why global warming does not scare us (yet). *Climatic change*, 77(1), 103-120.

Whitmarsh, L. (2011). Scepticism and uncertainty about climate change: Dimensions, determinants and change over time. *Global environmental change*, 21(2), 690-700.

Zambrano-Monserrate, M. A., Ruano, M. A., & Sanchez-Alcalde, L. (2020). Indirect effects of COVID-19 on the environment. *Science of the Total Environment*, 728, 138813.

찾아보기

ㅂ

ㅅ

ㅇ

ㅈ

ㅊ

ㅋ

ㅌ

ㅍ

ㅎ

기타

저자 약력

송민 연세대학교 문과대학 문헌정보학과 교수

연세대학교 문헌정보학과를 졸업하고, 미국 인디아나 대학교(Indiana University)에서 석사 취득을 거쳐 미국 드렉셀 대학교(Drexel University)에서 박사학위를 받았다. 현재 연세대학교 문헌정보학과 교수 및 연세대학교 소셜오믹스 연구센터의 센터장에 재직 중이다. 주요 관심분야는 텍스트마이닝, 빅데이터 연구이다. 2014년에 연세대학교 특훈 교수로 선정되었으며(2021년 2월 재선정), 2018년에는 K-MOOC 최다수강 강좌를 운영하여 부총리 겸 교육부장관 표창을 수상하였다.

고영수 연세대 문헌정보학과 석사과정

연세대 문헌정보학과 석사과정에 재학중이며 연구 관심 분야는 텍스트마이닝, 빅데이터이다.

곽기영 국민대학교 경영대학 및 비즈니스IT전문대학원 교수

현재 국민대학교 경영대학과 비즈니스IT전문대학원 교수로 재직 중이다. 서울대학교 경영대학을 졸업하고 KAIST 경영과학과와 테크노경영대학원에서 석사 및 박사학위를 취득하였다. 주요 연구관심분야는 Social network analysis and its application, Data analytics, Social communication ecology, IT-enabled organizational agility, Knowledge management 등이다.

김민정 연세대학교 소셜오믹스 연구센터 전임연구원

연세대학교 정치외교학과를 졸업하고 동 대학에서 정치학 석사 학위를 취득하였으며 플로리다 주립대학교(Florida State University)에서 정치학 박사학위를 받았다. 현재 연세대학교 소셜오믹스 연구센터의 전임연구원으로 재직 중이다. 주요 연구 관심사는 정책학과 비교정치 측면에서의 환경 정치 분석이다. 개인적 수준에서의 친환경적 인식과 행동, 도시 정부의 친환경적 제도, 자연자원 관리 네트워크 연구 등을 진행하였다.

김성덕 연세대학교 문헌정보학과 석사과정

연세대 문헌정보학과 석사과정에 재학중이며 연구 관심 분야는 텍스트마이닝, 빅데이터이다.

김윤진 서울대 언론정보학과 박사과정

서울대 경제학부를 졸업하고 KAIST에서 과학저널리즘 석사학위를 받은 뒤 서울대 언론정보학과에서 헬스커뮤니케이션 박사과정을 밟고 있다. 매일경제신문 증권부, 사회부, 과학기술부 기자를 거쳐 현재 동아일보에서 경영전문기자로 바이오 헬스케어 분야를 취재하고 있다.

김학진 고려대학교 심리학과 교수

미국 위스콘신주립대학교에서 심리학 박사학위를 받았으며, 캘리포니아공과대학교(California Institute of Technology)에서 박사후연구원을 거쳐 현재 고려대학교 심리학과 교수로 재직 중이다. fMRI(기능적 자기공명영상 기법)를 사용해 인간의 경제적 사회적 의사결정과 관련된 뇌 메커니즘을 연구하고 있으며, 최근 '도덕적 판단'과 '이타적 행동'의 신경학적 기제를 밝히는 연구들을 진행 중에 있다.

김효중 연세대학교 정보대학원 석사과정

현재 연세대학교 정보대학원 석사과정에 재학 중이며, 관심 연구 분야는 추천 시스템, 디지털 플랫폼 비즈니스 등이다.

김희웅 연세대학교 정보대학원 교수

포항공과대학교(POSTECH)에서 학사 및 석사를 취득하고, 한국과학기술원(KAIST)에서 박사학위를 받았다. 싱가폴 국립대학교(National University of Singapore) 정보시스템학과 교수로 역임하였으며, 현재는 연세대학교 정보대학원 교수로 재직 중이다. 주요 연구 분야는 디지털 비즈니스, 정보시스템 관리 및 활용 등이다.

박해영 연세대학교 심리학과 석사과정 졸업

버팔로 뉴욕 주립 대학교 심리학과를 졸업하고, 연세대학교에서 심리학 전공으로 석사학위를 받았다. 현재 연세대학교 사회 및 문화심리 연구실에서 부부 및 연인 관계, 그리고 동서양 문화 차이에 대한 연구를 진행하고 있다.

박찬웅 연세대학교 사회학과 교수

박찬웅은 연세대학교 사회학과를 졸업하고, 미국 시카고 대학교(University of Chicago)에서 사회학 석사 및 박사학위를 받았다. 현재 연세대학교 사회학과 교수로 재직 중이다. 연구분야는 경제사회학, 사회정책, 사회연결망 등이 있다.

송현주 연세대학교 심리학과 교수

서울대학교 심리학과를 졸업하고, 미국 일리노이 대학(University of Illinois)에서 발달심리 전공으로 석사 및 박사학위를 받았다. 현재 연세대학교 심리학과 교수로 재직 중이며, 한국 발달심리학회 학술위원장, 편집위원장, 자격관리위원장, 한국심리학회 홍보이사를 역임하였다. 주요 연구 분야는 아동의 도덕성, 심리적 추론 발달 및 언어발달이다.

신동인 국민대학교 BK21사업팀 연구교수

국민대학교 미술학부에서 학사 학위를 취득하였으며, 국민대학교 비즈니스IT 전문대학원에서 비즈니스IT전공으로 석사 및 박사 학위를 취득하였다. 현재 동 대학원의 4단계 BK21사업팀에서 연구교수로 재직 중이다. 주요 관심 분야는 Social network analysis, Data analytics, Social communication ecology 등이다.

안은지 연세대학교 심리학과 석사과정 졸업

연세대학교 학부에서 중어중문학과와 심리학을 복수전공하였고, 동 대학에서 사회심리 전공으로 석사학위를 받았다. 주요 연구 주제로는 정서 및 문화차이가 있다.

이규호 서울대학교 언론정보학과 박사과정

서울대학교 언론정보학과에서 석사학위 이후 박사 과정을 진행 중이다. 컴퓨터에 기반한 사회과학 방법론(Computational social science)을 중심으로 미디어 이용자와 뉴스 분석, 유저 성과 예측과 시각화 등의 프로젝트에 참여했다. 주요 관심 분야는 커뮤니티와 미디어 연구 방법론으로 자연어 처리, 사회 연결망 분석, 통계학습 등을 통한 사회현상 분석을 연구하고 있다.

이수빈 연세대학교 언론정보학과 박사과정

연세대 문헌정보학과 박사과정에 재학중이며 연구 관심 분야는 텍스트마이닝, 빅데이터이다.

이정윤 연세대학교 소셜오믹스 연구센터 전임연구원

서울대학교 심리학과를 졸업하고, 동 대학에서 성격심리와 정서심리 전공으로 석사 및 박사학위를 받았다. 현재 연세대학교 소셜오믹스 연구센터 전임연구원으로 재직 중이며, 부모 양육과 자녀 발달에 대한 연구를 진행하고 있다.

이주희 연세대학교 문헌정보학과 석사과정

연세대 문헌정보학과 석사과정에 재학중이며 연구 관심 분야는 텍스트마이닝, 빅데이터이다.

이준환 서울대학교 언론정보학과 교수

인간-컴퓨터 상호작용(Human-Computer Interaction) 분야의 전문가로 미국 카네기 멜런 대학교(Carnegie Mellon University)에서 HCI 전공으로 박사학위를 받았다. (주)네오위즈의 창업 멤버이며, IT/콘텐츠 산업에서의 다양한 실무 경험을 가지고 있다. 현재 서울대학교 언론정보학과 교수에 재직하며 소셜 컴퓨팅(social computing)과 로봇 저널리즘(robot journalism) 분야의 다양한 연구를 수행하고 있다.

이철주 서울대학교 언론정보학과 교수

서울대학교 언론정보학과에서 학 석사 졸업 후 미국 펜실베니아 대학교(University of Pennsylvania) 아넨버그 스쿨에서 박사학위를 받았다. 미국 오하이오 주립대학교(Ohio State University-Columbus) 커뮤니케이션 학과, 미국 일리노이 주립대학교(University of Illinois) 커뮤니케이션 학과에서 교수로 봉직하였다. 현재 서울대학교 언론정보학과 교수로 재직 중에 있으며, 연구분야는 헬스 커뮤니케이션, 소셜 마케팅, 과학 커뮤니케이션 등이다.

차민정 연세대학교 소셜오믹스 연구센터 전임연구원

연세대학교 법학과를 졸업하고, 동 대학 심리학과에서 산업심리 전공으로 석사학위를, 발달심리 전공으로 박사학위를 취득하였다. 현재 연세대학교 소셜오믹스 연구센터 전임연구원으로 재직 중이며, 아동의 도덕성 발달에 대한 연구를 진행하고 있다.

천정은 연세대학교 심리학과 석사과정 졸업

에모리 대학교에서 심리학과를 졸업하고, 연세대학교 심리학과에서 석사 학위를 받았다. 현재 연세대학교 사회 및 문화 심리 연구실에서 동기와 부부 관계에 대한 연구를 진행하고 있다.

최은철 서울대학교 언론정보학과 석사과정

서울대학교 언론정보학과를 졸업 후 동 대학원의 석사과정에 재학 중이다. SNU팩트체크의 모니터링팀에서 근무하고 있다. 팩트체크, 미디어 정책, 사회연결망에 관심을 갖고 연구하고 있다.

황유진 서울대학교 인지과학 박사과정

현재 서울대학교 인지과학 박사과정을 수료하였으며, 생명과학 분야의 학 석사 전공을 바탕으로 현재는 헬스케어 분야에 인공지능 및 최신 디지털 기술들을 융합하는 인간컴퓨터상호작용(HCI) 연구를 수행 중에 있음. SCI급 논문 여러 편을 포함한 해외 저널 및 학회지 논문들을 다수 출판하였으며 최신 기술 동향을 비전공자에게 이해하기 쉽게 매체 및 강연 등을 통해 전달하는 과학 커뮤니케이터로서도 활동 중임.

※ 책임 편집 : 송민

소셜헬스와 코로나19 이후의 우리 사회

2021년 6월 25일 초판 1쇄

지 은 이 송민 외
펴 낸 곳 연세대학교 대학출판문화원
주　　소 서울시 서대문구 연세로 50
등　　록 1955년 10월 13일(제9-60호)
전　　화 02)2123-3378~80
팩　　스 02)2123-8673
전자우편 ysup@yonsei.ac.kr
홈페이지 http://press.yonsei.ac.kr
인　　쇄 (주)동국문화

ISBN 978-89-6850-598-0(93300)

값 15,000원